改革开放迎来了中国心理学的春天

中国心理学探新之路

王极盛心理学服务社会60年

王极盛 著

华龄出版社
HUALING PRESS

图书在版编目（CIP）数据

中国心理学探新之路：王极盛心理学服务社会 60 年 / 王极盛著 . -- 北京：华龄出版社，2024.2
ISBN 978-7-5169-2659-8

Ⅰ . ①中… Ⅱ . ①王… Ⅲ . ①心理学－研究 Ⅳ . ① B84

中国国家版本馆 CIP 数据核字 (2023) 第 248270 号

策划编辑 张天罡 辛玉军　　责任印制 李未圻
责任编辑 郑 雍　　装帧设计 周周設計局

书 名	中国心理学探新之路：王极盛心理学服务社会 60 年		
作 者	王极盛		
出 版 发 行	华龄出版社 HUALING PRESS		
社 址	北京市东城区安定门外大街甲 57 号	邮 编	100011
发 行	（010）58122255	传 真	(010)84049572
承 印	三河市祥达印刷包装有限公司		
版 次	2024 年 2 月第 1 版	印 次	2024 年 2 月第 1 次印刷
规 格	710mm×1000mm	开 本	1/16
印 张	18.75	字 数	283 千字
书 号	ISBN 978-7-5169-2659-8		
定 价	79.00 元		

王极盛简介

中国科学院教授、博士生导师，获得国务院政府特殊津贴的专家，中国著名心理学家、教育学家与创造学家，畅销书作者，被媒体与专家誉为中国心理学界的状元郎[①]、心理学的多能专家、交叉科学的高产学者、中国高考心理指导第一人、高考状元研究第一人。他是被媒体广泛关注的中高考问题、心理健康、家庭教育、创新教育、健美幸福的研究专家。出版著作 100 余部，全国数百家媒体报道，仅在中央电视台接受采访或受邀担任嘉宾就达近 100 次。

王极盛教授不仅是新中国科学创造心理学、人事心理学、中国健康心理学、高考心理研究的开拓者，也是心理学科学普及的开拓者。

王极盛的科技成果奖、专著、论文、科普文章、研究成果的社会效益，在中国心理学界均名列前茅。

王极盛教授 1962 年毕业于北京大学心理学专业，此后一直在中国科学院心理研究所工作。曾任中国科学院心理研究所学术委员会委员、研究员职称评审委员会委员、学位委员会委员、中国心理学会理事、中国心理

---

① 《科技日报》1991 年 10 月 6 日第二版面对科学家近况专栏的报道。

学会医学心理专业委员会副主任、中国人才研究会学术委员会委员、中国科学学与科技政策研究会理事、中国教育艺术研究会常务理事、中国创造力研究会委员、中国青少年研究会理事等社会职务。

王极盛教授1987年被聘为教授，1988年兼任中国管理科学研究院社会心理学研究所所长，1993年被聘为博士生导师。

1969年秋，王极盛教授向周恩来总理派驻中国科学院的联络员提出开展心理学研究的14项课题的报告，得到联络员的支持。同时开展针刺麻醉的心理学研究，研究成果分别在1973年中国科学院重要成果展览会、1966年—1976年中国科学院重要成果展览会展出，最早在全国针刺麻醉学术会议做心理学专题报告，并最早在学术杂志上发表心理学论文。

1978年后，最早在公开刊物上提出开展社会心理学研究（1979年），建立具有中国特色的心理学（1979年），非智力因素概念（1981年），心商论（1997年），并且系统地开拓科学创造心理学、人事心理学、中国健康心理学、高考心理等研究领域。

王极盛教授曾9次获得科技成果奖，其中人事心理学研究等5项科技成果获得中国科学院与省部级重大科技成果奖。

他在国内外出版专著97部。他的《青年心理学》《科学创造心理学》《人事心理学》分别是新中国成立以来各自领域的代表专著。他的《青年心理学》发行了849000册，创中国心理学类图书发行之冠，影响了很多人。他的《当代管理心理学》被《红旗》杂志推荐为具有中国特色的管理心理学专著。他的人事心理学研究成果曾获得中国科学院重大科技进步奖，并被提名申请国家科技进步奖。他的《科学创造心理学》被钱学森代序的《思维科学研究》评为具有很高的学术水平，在国内外享有盛名。日本著名心理学家、日本创造学会理事长恩田彰授甚至认为王极盛教授的创造性研究达到了世界最高水平。20世纪80年代王极盛教授从事离休退休的心理学研究，并取得重要成果。1984年光明日报出版社出版《退休生活百科全书》，王极盛教授既是该书编委，也是该书心理篇、社会篇的撰稿人。该书发行了数十万册。20世纪90年代初，在中央电视台《夕阳红》节目中，王极盛教授多次讲谈老年心理，在社会上产生重要影响。2019 年 8 月王极盛教授出版了《壮心不已 多彩人生：著名心理学家王极盛养老系列讲座》。

王极盛曾长期对妇女心理进行研究，1973 年—1980 年，他在北京妇产医院对女性情绪、痛觉、针刺麻醉等问题进行长达8年的临床与实验研究，成果获得中国科学院重要科技成果奖。

2018 年 5 月出版了《王极盛心理学丛书》10 卷，即《高考成功指南》《教育问题的心理解惑》《青少年·女性·老年心理学研究文集》《科学创造的心理学研究》《管理心理与人事心理研究》《医学心理与生理心理研究》《针刺麻醉的心理学研究》《健康心理与幸福心理研究》《理论心理学与心理学史研究》《王极盛与心理学》。

他在国内外发表学术论文 312 篇，在杂志与报纸上发表科普文章 357 篇以上，被杂志和报纸采访报道共 560 余次。

在中央电视台、中国教育电视台、北京电视台、河北电视台、山东电视台、河南电视台等受邀担任嘉宾 100 次以上。

新华网、人民网、CCTV 网、新浪网、搜狐网、百度网、谷歌网、网易网、腾讯网等全国知名网站多次对王教授进行报道，例如新华网曾报道 20 次以上。

王极盛教授连续 28 年潜心研究高考，多年深入高考第一线，调查了近千所中学，对 400 名高考状元进行了面对面、一对一的访谈，访问了百名高考状元家长，对 4 万多名学生进行了心理健康测试，对近千名复读生进行了研究，出版了高考著作 30 余部，掌握了大量的第一手资料，总结出高考成功规律，在社会上产生了广泛的影响。

新华社、中央电视台、中央人民广播电台、中国教育电视台、新浪网、《中国青年报》《中国教育报》《中国妇女报》《北京晚报》《南方周末报》《南方都市报》《广州日报》《深圳特区报》《珠海特区报》《茂名日报》《中国中学生报》等数百家媒体报道了王极盛教授的高考研究成果。2007 年 5 月 21 日至 6 月 3 日，王极盛教授在 CCTV-10（科教频道）连续 14 天进行高考讲座；同年 6 月 4 日至 7 月初，又在 CCTV-2（经济频道）《全球资讯榜》

节目中 11 次讲解高考。

自 20 世纪 70 年代以来，王极盛教授在北京大学、清华大学、人大附中、北大附中、清华附中、吉林一中、石家庄一中、广州一中、合肥一中、高密一中、深圳中学、西安中学、山西实验中学、天津实验中学等数百所学校，中国科学院、中国社会科学院、国家科委、中国科协、石油部、建设部、外交部、教育部、铁道部、航空航天部、国家体委、卫生部等系统，中国移动、中国联通、金日集团厦门金日制药有限公司、华北油田、中石化、中国建设银行、中国二汽集团等众多企业，以及中国人民解放军总参政治部、总参防化兵等部队系统，北京近 30 个街道社区，讲授高考心理、家庭教育、心理健康、管理心理学、人事心理学、创造心理学、健康心理学、中医心理学、老年心理学、幸福心理学等课程，产生了积极的社会影响。

序 言

我对心理学产生兴趣，要追溯到20世纪50年代初期。那时我在辽宁省丹东市第二高级中学读书，我的哥哥王极德当时正在北京大学就读，他寄回一些有关巴甫洛夫学说与心理学的书给我。这些书给我的课余生活带来了无穷的乐趣，使我从此对心理学产生了浓厚的兴趣，我当时就下定决心，以后一定要研究心理的奥秘，为社会服务。

1957年，我考上北京大学哲学系心理专业。1962年我从北京大学毕业被分配到中国科学院心理研究所从事研究工作，至今已经整整60年。

60年来，我不忘初心，在任何条件下都坚持心理学研究。日积月累之下，终于做出了一些成绩。我曾获得9项科技成果奖，出版专著97部，参编著作40部，发表论文312篇，发表科普文章360余篇。在各种媒体上普及心理学知识，到大江南北的学校、机关、部队、街道社区宣讲心理学，坚持社会心理服务事业。

党的改革开放政策给心理学带来了发展的春天，党的科技政策带来了科学研究的动力。60年来，我的工作得到了中国科学院心理研究所历届领导的关爱与支持；得到中国科学院老干部与老专家局、人事局、离退休干部工作局、老科技工作者协会的指导；得到了我的研究团队、我的协作单位的助力；得到我爱人李春荣女士的全力支持——她承担了所有家务，还帮助我抄写了几百万字的书稿。在心理研究所，潘菽院士谆谆教导我要用马克思主义指导心理学研究；丁瓒副所长殷切嘱咐我在学术上要独立思考，要有自己的学术见解。他们两位前辈的关怀、支持和教导使我受益良多，难忘潘菽，怀念丁瓒。

《中国心理学探新之路——王极盛心理学服务社会60年》的出版得到了中国科学院心理所领导的关心和支持，得到了中国科学院心理所“金辉工程”的资助，得到杨光炬、周智红、卫垌圻、赵伟、邱炳武等同事的帮助，得到冯雨生、胡瑞华、钱希语等同志计算机录入方面的帮助，得到了张天罡、辛玉军先生的大力协助与支持，得到了出版社领导们与编辑的支持和帮助。在此我向他们表示由衷的感谢和深深的敬意。

王极盛

2022年10月于北京

时年八十五岁

代 序

一、中国“百年百位”心理学家大讲堂主持语[①]

各位同仁、各位同学：

春风送暖，万物复苏。中国“百年百位”心理学家大讲堂迎来了第二十二讲。主人公是王极盛先生[②]。王先生身体康健，精神矍铄，虽已八十六岁高龄，坚持要自己讲。在讲座开始前，我先对先生做一简要介绍。

王极盛，1937 年 10 月生，辽宁丹东人。中国科学院博士生导师、国务院特殊津贴获得者，中国心理学会理事，中国医学心理研究会副主任，中国科学与科技政策研究会理事，中国教育艺术研究会常务理事，中国创造力研究会委员。中国管理科学研究院社会心理学研究所所长。2004 后退休后受聘为北京华夏英杰教育科学研究院高考指导首席专家。创立中国考生家长指导网，开设了华夏英杰考生家长指导公益咨询热线。

王极盛先生是我国极负盛名的心理学家。1957 年考入北京大学哲学

① 主持人：中国人民大学心理学教授、博士生导师张积家。

② 主持人介绍王级盛教授。

系心理学专业，1962 年毕业后到中国科学院心理研究所工作。1987 年晋升为研究员。1992 年开始享受国务院特殊津贴。1993 年被国务院学术委员会评审为博士生导师，研究方向为健康心理学。王极盛先生著作等身，出版著作 97 部，发表学术论文 310 余篇，发表科普文章 350 余篇，在国内具有很高的知名度。下面，就请先生开始他的讲座。

……

二、感谢王极盛先生的精彩讲座！十分钦佩先生的色彩纷呈的学术人生！

聆听先生的讲座，我有几点体会：

1. 先生具有执着的学术追求。这种追求体现在他漫长的学术生涯中。不仅在顺境中如此，在逆境中也如此。他从北京大学毕业以后，就来到中国心理学的学术殿堂——中国科学院心理研究所工作。先生是中医心理学的奠基者和先行者，是用实验法研究针刺的第一人。从 1965 年秋至 1979 年，他在从事国家重大研究课题——针刺麻醉原理的心理学研究。该成果分别获中国科学院 1973 年、1976 年、1979 年重大成果奖。1979 年，先生在《心理学报》第 1 期撰文“某些心理因素在针刺麻醉临床原理中的地位和作用”；1980 年，先生在《心理学报》第 4 期撰文“针刺对两点辨别觉的作用”。他还在《针刺研究》《医学与哲学》《中国针灸》上发表文章，揭示针刺镇痛、针刺麻醉的心理机制。先生后期十分关注人的心理健康，是中国健康心理学的奠基者。1982 年—1983 年，他在连续在《医学与哲学》上撰文 12 讲，内容包括心理与疾病，心理诊断与心理治疗，暗示与催眠，心理健康与心理卫生，心理与疼痛，环境心理与疾病和健康，需要、嗜好与身心健康，睡梦心理与健康，儿童心理与身心发展，青年心理与身心健康，妇女心理与身心健康，老年心理与长寿，基本上构建起了我国健康心理学的理论体系。他不仅关注青少年的心理健康，也关注老年人的心理健康，关注妇女的心理健康，还关注各行各业的人的心理健康。先生的这种精神值得学习。

2. 先生具有深厚的理论功底。在20世纪70年代末，先生在《哲学研究》《心理学报》连续发表了三篇文章，一篇为“何为文艺的形象思维”（《哲学研究》1978年第12期），第二篇为“试论我国心理学的发展道路”（《哲学研究》1979年第12期），第三篇为“我国心理学现代化的基本理论观点和方法论”（《心理学报》1980年第1期）。这三篇文章充分显示了先生深厚的理论功底。众所周知，《哲学研究》是哲学界的权威杂志，在学术界地位甚高。虽然心理学从哲学中脱胎出来，但中国心理学家在《哲学研究》上发文很少。对中国心理学的发展道路，先生认为应该力保心理学是一门科学，应该贯彻百家争鸣的方针，应该吸取心理学灾难的教训，应该突破心理学研究的禁区，应该加强心理学方法论研究，应该建立中国特色心理学理论体系，应该开展社会心理学研究，应该加强马克思主义哲学对心理学的指导。他还在《光明日报》《心理科学》《心理学探新》上撰文就心理学的发展偏向、我国心理学的方法论进行过专门讨论，这在当时是非常具有前瞻性、非常有见地的见解，相关论文发表后振聋发馈，在国内引起了强烈反响，推动了中国心理学的健康发展。

3. 先生具有炽热的家国情怀。将心理学知识应用于中国现代化建设，是先生学术研究的动力。改革开放以后，恢复高考，高考成为国家选拔人才的重要途径。中国素有重视教育的传统，“万般皆下品，唯有读书高”是社会的共识，历年高考都出现“千军万马走独木桥”的局面，为中国现代化建设输送了大批人才，成为改革开放后的重大红利之一。考上大学，是无数学子和家长梦寐以求的心愿。先生准确地把握了这一时代脉博，深刻地体味到民众的需求，热情地投身到高考研究中。在改革开放后的中国，中国心理学界对高考研究贡献最大的有两个人：一是我的恩师张厚粲先生，他致力于将科学的心理测量学原理运用于高考，建功于国家，福泽于后人。二是王极盛先生，他的高考研究蜚声于社会，周知于千家万户。他们的高考研究指向不同，一个是从国家的角度出发，研究如何使考试更客观、更科学、更公平、更公正；一个是从考生的角度出发，研究考生如何在高考中发挥自己，能够充分发挥出自己的实力，考出好成绩。为此，先生访谈了 400 多名省级高考状元，对数千名考生进行了调查研究，接受了数千名考生的咨询与数千名家长的咨询，从而掌握了大量的第一手资料，总结出高考成功的规律，他出版高考著作达 30 余部，在社会上产生了广泛的影响，给全国的众多考生和家长带来了巨大的帮助，使无数考生能够充分地展示自己的真才实学，做到人尽其才，功莫大焉。他曾经在央视 10 套科教频道连续 14 天主讲高考讲座。中央电视台等数百家媒体报道过先生的高考研究成果。仅中央电视台采访及邀请其作为嘉宾就近 100 次。

4. 先生具有广阔的学术视野。先生学贯中西，通古晓今，其知识横跨哲学、心理学、医学、管理学、文学。先生于 1983 年出版了我国第一本《青年心理学》，两年间该书的印数就达到了 84.9 万册；1986 年，先生出版了《科学创造心理学》，该书受到了车文博先生的高度评价，认为该书“开辟了我国心理学研究的一个新领域，不仅具有重要的学术价值，而且也具有很高的应用价值”。先生成为我国科学创造心理学研究的先驱者。1987 年，先生出版了《人事心理学》，该书获得了中国科学院科技进步二等奖。先生还出版了《当代管理心理学》《妇女心理学》等专著，对相关学术领域做出了开创性贡献。在中国学术界，梁启超与胡适曾因为开创了中国众多的学术领域而闻名遐迩；在中国心理学界，荆其诚与张厚粲两位先生联袂将认知心理学引入中国，开辟了改革开放后中国心理学研究的新时代。先生在上述领域的贡献也起到了开创性作用。

5. 先生是中国心理学的科普大师。先生是改革开放后四十余年间将心理学从象牙塔中移出的第一人，是中国心理学界的科普第一人。他发表科普文章 350 余篇，在政府机关、事业单位、大专院校、群众团体举办学术讲座和科普讲座近 1000 场。先生在国内各大报刊和各家电视台撰文介绍心理学。王极盛先生的科普工作在全社会普及了心理学知识，使心理学走向了政府和大众，提升了心理学的声誉，使心理学成为民众和青少年最喜欢的学科之一。事实上，发展科学本身就有提高和普及的关系，提高是小众事业，普及是大众事业。科学普及在开启民智、提高民众素质方面有着十分重要的作用。中国心理学在解放后经历了曲折发展，改革开放后，心理学得以恢复，但人们对心理学还有许多迷信和错误认识，对心理学还很神秘，如认为心理学就是心灵学，心理学家就是算命先生，心理学家懂读心术。先生的工作就是使民众知道心理学是什么，心理学家是什么样的人，心理学在做什么、如何做，心理学对人才培养、经济发展、社会和谐、心理健康有什么作用，这些努力无疑增进了人们对心理学的了解，促进了心理学的发展和应用。

总之，先生为心理学工作了六十多年，他勤奋、自信、执着、创新，活到老，学到老。在他身上，体现了五个结合：(1) 基础研究与应用研究相结合；(2) 科学研究与科学普及相结合，既作又述；(3) 理论思维与实证研究相结合，先生既长于思辨，又擅长实验；(4) 心理学与其他学科相结合，先生是一位跨学科学者；(5) 中西文化相结合，针灸、针刺麻醉均是中国的国粹，先生用西方的科学实证方法研究它们。先生的许多经验值得我们借鉴：如心理咨询不仅是一门科学，还是一门艺术；社会需要是科学研究的动力；应该加强人工智能的心理学研究；心理学发展离不开当时社会历史条件；心理学发展需要心理学的战略家和推广家；学术批评是创新的动力，等等。这些看法都非常具有创新性，对广大青年学子有重要启发。先生以自己对心理学的特殊贡献在在中国心理学界矗起了一座丰碑！

再次对先生表示衷心的感谢！祝王极盛先生健康、长寿，继续攀登心理学的新高峰！

目录 Contents

第一篇 中国心理学的战略研究

第二篇 开辟新中国心理学的新领域研究

第五篇 老年心理学、妇女心理学、医学心理学、生理心理学、理论心理学与心理学史的研究成果

第一篇 中国心理学的战略研究

第一章 心理学的战略研究

第一节 心理学是一门科学的时代背景

一、中国科学院心理研究所成立、撤销、恢复

1950年6月，中国科学院建立了心理研究所筹备处。

1951年12月7日，中国科学院心理研究所成立。

1953年1月23日，中国科学院心理研究所改为中国科学院心理研究室。

1956年3月20日，中国科学院第十次院务常务会议决定将南京大学心理系部分工作人员以及图书、仪器迁入北京，与中国科学院心理研究室合并，扩建为中国科学院心理研究所，拟请潘菽为心理研究所所长。

1956年8月18日，国务院批准成立心理研究所。

1966年6月开始，中国科学院心理研究所的研究工作陆续停止。

1970年7月14日，中国科学院心理研究所被正式撤销。

1977年6月24日，国务院领导同志作出恢复心理研究所很有必要的批示。

1977年7月至8月，中国科学院心理研究所正式恢复。

1969年8月至9月，中国科学院心理研究所（以下简称“心理所”）讨论体改方案的几种意见。

当时心理所的同志们对心理学的研究对象和任务，以及是否要建立新的心理学都有不同的看法，因此对“心理所”的存废也有不同的意见。第一种意见主张撤销“心理所”，全所人员下放劳动锻炼。持这种意见的人，有的主张心理学没有独特的研究对象，也有的认为心理学有研究对象，所

以需要建立新的心理学，但新的心理学要在实践中产生，没必要成立心理学的研究机构。第二种意见认为可暂时保留心理所机构，让全体人员到三大革命实践中接受工农兵再教育，并探索心理学的问题。第三种意见认为应把心理所成员分成两部分，一部分并入中国科学院哲学社会科学部，另一部分则成立生理心理研究机构（或者并入有关单位去）。

此时，王极盛以个人名义通过“心理所”革委会提交给院领导一份《对心理研究所体制改革方案的关于开展心理学研究 14 项课题的报告》。1969 年 9 月 18 日，中国科学院主要负责人对其报告做了批示：“请心理所革委会考虑此建议中所提课题是否可在‘五七干校’劳动学习中有选择地进行研究，他这个意见打算怎样具体实施，请告。”

1969 年 10 月，中国科学院心理研究所的大部分人到了湖北潜江“五七干校”接受劳动锻炼。一天晚上，当时的所革委会主任（原心理所党委书记）跟我讲，“你给院领导写的心理所体制改革方案院领导有了批示。你现在看看这个批示”。

看了院领导对我提的心理所体制改革方案的批示以后，我的心情是平静的。我没有给心理所任何一个人说起这件事情，包括我的好朋友。因为我担心大家知道这个信息之后，有可能影响他们在“五七干校”劳动锻炼的心情。

直到三年后，也就是 1972 年，心理所“五七干校”的同志们回到北京，讨论心理学、心理所的去向问题时，我才告诉大家。

现在想起来，我给院领导提交的心理所体制改革方案，是在 1969 年 9 月 18 号批示的。为什么心理所负责人当时没给我看，而是 10 月到了“五七干校”之后，才通知这件事情。从院领导对我的体制改革方案的批示中可以看出院领导对“心理所”、心理学的态度——心理所要存在！心理学要研究！

记得大概是 1970 年春节回北京休假时，我在中关村碰见了这位院领导，他将我带到他的办公室。他问了我在“五七干校”的情况，随后他说心理学的问题，他还是要听听大家的意见，看看多数人的意见是什么。

院领导对“心理所”的去向的想法前后是一致的。他在 1972 年 7 月 19 日给“心理所”学习班代支部书记袁同志的去信中给予批示：“心理学问题我在心理所摸过几次，但始终未弄清楚。撤销心理研究所是根据当时心理所多数同志意见。现在有的同志改变了看法，没有关系，实践、认识、再实践、再认识，可以讨论嘛。过去批错了的，也可以收回来嘛。批对的还是要坚持嘛。不同意见争论一下有好处，不用伤感情，也不要不敢发言，不通过讨论怎么能认识清楚呢？我们都不是一贯正确嘛。谈错了怕什么？你们讨论出个意见，然后我再听，总之要听你们的。”

我认为，任何一个学科的发展都会伴随着不同学术意见的存在，通过讨论、辩论，逐步取得一致的看法，而后又会有新的不同学术问题的出现，继续通过讨论、辩论和科学实践来解决。

我认为，不管主张心理学是自然科学，或者中间科学，或者社会科学，反正都是科学，是科学就需要研究，要研究就要有一个机构。在中国科学院保留心理研究所应该是顺理成章的。

1978 年党的十一届三中全会召开后，改革开放迎来了心理学发展的春天。此后四十年里，中国科学院心理研究所无论是在科学研究上、人才培养上、基本建设上与国际交流上都取得了巨大的成就。特别是近几年来党中央和国务院非常重视心理学，多次指出要建立社会心理服务体系，这是中国心理学在发展史上前所未有、最受重视的时代，为中国心理学发展提供了不可多得的大好机遇，心理学同仁要在党的领导下，同心同德、齐心协力、共克难艰、守正创新，用心理学的理论与知识，服务于个人、家庭、团体与社会，为中华民族伟大复兴发挥应有的作用，做出应有的贡献。

任何势力都不能阻挡中国人民在中国共产党的坚强领导下，为实现中华民族伟大复兴前进的步伐。

中华民族伟大复兴一定要实现，中华民族伟大复兴一定能够实现！

二、王极盛的心理所体制改革方案

1. 王极盛心理所体制改革的内容

当前的任务：

（1）批判资修心理学的反动理论

围绕国际上心理学问题的意识形态领域中的阶级斗争，把心理学作为斗争的阵地，我们要进行针锋相对的斗争，从政治上、思想上、理论上（包括我们的科学实践）进行战斗。

①对资产阶级心理学派进行批判。从政治上、思想上、理论上把构造主义、机能主义、格式塔学派（包括勒温的拓扑心理学）、行为主义、弗洛伊德主义（包括新弗洛伊德主义）以及社会心理学批倒批臭。

②对心理学中引用信息论、控制论的概念及方法，例如心理学中信息论的应用，人脑模拟研究、自动调整、反馈理论有关的心理学问题的错误理论观点的批判，以及心理学如何正确对待最新科学技术成就的应用问题的探讨。

（2）在社会主义革命和社会主义建设中提出心理学问题（要注意应对多学科科学研究中的心理学问题），是建立和发展毛泽东思想统率的为无产阶级政治服务的心理学的重要途径

社会主义革命和社会主义建设涌现出大量的新事物，为心理学研究开辟了广阔的天地。只要我们在毛泽东思想的指导下进行研究就会有所发现、有所发明、有所创造、有所前进，心理学研究是大有可为的。

①联系教育方面：如教育革命提出的某些心理学问题（从培养共产主义少年一代这个总的战略要求来研究儿童年龄特征、心理特点，比如劳动与文化相结合，在什么年龄以什么形式开始）和培养共产主义一代新人的思想品质问题。

②联系中医新成就方面：a. 针灸麻醉（确切地说针刺抗痛手术）的心理学问题（如研究针刺引起的针刺感觉群对人的痛觉及其他感觉的作用，其他心理现象对痛觉的作用，心理因素在针麻机制中的地位）；b. 靠毛泽东思想打开聋哑禁区提出的心理学问题（例如，听力和语言能力的恢复及训练，聋哑人是如何思维的，聋哑人思维与“语言”关系如何）；c. 解放军用针灸治疗精神病获得高疗效，针灸如何改变人的病理心理状态，为揭示病理心理的发生、发展及本质的研究开拓了新的途径。

③联系生产建设、国防方面：如宇宙心理学研究。例如超重、失重、宇宙间的物理因素、生活条件对人的某些心理现象的作用，以及人的主观能动性在克服这些作用中的地位。

④英雄心理的研究：如麦贤得同志脑部受伤仍能坚持战斗，使西方种种“病理心理学”“医学心理学”的规律破产。这种事物，我们只要研究，就会发现新东西。

在批判旧心理学和科学实践的基础上逐步建立毛泽东思想统率的为无产阶级政治服务的心理学的理论体系，并为辩证唯物主义提供新材料，提供新论据。

可以开展一些基本理论的研究，如：

①认识过程心理学的研究。研究感性认识形式与理性认识形式的相互关系及规律。

②遵照列宁的教导，“径直研究心理现象的物体本质，即神经作用，提供对某个或某些心理进程的分析和说明”。

③知觉、记忆、思维心理学中某些关键性问题的研究。例如，记忆机制的揭示对尖端科学技术（如电子计算机）的设计可以提供帮助。

④人的意识起源方面某些问题的研究：目前可以从动物心理的发展和儿童心理的发展两个途径来展开一些研究工作。

⑤关于心理学史唯物主义与唯心主义斗争的研究。如帝、修、反国家

心理学的发展道路的研究，苏联心理学 50 年的经验教训。

上述研究任务，根据国家的需要逐步展开。

坚定不移地走毛主席“五七指示”指示的光辉道路，接受工农兵的再教育，到三大革命实践中去探索。建立无产阶级的科研队伍，必须实现工人阶级的领导。由工人群众（解放军同志、革命干部）、有实践经验的战士、革命心理学工作者组成三结合的科研班子，搞好科研样板，按国家需求，有步骤地开展工作。

我们有战无不胜的毛泽东思想的统率，有以毛主席为首的无产阶级司令部的领导，有毛主席关于知识分子由工农兵给予再教育的无产阶级政策，只要我们彻底发扬一不怕苦、二不怕死的革命精神，发扬敢想、敢说、敢做的共产主义风格，战略上藐视困难，战术上重视困难，下定决心，勇往直前，开辟前人没有走过的路，攀登前人没有攀登过的高峰，为建立和发展毛泽东思想统率的为无产阶级政治服务的心理学而奋斗，为无产阶级争光，为毛主席争气，就一定能够在不久的将来，开辟出新中国心理学研究的一片新天地！

2. 王极盛为什么提这个方案

（1）世界公认存在心理学

1879 年德国哲学家与心理学家冯特所在的德国莱比锡大学建立了世界上第一个心理学实验室，被公认为是现在心理学的开端，到 1969 年已经 90 年了。

（2）“马恩列斯”、毛泽东的著作中多次提到心理学

马克思、恩格斯、列宁、斯大林与毛泽东主席都多次提到心理学，特别是列宁对心理学更是有诸多的论述。

（3）国务院批准成立中国科学院心理所

中国科学院心理所的建立是经历严格的程序，层层审批，最后由国务院正式批准成立。

（4）“心理所”曾经做过的有益的工作

中国科学院心理研究所 17 年来做过很多有意义的工作，在教育心理、劳动心理、医学心理等方面都很有成就。

（5）中国应该有心理学存在

当时我认为中国是 8 亿人口的大国，应该存在心理学，应该建立在毛泽东思想统率下的心理学，为社会主义建设、社会主义革命服务。

3. 对王极盛体制改革方案的评价

（1）《中国科学院心理研究所所史》认为王极盛的这种精神是难能可贵的

《中国科学院心理研究所所史》明显地支持王极盛的方案，并对王极盛的方案加以赞扬。

（2）中国科学院院士潘菽认为王极盛能力持正义，甚是可贵

中国科学院院士、九三学社的创始人与领导人之一、中国科学院心理研究所原所长、中国心理学会原理事长潘菽给王极盛的信中说道：“你在 1969 年提的心理所体制改革方案精神上很好。在那种情况下，能力持正义，甚是可贵。”

（3）中国科学院心理研究所业务处原负责人赵莉如说：“众人点赞，载入史册。”

2019 年元旦，已经 89 岁高龄的赵莉如教授在给王极盛的信函中说：“十分感谢您赠给我的全套 10 册《心理学丛书》，祝贺您一生热爱心理学获得的丰硕成果。由衷地钦佩您在‘文化大革命’中坚持心理学研究，并维护了中国心理学事业的执着精神。众人点赞，载入史册。”

第二节 心理学发展及突破

一、吸取心理学发展中灾难的教训

新中国心理学发展史上曾遭受两次灾难。正如我在《北京科技报》发表的《心理学灾难》一文所指出的：

心理学是研究心理现象的一门重要的基础科学。心理现象包括心理过程（如感觉、知觉、表象、记忆、思维、想象、情绪、意志等）和个性心理特点（如能力、性格等）与个性倾向性（如世界观、价值观等）。

心理学的研究有着重要的理论意义和实践意义，在教育、生产、医疗和国防方面都有重要的作用。

新中国成立30年来我国心理学遭受了两次大的挫折：第一次，1958年把心理学中的学术问题当成政治问题来批判。有人硬说“心理学是党性的、阶级分析的社会科学”，因此利用行政手段把主张心理学是边缘科学的同志打成资产阶级心理学家，进而把过去的心理学批判为资产阶级伪科学，把心理学当成白旗来拔。

第二次，1965年10月29日，姚文元化名葛铭人，在报纸上发表了对陈立同志的学术论文的所谓批判，给心理学统统扣上“资产阶级心理学”的帽子。

把心理学的大量的学术问题当作政治问题进行批判。

二、心理学要打破禁区探索新问题

从我在《中国自然辩证法研究会通信》发表的《心理学要打破禁区探索新问题》文章可以看出：

在我国心理学中曾存在不少禁区。这些禁区可以分为三类：一类是某些心理学的重要分支如动物心理学、社会心理学、体育心理学、文艺心理学；

一类是一个国家的心理学或某个学派，如苏联心理学、弗洛伊德精神分析学说；一类是心理学研究中的重要问题，例如智力及智力测验、性格、动机、无意识、催眠、心理卫生等。

我们打破这些心理学研究的禁区并不是重复前人的工作，而是要结合我国四个现代化的实际情况，进行创造性的探讨。

我国建设社会主义现代化的实践，为我国心理学研究提出许多急需解决的问题。如开展人才心理学的研究，在人才的选拔、培养、使用以及人才的保护、待遇、流动等方面提供心理学的依据，为加速人才的成长做出贡献。

为了健全社会主义法纪和社会主义民主，树立共产主义的道德风尚，还应该开展法律心理学和道德心理学的研究。

目前我国经济管理、科学管理水平低，造成不少生产单位、教育单位、科研单位人浮于事，工作效率极低，平均主义严重，吃大锅饭盛行，因此急需进行管理心理学和比赛心理学的研究。心理学工作者应该义不容辞地为社会主义的经济管理提供有效的心理学依据。

三、从心理学角度谈智力，开辟研究智力的新问题

为了适应四个现代化发展，需要快出人才、早出人才、多出人才，中国科学院采取不拘一格选拔人才的方针，特别重视智力超常儿童的选拔。这个问题在当时社会上有不同的看法和争论，为此，我写了一篇名为《从智力非凡谈起》的文章，发表在1978年3月28日的《光明日报》上，我从唯物主义心理学角度提出的看法，引起了很好的反响，原文节选如下：

为了快出人才、早出人才、多出人才，中国科学院采取措施不拘一格地选拔人才。他们在调查中发现了一些有非凡的记忆力、理解力，好学肯钻、勇于攻关的少年，决定在中国科技大学专门为他们开设一个少年班。这件

事引起了广泛的反响，人们围绕着智力非凡的问题，纷纷谈论起诸如知识、才能是先天就有的还是后天形成的，人们的知识、才能上的差异是怎样产生的等问题。对于这些问题，应该用辩证唯物主义的观点加以解释。

知识、才能是先天就有的还是后天形成的？什么是才能？心理学把人们能够顺利地完成某种活动的心理特性叫作能力。比如，画家具有较好的视觉记忆能力，演员具有较好的情绪记忆能力、想象能力和表达能力 。

人们从事一定活动所具有的各种能力的结合就叫作才能，例如，音乐听觉、曲调感、节奏感等能力的结合，就成为音乐才能。

从认识论的角度说，才能也属于知识的范畴。知识、才能究竟是从哪里来的？是先天就有的还是后天形成的？这些问题，几百年来历史学家和哲学家一直争论不休。

唯心主义先验论者认为，世界上有什么“先知先觉”“生而知之”的天才。马克思主义坚决主张唯物主义反映论，反对唯心主义先验论。马克思主义者沿用了“天才”这个词，认为天才就是比较聪明一点，就是在实践基础上形成的杰出的才能 。

天才出于勤奋。任何人的聪明才智都只能在人的无数社会实践中，由简单到复杂、从低级到高级一步一步地发展起来。接触天文的才能知道天文，接触地理的才能知道地理，做工的才懂得工业生产，种地的才懂得农业生产；整天和各种人体疾病打交道的医生，才知道疾病的来由和治疗的方法。

马克思主义并不否认人们可以通过看书学习、耳濡目染等多种途径来获得间接经验。学习过程也是认识世界的过程。在自己为间接经验，在别人则为直接经验，所以间接经验的来源同样是社会实践，是后天的东西。

人的知识、才能虽然不是生来就有的，可是人的能力的发展却需要人在身体素质方面具备一定的条件。所谓素质，指的是人的机体的某些解剖生理学上的特点，如感觉器官、神经系统的特点，主要是人脑的特点。素质为人的能力发展提供了物质前提，例如，视觉器官的发育对绘画能力的发展是重要的，听觉器官的发育对音乐能力的发展是重要的。但是，一个人即使具有最优秀的素质，若不从事学习和相应的实践活动，他的能力也是发展不起来的。伟大的革命导师毛主席在《实践论》中指出："马克思、恩格斯、列宁、斯大林之所以能够作出他们的理论，除了他们的天才条件之外，主要地是他们亲自参加了当时的阶级斗争和科学实验的实践，没有这后一个条件，任何天才也是不能成功的。"这是对才能的非常正确的论述。毛主席在这里所说的天才条件，就是一种最优秀的素质。

人脑不过是思维的器官，它本身并不能给人以任何知识和才能。人们只有在社会实践中，通过自己的感官，把客观外界的原材料反映到头脑中来，并开动大脑机器对其进行加工，分析综合，将感性认识转化为理性认识，才能能动地改造客观世界，人的知识、才能才会产生和不断提高。

离开社会实践，离开人的头脑对客观外界的能动反映，是没有任何聪明才智可言的。以读者比较熟悉的宁铂为例。14 岁的宁铂展示出的知识和才能，固然同他具有的良好素质分不开，更同他的实践，也就是刻苦的学习和钻研分不开。宁铂 5 岁上学，六七岁学医书，八九岁学天文，11 岁开始下围棋，学一门，爱一门，钻一门，他的知识和才能正是在这种学习和钻研的过程中增长起来的。

人是高度社会化了的实体。脱离人类的社会环境，脱离人类的集体生活，就发展不了人所固有的特点。在森林中被野兽喂养起来的"狼孩"，当被救回人类社会时，有嘴不会说话，有脑不会思维，白天躲藏起来，夜间出行，四肢爬走，和野兽没有多少差别。这类事实有力地说明了一个道理：人如果脱离人类社会，没有社会实践活动，他的智力和才能就得不到形成和发展，这是对才能是生来就有的唯心主义先验论的有力批判。

人的眼睛、耳朵、鼻子、嘴等感官和大脑等，都是自小在实践中、在运用中得到锻炼和发展的，先天或后天的某些生理缺陷，经过艰苦实践和刻苦锻炼，仍然能够获得部分甚至全部的修补，有时甚至可以超过一般人的能力。比如，有些盲人就能够准确地判断时间，能够根据说话声音的情况来判断房间的大小，能够借助肌肉运动感觉来判断物体的大小、形状和重量等等。这说明了认识对实践的依赖关系，人的认识是在实践和运用中不断发展和提高的。

人们认识、才能上的差异是怎样产生的?

毛主席在1939年12月31日《纪念白求恩》一文中指出："一个人能力有大小。"这是对客观存在的人的能力差异性的概括说明。心理学研究也证明人的能力是有差别的。有的人对声音高低、强弱、音色的细微差别分辨能力较好；有的人对物体的颜色、形状的细微差别辨别能力较强；有的人视觉特别发达，有的人听觉特别发达；有的人长于形象记忆，有的人长于逻辑记忆；有的人抽象思维很完善，有的人想象力很丰富等。为什么会表现出这些差别呢？这固然同一个人的素质或者说先天的条件有关系，但主要的还是后天的社会实践造成的。

人们在生理上是有差异的，人脑作为思维的器官，也是有差别的。从重量上说，正常成年人的脑子平均大约1400克。有的人重一些，可达2千克以上；有的人轻一点，只有1千克左右。但是，这些差别与聪明、愚笨不存在什么必然的联系。有人专门做过研究，同是著名的作家，屠格涅夫的脑重有2012克，法朗士的脑重只有1017克，相差几乎一倍，而他们的聪明才智却不相上下。至于大脑皮层的沟裂纹的多少，也不是衡量人的聪明才智的指标。白痴是很笨的，可是他们的大脑皮层也有许多沟裂纹。从解剖生理学和医疗实践看，人脑结构的很大部分是后天发育起来的，而不是与生俱来的；大脑皮层的沟裂纹，也是在后天的实践中逐渐增多的。

人脑功能的原始差异对后天的知识、才能差别的影响只是一种可能。马克思指出："搬运夫和哲学家之间的原始差别要比家犬和猎犬之间的差别小得多。"(《马克思恩格斯选集》第11卷第124页)人和人之间思维能力的差别，才能性质的不同，智力的高低，起决定作用的是社会存在，即由人们所处的不同历史阶段、在生产关系中所处的不同阶级地位和不同的实践活动造成的。一些人所具有的特异素质或者说天才条件能不能在以后得到充分发挥，主要取决于后天实践的广度和深度，取决于主观能动性的发挥程度。在实践条件基本相同的情况下，阶级立场、感情、态度、思想方法、花的气力等不同，获得的知识、才能也就显示出差距来。

社会实践的需要，劳动、职业、教育、训练等，都能使人的某些能力获得高度发展。专门从事黑色纺织品工作的工人，能够分辨出40多种不同的黑色色度。钢铁工人对浅蓝色的火焰的微小差异具有高度的辨别能力。熟练的研磨工人能辨别两千分之一毫米的微隙。茶叶工人可以凭嗅觉判断茶叶的质量，有经验的调味师、饲养员具有高度发达的味觉和嗅觉能力。有经验的飞行员能够根据发动机的微小变化来判断发动机的工作情况。电话员对电话号码的机械记忆能力很强。众所周知，年轻数学家陈景润登上数学高峰，是他20多年来专心致志、艰苦卓绝地向“哥德巴赫猜想”这个数论的城堡挺进的结果……这一切充分说明，谁只要在某一方面的实践多，接触那一方面的事物多，谁对那一方面的规律就摸得比较透，对那一方面的事情就比较地会办，在那一方面就显得聪明、能干一些。

人们的智力和才能的强弱，在一定条件下是可以转化的。转化的条件主要是在社会实践中主观能动性发挥的程度。任何人从无知到有知，从没有才能到有才能，都要经过努力学习和艰苦实践的过程。有的原先智力较弱、才能较差的人，由于后来努力学习和刻苦实践，逐渐认识了事物发展的规律，他的智力和才能都得到提高。相反，一些智力和才能获得较早发展的人，如果骄傲自满，不再勤学苦练，他的智力和才能就会停滞不前甚至倒退。“小时了了，大未必佳”，这句古话说的正是这个道理。宋代王安石青年时写过一篇《伤仲永》的短文，说江西金溪有个方仲永，小时比较聪明，5岁就会作不错的诗，由于后来没有受到教育，没有抓紧学习，十二三岁时写的诗就不如以前的好。到他20岁左右，王安石回乡问起他的情况，得到的回答是：他已经完全是个普通的人了。在儿童时期，脑子可塑性很强，抓紧时间培养教育，可以促进人脑机能向更完善的方向发展。有的素质较好的儿童，由于受家庭、环境和教育的影响，对某种活动产生了强烈的爱好，做出较大的努力，就较早地显露出绘画、音乐、数学、文学等方面的突出才能。我们注意发现和精心教育、培养这些能力发展较早、较快、较突出的儿童，可以为国家造就优秀人才提供助力。

我们有毛主席的革命路线指引，有优越的社会主义制度，有勤劳、智慧的8亿人民，这就为儿童、青少年的才能的成长开辟了广阔的道路，提供了可信的保证，必定能在青少年中培养出一批又一批又红又专的杰出人才，极大地提高整个中华民族的科学文化水平。

四、加强心理学方法论的研究

在中国心理学发展的历史上，极“左”思潮泛滥的时候，把阶级分析法定为心理学的唯一研究方法。我认为这是极端错误的，严重地阻碍了心理学研究。为此我写了一篇《重视心理学方法论的研究》，发表在1978年8月25日《中国自然辩证法研究会通信》上。

心理学是一门既古老又年轻的基础理论学科，是一门正在发展中的有前途的科学。不同的科学，由于研究的对象不同，就必须采取不同形式的研究方法，方法应该适合于对象。由于心理学的研究对象——心理现象的高度复杂性，给心理学的研究带来很大的困难，因此就更应该重视心理学方法论的研究。要研究哲学对心理学方法论的指导意义。要总结现代心理学一百年对心理学发展影响的历史经验教训。要研究现代心理学一百年学术思想发展上的唯物论与唯心论的斗争，也要总结我国两千年来心理学思想发展的历史经验。这对于心理学研究摆脱唯心论与形而上学的束缚，加快心理学的研究步伐是非常必要的。

列宁指出："精神是第二性的，是头脑的机能，是外部世界的反映。"（《列宁全集》人民出版社 1988 年版，第 14 卷第 484 页）要科学地揭示心理活动的规律，既要研究心理活动的生理机制，也要研究心理活动对社会实践的依赖性。要防止或克服用一种倾向掩盖另一种倾向。片面地强调研究心理的生理机制，忽视或否定心理对社会实践的依赖性，就要犯心理学研究生物学化的错误。恩格斯一百年前的教导至今仍然亲切地在我们耳畔回响："终有一天我们可以用实验的方法把思维'归结'为脑子中的分子和化学的运动；但是难道这就把思维的本质包括无遗了吗？"（《自然辩证法》人民出版社 1971 年版，第 226 页）只强调研究心理对社会实践的依赖性，忽视或否定心理的生理机制的研究，就会走进无头脑的心理学的绝境。当然在进行心理学具体课题的研究的时候，根据问题的研究性质有所侧重是必要的，但在指导思想上，在总体上，在心理学的方法论上，是不能有所偏废的，并且要以后者为主要方面。

要总结现代心理学研究方法的科学价值，要吸取自然科学的新技术，努力创造新方法。心理学的研究方法是在心理学的研究实践中产生和发展的。既往的心理学研究方法受到当时历史条件和社会条件的局限，因此它们的应用是相对的、有条件的。现代心理学中的任何一种具体研究方法，都有它一定的使用范围和局限性。不能把心理学研究中的任何一种具体方法（例如实验法）绝对化。心理学的某些研究工作的水平高低与实验手段有一定的关系，但若忽视理论思维，也不可能对所取得的数据做出正确的理论解释。

在心理学的研究中，要坚持不同质的矛盾，用不同质的方法去解决。要强调理论思维，强调马克思主义哲学对心理学的指导作用，要不畏艰险，勇于探索，逐步使心理学研究方法中的自然科学的方法和社会科学的方法相互渗透，创造更加适应心理学特点的新的研究方法，使心理学的研究方法有所突破。

第三节 建立中国特色心理学的理论体系

中国心理学应该走什么道路，这是关系到中国心理学发展的正确方向的至关重要的问题。中华人民共和国成立前即旧中国的心理学发展，基本上是盲目地、不加分析地沿袭西方心理学发展的道路，但是这条路发展的结果严重脱离中国人的心理世界，不符合中国人的心理实际情况，使中国心理学发展缓慢。

解放后中国心理学的发展道路，也出现过两个错误倾向。新中国成立初期，提出马克思主义指导，在巴甫洛夫学说的基础上改造心理学，这在批判西方心理学唯心论和形而上学的思想上是很大的进步，但是在发展道路上，完全沿袭了苏联心理学的发展模式，脱离实际，也延缓了中国心理学发展的进程。后来，改革开放初期，否定了苏联心理学发展模式，又返回到西方心理学的发展道路，特别是美国心理学的发展模式。

改革开放后中国心理学走什么道路，采取什么发展模式，是摆在中国心理学工作者面前的一个重要问题。

我是秉持坚持走中国特色心理学道路的观点的。我在 1979 年和 1980 年分别在《哲学研究》和《心理学报》发表了两篇论文，系统地阐述了我建立中国特色心理学理论体系的观点。

1979 年我在《哲学研究》第 12 期发表了《试论我国心理学的发展道路》。1980 年我在《心理学报》第 1 期发表《我国心理学现代化的基本理论观点和方法论》。两篇文章都明确提出建立中国特色的心理学体系及其特征。

文章指出，我们要用马克思主义的立场、观点和方法作为指导来研究心理学，而不是用马克思主义某些言论来代替心理学的研究。世界在发展，时代在变化，如果把马克思主义对心理的论述当作终极真理，那势必要束缚人们对心理实质的深入认识。智力问题、智力测验、动机、需要、意志、性格、催眠、无意识、动物心理学、社会心理学、心理咨询、心理卫生、心理治疗，多年来曾经是我国心理学研究的禁区。实践证明，这些问题的研究是实际所需要的，过去把这些问题视为禁区是错误的。目前这些禁区有的已经被打破，有的正在触及，有的尚无人过问。总的说来，还要解放思想，彻底冲破这些禁区。但是打破禁区并不意味着重复别人的工作，而是要付出辛勤的劳动进行重新探索。冲破心理学的禁区可以使我们从不同侧面去研究、探讨心理的实质。

实践证明，我们在心理学理论研究和实验中对创新性的理论研究和创造性的实验研究还很不够，没有自己的心理学基本观点的独特见解就很难有心理学的学术思想。我们要打破传统心理学理论观点的束缚，对此，努力创新，根据现有的心理学特点和动向以及我国服务于社会主义事业的心理学的实际特点和发展要求，从基本理论、基础理论和开创心理学新的探索领域等方面，考虑选择我国心理学赶超的战略目标，走我国心理学自己的发展道路。

我们要争取在20世纪末建立具有下列特点的我国崭新的心理学体系：

①将心理学的基本理论（包括方法论）置于辩证唯物论的全面指导下，具有独特的特点。

②具有我国民族的特点。充分发掘和提高我国历史上丰富的心理学思想，同时反映向四个现代化进军的我国社会主义时代的人民大众的历史实践的精神面貌。

③自然方面和社会方面密切结合的特点。不能片面强调其中的任何一面。

④具有时代的特点。充分利用现代科学理论和先进技术研究心理问题。

⑤理论与实践的密切结合。生活、实践的观点也应该是心理学研究的

基本和首要的观点。心理学的理论来自实践，受实践检验，在实践中发展，为实现四个现代化和以后的进一步发展服务。

我国香港著名心理学家高尚仁在他与其他人主编的《中国人·中国心》一书中，曾这样描述："内地心理学对苏联心理学虽有相当的附庸关系，但却在很早（1948 年—1956 年）已注意到要理论结合实际，要走自己路的需要"。

到了 20 世纪 80 年代，终于正式提出建立中国特色为基础的心理学理论体系的倡议。这个倡议中的心理学体系有几个特色：

①体系的理论基础与研究方法必须具有独创性。

②内容必须具有中国特色，并包含有对中国古代心理学思想的整理与发扬。

③要能结合自然与社会现象。

④要能利用现代科技来探讨与研究心理学问题。

⑤必须是以理论与实际结合为基础的体系。

这种本土心理学的创意颇受学术界人士的关注。

我国台湾著名心理学家杨国枢所著《中国人的心理与行为：本土化研究》一书中曾指出：事实上，具有中国特色的心理学的说法王极盛早在 20 世纪 80 年代就已提出。

中华人民共和国成立前，我国心理学基本上是学习西方心理学，宣传西方心理学。中华人民共和国成立后，我国的心理学基本上沿袭苏联的心理学发展道路。我认为两者都是不恰当的。中国心理学走什么道路是摆在中国心理学工作者面前的大问题。我本着"天下兴亡，匹夫有责"的精神，敢于发表自己的看法，因此提出了建立中国特色的心理学理论体系。

第四节　建议开展社会心理学研究

社会心理学曾成为研究的禁区，我于 1979 年 5 月 31 日在《光明日报》发表了《建议开展社会心理学的研究》这篇文章，在心理学界获得高度评价，有人认为这是中国社会心理学发展史上的一个重要事件。

文章明确提出为什么要开展社会心理学的研究，研究社会心理学应该遵循的原则，社会心理学的研究对象以及社会心理学要与其邻近的学科协同作战等。

文章指出，现实社会生活中存在着大量的社会心理学问题，多年来成为禁区，无人敢于提及，这种情况需要改变。历史唯物主义、思想政治工作与社会心理学研究问题有着密切的关系，但是历史唯物主义、思想政治工作不能代替社会心理学的研究，正如马克思主义哲学不能代替自然科学的研究一样。我们暂且不去讨论社会心理学的对象和任务，这里仅提出一些急需社会心理学参与研究的问题，例如：科学研究上的自由讨论问题、人才的选拔与培养问题、破除迷信问题、科学研究的协作问题、领导与群众的关系问题、计划生育问题、社会风气问题、恋爱婚姻问题、公共交通秩序问题、少年犯罪问题、青少年吸烟戒烟问题、谣言问题、工资奖金问题、晋升考核问题、传统习惯问题、管理心理问题、职业心理问题等，这些问题的研究成果对调动群众的积极性、加速培养人才、树立社会新风尚、发扬社会主义民主、实现四个现代化，都是非常有利的。

我们研究社会心理学问题，要以马列主义、毛泽东思想为指导，要为四个现代化服务，同时需要与哲学、伦理学、社会学、经济学、法律学以及其他有关自然科学的研究协同作战。有人设想，到 21 世纪，心理学可能成为领头科学。我认为，作为心理学的一个分支，社会心理学在其中将起着特殊的作用。

华国锋同志在第五届全国人民代表大会的政府工作报告中指出：“在

社会主义劳动竞赛中，要把精神鼓励和物质鼓励结合起来。”这给社会心理学提出了重要的研究课题。

怎么处理好精神鼓励与物质鼓励的辩证关系？精神鼓励以什么形式才能产生积极的心理效应，最好地调动人的积极性？物质鼓励怎么进行才能激发人的正确的动机，怎样进行才能促进劳动者的团结合作？怎样防止在劳动竞赛中嫉妒心理的产生？这些都是值得认真研究的。

我于 1979 年 5 月 31 日在《光明日报》发表了《建议开展社会心理学的研究》一文。这篇文章发表后在中国心理学界与中国社会学界引起了强烈的反响。因为这是一个非常敏感的问题，新中国成立以后，直到改革开放前，社会心理学一直是一个研究禁区。文章发表后，只有极个别人认为这是复辟资本主义心理学，绝大部分人都赞成、支持在中国的土地上研究社会心理学，它将会对中国的社会进步，对改革开放的促进，对动员社会上一切积极因素同心同德建设四个现代化，带来积极的影响。

林秉贤在其所著《社会心理学》一书中指出：社会心理学在中国的复兴时期的到来，是以王极盛建议开展社会心理学的研究为标志的。“弹响了在中国大陆土地上已经沉默了 30 年的社会心理学研究的前奏，这一事实是今日中国社会心理学研究者们不应忘怀的史实。”①

1949 年—1978 年的 30 年，中国社会心理学处于停滞状态。“转机出现于 20 世纪 70 年代末。1979 年 5 月 31 日，《光明日报》发表了王极盛的《建议开展社会心理学的研究》一文，预示着这门经历 30 年不公平对待的学科将要获得新生。两年以后这个呼吁引起人们的重视。1982 年社会心理学开始进入创建并复兴阶段。这一年的夏天，北京心理学会首次举办了社会心理学学术座谈会，来自各地的 50 多名学者就社会心理学的动向、性质、方法和其他一些理论问题发表了意见，这是中国社会心理学重建的重要标

---

① 林秉贤、许全更《社会心理与有中国特色的社会心理学的理论研讨》，《社会心理科学》1996 年第 1 期。

志。”[①]“它推动了中国社会心理学的恢复与发展。”[②]

1988 年，我在中国管理科学研究院创建社会心理学研究所，并担任首任所长。中国管理科学研究院在中央负责同志的关怀下，由国家科委于 1987 年 6 月 2 日批准成立。它是我国专门从事管理科学和交叉科学研究的新型科研机构。

1987 年中国管理科学研究院正式成立后，我经过一年的策划与筹备，于 1988 年在中国管理科学研究院创建了社会心理学研究所。在其后的一段时间里，社会心理研究所在社会心理学方面开展了一系列工作，也做出了一些成绩。在我担任研究所所长期间，尽量吸取社会上的心理学的力量，团结合作，为中国的社会心理学的发展发挥作用。

第五节　加强马克思主义哲学对心理学的指导

任何一个科技工作者，都具有一定的世界观、人生观、价值观，他在他的工作中一定会受到他的世界观的影响，一定会受到他的价值观的影响。心理学是一门极其复杂的科学，它既有自然科学性质，也有社会科学性质。它研究物质运动最高形式的心理问题，研究人类的大脑对外界世界的反映。人的大脑对于外界的反映不是机械式的，它受人的世界观、人生观、价值观的制约，也受到人的心理经验的影响（既有个体心理经验的影响，也有社会群体心理经验的影响）。按照马克思主义认识论的观点来看，人对于外部世界的反映不是机械的，而是能动的反映，因此，坚持马克思主义哲学对心理学研究的指导是极其重要的。

① 周晓虹《现代社会心理学史》，中国人民大学出版社，1993 年，第 421 页。

② 中国社会科学院社会学研究所,《中国社会学年鉴》，中国大百科全书出版社,1989 年，第 188 页。

一、两种错误倾向

在中国心理学发展的历史上，对这个问题出现了两种倾向：

一种倾向是用马克思主义哲学代替心理学的研究。不是完整地、准确地用马克思主义经典作家的立场、观点和方法来指导心理学研究，而是断章取义地用只言片语来代替心理学的研究。这反映了研究工作者的思想僵化，难以解释心理研究的真正规律。

另一种倾向是否认马克思主义哲学对心理学的指导。这也会阻碍人们对心理学研究的认识，甚至可能导致犯唯心主义和机械唯物论的错误。

二、潘菽、丁瓒的教诲

中国科学院心理研究所的老一辈心理学家，与老一辈心理所领导潘菽、曹日昌、丁瓒等一贯地坚持马克思主义哲学对心理学的指导，我认为，我们要继承和发扬心理所的老领导坚持用马克思主义哲学指导心理学研究工作作风。近年来，我多次向现任心理所领导提出这个建议，支持继续加强马克思主义哲学对心理学研究的指导。

我受到潘菽院士对我的谆谆教诲。他教育、鼓励、支持我的心理学研究，特别强调，要努力学习马克思主义。1978年11月8日，他在给我的一封信中强调："我们要做好心理学工作，做出创造性的成绩，主要靠马克思列宁主义、毛泽东思想这个战无不胜的思想武器；要加强学习，务必弄通。对几种主要的经典著作，要细读、精读，对每种都要读两三遍、三四遍或更多。要把这方面的学习规定为经常的功课，每天读几页。坚持下去，一定会大见成效。"

丁瓒教授也经常教诲我努力学习马克思主义哲学，学好自然辩证法，特别强调在针刺麻醉心理学研究中要破除迷信，解放思想，力求用唯物论辩证法指导针刺麻醉的心理学研究工作，在这个方面我也有些体会。

1. 难忘潘菽

（1）感人肺腑的忘年交

在 1977 年以后，我的心理学研究工作得到很多老一辈心理学家的指导、关心与支持。

潘菽教授便是对我最关心、最爱护、最器重的其中一位老一辈心理学家。

潘菽先生生于 1897 年 7 月 13 日，去世于 1988 年 3 月 14 日。他是中国现代心理学奠基人之一，中国心理学的资深理论家，中国心理学的战略家。1926 年，获美国芝加哥大学博士学位。1955 年被聘为中国科学院生物学部委员，是中国心理学界迄今为止的第一位中国科学院院士。潘菽教授曾任南京大学校长，曾长期担任中国心理学会理事长，中国科学院心理研究所所长。他是九三学社创建人与领导人之一。曾任全国人大代表，全国政协常委。

1917 年，潘菽教授考取北京大学哲学系，后参加了 1919 年的五四运动。他曾经对我说过，他年轻时动作就慢，所以才会被逮捕。但他的思维极其严密和深刻。据南京大学的校友说："20 世纪 50 年代初，潘菽任南京大学校长，他常在学校给全体师生做报告。有的学生在报告中间去一下卫生间，回来后问旁边的同学潘校长讲到哪里了，旁边的同学说：'你走时说那句话，还没有说完。'"这是形容他说话之慢。但哪怕到晚年，八九十岁的时候，他的讲话仍然充满着严密的逻辑性。一番话听下来，往往让人觉得像是听了一篇严密、完整的文章。这是因为他说话往往经过了深思熟虑。

潘菽教授在 1975 年以后直到他去世前，给我写了 29 封信函，大多数是对我请他看我写的论文的评价。大多数论文他都是给予了充分肯定的，但有些文章他都认为思想不深刻，意思到了，但是表达不是十分准确。他曾对我说："我已经在原稿上用铅笔给你改了，你看后想一想，看看是否有道理。如果有道理，你就采纳；如果没有道理，你就把我修改的内容涂掉。”这是潘菽教授教导我凡事要独立思考，不能盲从，即便采纳别人的正确意见也要知道为什么；不接受别人的意见，也要搞明白为什么不接受。

潘菽教授在我心目中是一位长者。我们所有位同志曾经说过：“潘老长我们50多岁，我们在潘老面前就是幼儿园的小朋友。”他德高望重，在我与他讨论学术问题的过程中，他从来不把自己的观点强加于人，真正体现了在学术面前人人平等。

说到信件问题，非常遗憾的是，前几年中国心理学会、中国心理学研究所编辑《潘菽全集》，公开征集潘老的信函。《潘菽全集》编辑部委员会的主要负责同志也曾经给我打过招呼，我理所当然应该响应《潘菽全集》编委会的号召。得到这个通知后，我翻箱倒柜好几次，但因为我当时家里的书柜里装得满满的，地面上、桌子上到处都是摞满了一两米高的书，我怎么也没有找到潘老的信，从而留下了终身的遗憾。

2007年夏天，我装修了住宅。2009年夏天，我彻底清理了书籍、杂志、论文、信函等，终于发现了潘菽教授给我的信函的复写稿，是我爱人用复写纸复写下来的潘老给我的信函的复印件。再继续清理，又发现了潘老给我信函的原件，信封和信纸都保留着，有29封。信封用的是中国科学院心理研究所的专用信封，是我给他写信时用的信封，我写信时写的是“潘老收”，潘老则在“潘老收”的上面写道“烦交王极盛同志收”。

2007年7月，潘菽诞辰100周年时，《潘菽全集》也由人民教育出版社出版发行。《潘菽全集》是被新闻出版总署批准的“十一五”国家重点图书出版规划项目之一。说起《潘菽全集》的出版，我也因为一个偶然的机会为这套全集的出版做了一点事情。那就是2005年冬，国家新闻出版总署召集全国70多位各行各业、各个学科的专家评审“十一五”国家重点图书出版规划项目。当讨论到《潘菽全集》时，会议的主持人说：“王教授，您是心理学专家，您先谈谈看法吧。”我说：“潘菽是中国心理学界的一面旗帜，《潘菽全集》是中国现代心理学发展的缩影，积极支持出版。”其他同志也赞成我的意见，就通过了。

2008年夏天，潘菽的儿子潘宁堡和儿媳刚刚从国外回来，几次打电话给我，想约个时间来我家看望我。他们夫妻来送了我一套《潘菽全集》（共十卷）。他们除了表示感谢外，还约我写一篇纪念潘老诞辰111周年的纪念文章。我与潘宁堡夫妇非常熟悉，我们是同辈人，他们比我稍微年长几岁。文章写好后，于2008年7月13日在《科技日报》发表，题目是《重温〈潘菽全集〉》。

我在这里再谈谈潘菽教授指导、关心我成长的二三事。

我1962年从北京大学心理学专业毕业分配到中国科学院心理研究所工作。但是，我们所里有3个研究室，潘菽所长主管第一研究室，即教育心理研究室。曹日昌副所长主管第二研究室，即劳动心理研究室。丁瓒副所长主管第三研究室，即医学心理研究室。我所在的研究室，就是医学心理研究室。当时，我们刚来心理所，是“小萝卜头”，与潘菽所长的接触机会很少。

我开始与潘菽教授交往是1972年。那时我还有时从事针刺麻醉的心理学研究。这是国家科委下达的国家重点科研项目，是周恩来总理关心的科研项目。1972年卫生部邀请我作为特邀代表在即将于1972年10月在上海举行的全国针麻会议上做专题报告。我写了一篇3万多字的《精神因素在针刺麻醉原理中的地位和作用》，由北京卫生局托人铅印了几百份，同时送了一份供潘菽教授提意见。不久后，我又到他家去征求他的意见。他充分肯定我的论文，我临走时他很抱歉地说：“你先等等。”他一边拿起笔和纸，一边说：“我把你论文中关于祖国医学论述心理因素在疾病发生发展中的作用的一些话抄下来。”我赶紧说：“潘老，您不用抄了，这篇论文就是送给您的。”

1980年左右，当时中国自然辩证法学会设立了各个学科的研究组，其中就有心理学研究组，组长是潘菽教授，秘书是我。当年，要上报各个学科研究组的研究计划，有一次我到潘菽教授家里向他请示。潘老的儿媳妇告诉我，潘老刚进卫生间洗澡，让我再等等。过了一两分钟，潘老就出来了。按他的动作，绝对不是洗完澡的。他可能知道有客人来了，估计连衣服都没脱完，就又穿好出来了。

从一般待人接物的角度来看，他洗完澡后再来见我，也不失礼。因为事先我也未和他约定，我可谓是不速之客。再说，他都是 80 多岁的人了。手脚本来就不灵活，洗完之后再出来接待我也没有任何不当之处。另外，我是小他 40 岁的人。从这件事可以看出，潘老待人接物是非常周到的。他尊重任何人，哪怕是比他小 40 岁的人。

潘老就是以身作则，用他的言行、品质来教育我们。我想，潘老晚年这样发愤图强，自强不息，也是因为他要抢点时间，因为他经历的国民党统治时期以及抗日战争时期都缺乏科学研究和做学问的学术环境……正像他自己在《我的心理学历程》中所说："并不是现成的康庄大道，而仿佛是山间的蹊径，颇为崎岖曲折，有时还要披荆斩棘……"潘老讲自己的学术生涯大致分为 6 个阶段，即十年定志、十年彷徨、十年探路、十年依傍、十年自强、十年播扬。

潘老在暮年时不仅常有学生向他当面请教和通过书信请教，而且也有一些素不相识的老百姓通过各种途径向他求教。有些领域他不是很熟，但他对所有的来信都非常认真地处理。有一次，潘老对我讲："我这里有封信，是来自黑龙江的，是向我咨询中医方面的事情。中医方面我不是很熟，你现在正在研究中医，你是否可以以你的名义给他回复一下？"他当时把那封信就转交给了我。从这件事情可以看出，潘老对群众的来信是非常认真对待的，并且，他做到了孔夫子所说的"知之为知之，不知为不知，是知也"。

有一次，我收到潘老转来的一封便函，潘老写道："在 ×× 日期，在北京师范大学的 ×× 地点，举行心理学的理论报告会。你如有时间，请来参加一下。”当时潘菽的地位完全可以让所里别的同志给我捎个话就可以了，但他还亲自给我写信，告知我这个信息。我想，潘老是在培养我从事理论心理学的兴趣。

我这个人兴趣广泛，常常可以在心理学的几个领域中同时开展工作并同时在几个领域取得显著的成果。我想潘老是有意识地希望我集中精力从事理论心理学的研究。他曾经在20世纪80年代初写信给我谈对我的论文的修改意见时，说了一段话：你是不是可以结束针刺麻醉的研究了？是不是可以在医学心理学、中国古代心理学思想和其他方面进行研究？但我始终也没全力以赴从事理论心理学的研究。可潘老从来也没有因此而批评我，可见他是非常重视个人的学术兴趣的。但是，他对我的各种研究工作一如既往地给予支持和指导。

我在心理所40多年的研究，从行政管辖来看，一直是在第三研究室（以下简称“三室”），即医学心理学研究室，后改为病理心理与医学心理研究室。当时，受科研体制的限制，研究课题要放在相应的研究室进行管理。我当然每个时期都有医学心理学的研究课题，这放在“三室”是名正言顺的，我的编制也在“三室”。可我同时也从事其他科室的研究。例如，我还从事人事心理学的研究，放在“三室”肯定不是那么名正言顺。但我的人事心理学研究在社会上颇有影响，中国科学院与中央其他部委都很重视，纷纷请我讲课，这也受到了中央组织部领导的重视。当时要申报中国科学院科技成果奖，但是必须是院属所属的在编课题，否则的话，不符合申报程序。那怎么办呢？我就找到潘老，当时他主管第四室理论研究室，于是，就把我的人事心理学研究放在第四室理论研究室的课题中去。这样我就可以名正言顺地向所、院申报中国科学院科技成果奖。后来，在1990年我的人事心理学研究成果经所院两级的审评被评为1990年度中国科学院科技进步二等奖。遗憾的是，那时潘老已于两年前与世长辞。

（2）《不忘初心，九十高龄壮心不已》

这是我为纪念潘菽院士诞辰 124 周年写的文章，发表在北京“老科协”“退休之家”网站上。中国科学院离退休干部工作局公众号也转载了此篇文章。现将全文抄录如下：

堂堂岁月，忽八十春。往者可谏，来者方生。夕阳无限，灿若朝暾。蓬勃郁葱，旧邦命新。大同可望，寰宇沸腾。我生此际，我生逢辰。旋乾转坤，匹夫有份，伏枥之心，云胡不奋。

这是 1977 年潘菽教授写的一首《八十书怀》。

潘菽教授是中国心理学的资深理论家，心理学杰出的战略家，中国现代心理学的奠基人之一，中国心理学改革的总设计师。

潘菽教授历任南京大学校长，中国科学院心理研究所所长，中国科学院心理研究所党委委员，中国心理学会理事长，中国科学院院士，九三学社的主要发起人与领导人之一。

潘菽教授在八十岁高龄以后还为中国科学院心理研究所与中国心理学会担负着大量的组织领导工作。

潘菽教授在八十岁高龄后出版了他的代表作《心理学简札》（上下册）、《潘菽心理学文集》等专著，出版了他主编的《人类的智能》，为中国心理学工作者几十种心理学著作和刊物撰写序言或发刊词，写给心理学同仁 400 多份信件。

八十岁高龄后，他对心理学主要理论问题进行了深入研究，破旧立新，去伪存真，提出一些创造性的理论观点。例如众所纷纭、莫衷一是的意识，他对以往心理学中各种意识观点进行了分析研究，并对人类的心理现象进行了全面的分析考察后，得出了这样的结论：意识就是认识，包括感性认识与理性认识的综合认识。可谓见解独到、精辟深刻。

坚持马克思主义指导，改造旧心理学，建立和发展中国特色的心理学，提高心理学的科学性，为社会主义服务，是潘菽教授终生不渝的奋斗目标。

潘菽教授在晚年对中国心理学的改革，建立中国特色心理学发展道路的大政方针做了精心的顶层设计与战略部署。他反复指出要破除旧心理学的唯心论与形而上学的束缚，坚持走自己的发展道路，强调坚持以辩证唯物主义与历史唯物主义为基本的指导思想，强调生活、实践是心理学的首要和基本观点，密切结合我国的国情，批判地吸取国外心理学的成果，发掘、继承与发展我国古代心理学思想的精华，形成中国特色的心理学体系，努力提高心理学的科学性，为我国的社会主义事业服务。这是潘菽教授为中国心理学的发展做出的重大贡献。正如他的同辈著名心理学家高觉敷教授所说："毫无疑义，潘菽是当代中国心理学的带路人。"

《潘菽自传》写道："我从事心理学工作已五六十年，要说有什么经验的话，可以归纳为一条，那就是一定要有一个科学的世界观，即唯物论的世界观。任何科学都跳不出哲学的手掌。科学所能选择的并不是要不要哲学，而是要什么样的哲学。科学上的一切成就都是自觉或不自觉地在辩证唯物论的指导下取得的。所以，我们从事科学工作的人，必须自觉地坚持马克思列宁主义的哲学思想的指导，才有希望做出实质性的成就来。从事心理学工作尤其如此。"这话说得太好了，精辟！

潘菽教授强调改革心理学，建设中国特色心理学发展道路，必须在心理学中全面贯彻马克思主义的唯物辩证法，充分体现唯物辩证法的批判和革命的本质，同时也指出不能把马克思主义变成教条，不能用马克思主义的唯物辩证法代替心理学研究。

潘菽教授教育我们要努力学习用马克思主义哲学指导心理学研究，他在 1978 年 11 月 8 日给我的信中写道："我们要做好心理学工作，做出创造性的成绩，主要靠马克思列宁主义、毛泽东思想这个战无不胜的思想武器；要加强学习，务求弄通。对几种主要的经典著作，要细读、精读，对每种都要读两三遍、三四遍或更多。要把这方面的学习规定为经常的功课，每天读几页。能坚持下去，一定会大见成效。"这是对青年人多么热情、多么精心、多么细致、多么具体的指导啊！

潘菽教授九十高龄，仍然夜以继日、废寝忘食地工作。他的女儿写信给他，以父女骨肉之情苦心劝他多加休息。潘老以一张纸条回复："我专心致志，时间不够用是事实，实无办法，早睡不可能做到，除非放弃工作。"

潘师母曾当面对我历数潘老忘我工作的事情，无可奈何地说，劝阻无效，气死我也。

有一次我去他家给他汇报工作，他家人说他刚进卫生间洗澡，不料我刚坐下片刻，潘老便衣着整齐地出现在我的面前，要听我汇报工作。还有一次我去他家，谈他对我一篇文章的修改意见，正逢一家人在吃饭，潘师母一再讲，吃完饭再谈，他却执意去他的办公室谈话。这些感人肺腑的事情至今历历在目。

感恩潘菽教授对我的教导，我将《潘菽全集》放在我书架最明显的位置。我经常温习潘老写给我的29封信的内容，它们激励我活到老、学到老、工作到老，为中国心理学的发展，为中华民族伟大复兴贡献自己的力量。

潘菽教授的科学精神、创新精神与奉献精神永远是我们学习的榜样！

（3）潘菽教授给王极盛的29封信

第1封信

极盛同志：

你最近在《新医药学杂志》发表的文章，[①] 我接到后随手读了，很好。你所表达的几点看法都很正确，我完全赞同。中西医结合的伟大革命意义和光辉广阔的远景显然是中西医工作者双方都不太理解的，因而也最有给予强调的必要。

我只有一个小的意见。在指出中医受到儒家思想的影响的地方也应该

① 该文指的是《对"从中医理论的特点看中西医结合问题"一文的商榷》，发表在《新医药学》杂志，1975年11期。

指出道家思想的影响。文章中说“儒家等”，大概也包括道家在内，但我觉得明白指出来要好些。不过道家的迷信思想的流行也和儒家思想的泛滥以致思想界的正气（科学的和唯物论的思想）长期不得抬头有一定的关系。

潘菽

1975.12.21

第2封信

极盛同志：

你最近在《光明日报》上发表出来的那篇文章[①]是对针麻工作的一个很好的理论总结。这篇文章把针麻的机制阐述得十分清楚，因而我认为应该是很正确的。

自然，有不少看法现在还是在假设阶段。能假设得恰当就是首先一步的必要胜利。今后可以在自己的工作中，从别人的经验和研究结果中，注意收集可进一步验证这些假设的具体事实。如有可能，也可以自己进行一些实验观察。

结论中所说“人体内部矛盾运动”是否也包括心理方面？如包括，明白指出来应该好一些。如不包括，则这方面的因素处在针麻这个“复杂的矛盾运动过程”的什么地方？

此外，似乎个别地方有漏字。

以上是读后的一些感觉，供参考。

潘菽

1976.1.3

① 那篇文章指的是我发表在1975年12月28日光明日报的《试论针刺麻醉的矛盾运动》。

第3封信

参考意见[①]

页1：把学术斗争联系到政治路线，这是很好的。

把“万物皆备于我”作为孟轲主张精神第一性的根据似还不足。

页7：范缜认为圣人的知识才能高于凡人这个错误应予指出。

页8：法家的荀况所说的“心”是指一种躯体器官即心脏，不是唯心论者所说的“心”的意思，可以不作为一种错误来看。在另一方面，这却表示了荀况的唯物思想。

页10：不能肯定荀况所说的“行”排除社会实践。

页14：所引沈括关于劳动人民的智慧的看法是前无古人的很光辉的思想，可以强调指出。

页16：荀况所说“欲可以节”的“节”似乎是“调节”的意思，而不只是“节制”的意思。

页31：在总结法家关于“性”的见解时，宜把王夫之的看法和其他看法区分开来，予以强调指出，因为王的看法显然是光辉独特的，接近于唯物辩证的看法了。

末两段说明儒法两派在有关心理学几个问题的看法上的斗争的政治意义和现实意义，很好。建议可把这个论点在文章开头处就更明确地提一下，作为贯穿整篇文章从头到尾的红线，也使读者一开始就清楚地体会到本文的主题所在。

总的意见：本文这样的工作是很有必要做的，本文也较好地完成了任务。所谓“较好”是说本文还只是最简要的大纲，还是一个开端。能在这个基础上再有所前进、有所提高，就更好，并且也有必要继续前进提高。另外文章的题目“关于……”可以考虑改为“有关……”，因为所谈的4个问题都是哲学问题，但也和心理学有关，并且关于心理现象的认识也不

① 这是潘菽教授对我写的《儒法斗争》一文的评价。

只是这 4 个问题，所以把题目这样改一下似较合适。

潘菽于 1976 年

第 4 封信①

《心灵学在苏修的盛行说明了什么？》这篇文章揭露了苏修集团推行心灵学迷信骗术的反动政治目的实质，在论证上是充实的，在批判分析上是深入的，表现了充分的战斗精神和战斗力。读了以后有两点提供参考的意见是：火力还可以更集中一些，文字还可更精练一些。最后一节《历史上常常有惊人相似之处》，这样联系一下也是好的，但简要地联系一下就行，不必说得太多以致影响到前几节的进攻力量。还有一些意见已附注在有关的纸旁，也仅供参考。

《历史是现实的一面镜子》一文说明心灵学和我国汉代谶纬迷信在反科学、反人民、为反动统治服务的实质上的共同性，这一目的是胜利地达到了的。读后的一点感觉也是文字表达似可精练一些，这样，批判的矛头可更锐利一些。另有一些意见附注在有关的纸旁。所有这些意见都是仅供参考。

潘菽于 1976 年

第 5 封信

《关于形象思维》②和《才能》③这两篇稿子都看了，但不细，因而也不能细谈，只能说几点总的印象。两篇稿子基本论点都是对的。第一篇较好，因为内容较充实；第二篇看来未能超出一般的水平太多。两篇在深度

---

① 这是潘菽教授对我在 1976 年写的两篇批判心灵学论文的评语。

② 《关于形象思维》指的是我在 1978 年写的一篇《从心理学观点看形象思维》的文章，这篇文章发表在《形象思维问题论丛》一书中，吉林人民出版社于 1979 年 10 月出版。

③ 《才能》指的是我 1978 年写的一篇文章《关于才能问题的探讨》，这篇文章经过修改后在 1978 年第 11 期《人民教育》发表。

上都显得还不够，即对基本观点的阐明不够。如第二篇的基本论点是：才能不是先天的，但需要有一定的机体因素（一般所说生理因素，也就是“先天因素”），是两者相结合的结果，而学习的因素是主要的。但对这三方面说得还不够。就第一篇论，形象思维主要属于诗的表达方式的问题并不是诗的心理学全部问题。主要问题，如文中也已提到的，是感情问题。但这个问题应多说明一下，而文中只一带而过。第一篇中说到形象思维和抽象思维不可分这一点是重要的，可以对许多读者起有力的帮助作用，因为许多人似乎以为有了形象思维就够了。这种地方应该正是心理科学给他们服务的地方。第一篇中这一论点是最精彩的。要做到文章中这样的精彩论点能多一点。

总的说来，两篇文章都还偏于一般（第一篇较好些），深度不够。作者今后宜从深入钻研方面多用功夫。既有志于心理学的理论研究，也有良好主客观条件，可即以此为主要的努力方向，实际上也有此紧迫需要。希能永远奋发，善破善立，永远前进。这是较多要求于作者的意思。

菽

1978.2.9

第6封信[①]

这篇稿子写得不太好。主题不明确，逻辑性差，显得拉拉杂杂，尤其后面的部分。建议要重写或者不写。因为从这篇稿子的思路看，重写也恐怕不易写好，不必费工夫硬写。再，这篇稿子的心理学也少了一些。

奉劝你要集中精力下决心攻科研关。写通俗文章只能作为副产品。心理学人才太少了，要以远大为期。（稿子看了两遍，没有抓住头绪。）

---

① 这封信是在我给他的一封信的后面写的，时间约在1978年4月21日以后。后来重写为《关于才能问题的探讨》，发表在1978年第11期《人民教育》上。

第7封信

这篇文章是写得好的，看来是花了功夫的，以后写学术文章，就是要这样写。但仍可以努力写得简练一些。此外，还有一些小疵（小问题）。小疵主要是由于对一些心理学概念本身的含义和互相之间的关系还不够理解，掌握得不够清楚、准确。修改的也主要是这方面。但有些修改只是修饰一下，使问题不太明显，并没有根本解决问题。希望自身斟酌、推敲一两遍，把要改的地方再改一下，并检查一下所引用的诗句文句是否都对口径，或把现在修改得不合适的地方重加修改。这篇文章的一个主要缺点是没有把应有的主题思想明确点出来。主题思想应该是说明形象思维和一般思维的辩证关系，而不是任何对立的、有明确的界限的关系。所以，现在于收尾处加了一段，看看究竟为何。

这是一篇写得较好、阐述很成功的、关于文艺心理学的文章。今后应在这方面继续努力。这有3个理由：一是文艺心理学也要有人搞；二是我们的先人的著述中是有丰富的、有关心理学的可贵见解必须加以发掘、发扬的；三是给心理学做应有的（不是瞎吹的或言之无物的）宣传，让文艺界也知道心理学知识对他们会有必要的帮助。[①]

菽

1978.4.9

第8封信

极盛同志：

送来的这篇短文[②]是写得很好的。许多问题要一个一个地把它们搞清

① 这是潘菽教授针对我在1978年写的一篇有关形象思维的文章所提的建议，这篇文章名为《何为文艺的形象思维》，发表在1978年第12期《哲学研究》杂志上。这篇文艺心理学的文章，在文艺界影响较大。

② 该短文指的是《重视心理学方法论的研究》，发表在《中国自然辩证法研究会通信》，1978年8月25日。

楚。暂时少写（不是不写）长篇大论。

方法论也决定于对象论。这一点，文中已提到，但最好补写几句使其更明确。

萩

1978.5.29

第9封信

极盛同志：

你在1969年提的心理所体制改革方案精神上很好。在那种情况下，能力持正义，甚是可贵。

你说，你在那个方案中的意见“也表示了我对现在我们心理学规划的意见”，这就有些不易理解。客观情况不同了，对心理所和心理学怎样搞法的考虑也应有所不同。当然，应该怎样的不同，是很需要研究的。你以为如何？①

潘菽

1978.6.15

① 潘菽教授写于1978年6月15日。潘教授在信中所写的我“在1969年提的心理所体制改革方案精神上很好”，这指的是心理研究所于1969年8月至9月完成的《中国科学院心理研究所体制改革的几种意见》。此时，我以个人名义，通过所‘革委会’提交给院领导一份《心理研究所体制改革方案的关于开展心理学研究14项课题的报告》。1969年9月18日，中国科学院领导（总理联络员）在我的报告上做了批示：“请心理所革委会考虑，此建议中所提课题，是否可在‘五七干校’劳动学习中有选择地进行研究。他这个意见打算怎样具体实施，请告。”

那时“心理所”大部分同志于1979年9月底到达湖北省潜江“五七干校”进行劳动锻炼。

潘菽教授在1978年征求我对心理学规划的意见，我就把1969年我写给院里的关于心理所体制改革方案意见的文稿，交给了潘菽教授，并且表示对现在心理学规划意见也是这样的，所以潘老才跟我说客观情况不同了，对“心理所”心理学的怎么搞法的考虑也应有所不同。

第10封信[①]

极盛同志：

你的《论生理与心理的辩证同一性》一稿写得基本上不差，可再加工、提高一下，作为一篇论文向今冬的心理学年会提出，并争取发表出来。

我一个总的意见是，原稿很有些像一篇哲学论文，最好能多从心理学的角度来阐明问题。再，讲到心身交互作用时所举的例子可以采用较新的事实。

你的基本看法是对的。你说得对的地方，我都在旁边打上个“√”。不恰当或有问题的地方都打了“？”，供你参考。

像“意识是人脑的特性”，“心理是这一物质运动所表现出来的物质属性”，“人的心理对人来说，它同时是这一物质过程的内部主观状态”，“观念的反映，它本身是非物质的东西”，“把心理现象归结为高级神经活动乃是庸俗唯物主义”等的说法，我认为都是不恰当的或者有问题的，或者理解上还不够清楚的。请琢磨一下这些说法究竟有无问题或问题在什么地方。

讲到“意识不是物质”那几句话，我觉得也很需要把理解搞清楚一下。我认为“意识不是物质”的意思只能是意识并不是像有一种意见所说，“脑产生意识就像胆囊分泌出胆汁那样”的意思，而不能理解为意识是物质以外的一种东西。恩格斯说意识是物质的一种运动形式。这个论断最为确切。这样，也就不能简单地说“意识不是物质”了。列宁也指出，离开了认识论的范围，意识和物质不是绝对对立的。这个问题比较根本，所以要搞清楚一下。

从许多实际情况看来，现在心理学的理论建设十分重要而迫切。希望

---

① 这封信是潘菽教授于1978年6月16日写的。《论生理与心理的辩证同一性》这篇文章是我1960年在北京大学哲学系心理学专业三年级学习时写的文章，21年后发表于国内著名理论刊物《社会科学战线》(1980第2期)。

多加努力！

并此候好！

潘菽

1978.6.16

稿子附还。在上面做了一些画线或记号，都是用铅笔做的，可以擦去。

第11封信[①]

极盛同志：

你的信和提职工作报告提要都已看了。你几年来做了不少研究工作并都有一定的收获，表现出进步，这是值得称道的。但应该说，这还都是初战的胜利果实，更多更大并需要持久的战斗还在后头。更大更有意义的战果还有待于通过更艰苦的努力去争取。在这个时候，要注意不滋生任何骄傲自满的心情以免成为前进的绊脚石，虽然也应该因初战的果实而增强自己的前进信心。对你所报告的工作，我认为今后要认定方向，集中力量，向深度方面推进，要尽快在现有的初步胜利基础上逐步提高研究工作水平。这就需要做几个方面的努力。来信表示要征求我的意见，我就提供以上的感想以备参考。

即此候好！

潘菽

1978.8.25

① 潘菽教授写于1978年8月25日。我于1962年毕业于北京大学哲学系心理专业，当年夏天被分配到中国科学院心理研究所从事心理学研究工作，当时的职称是研究实习员（预备期），一年后转正研究实习员。1966年到1978年心理所停止工作，在1978年中国科学院统一布置下，开始评定科技人员的职称。我把我的研究工作成绩写成提职报告，请潘老提意见。

第12封信[①]

极盛同志：

最近两信都收到。

发扬民主和调动积极性在实质上是一回事。你对民主的看法，我同意。要高度发扬民主才能办好任何社会主义事业。在学术方面也就是双百方针。要发展心理学，搞好心理所，也是如此。我们要宣传、呼吁这一点，也要实行、争取这一点。

第二信所谈情况，我以同情的心情阅读了。不了了之的办法，总不应该。你的研究成果得到称赞，这说明我们做了工作，是不怕被埋没的。新生的东西常常要经过一番曲折的过程才能出头。希望你不要因此而影响自己的积极性。我的意见是：你的研究成果固然已可贵，但还是初步的，要再提高。我们要有自己的标准，有时要避免随人俯仰。我感到精力不济，对所内同事的有些研究报告来不及细心阅读研究，提出较具体的意见，甚感惭愧。最后，希望你，像登高，要花更多气力，继续向高处攀登。

潘菽

1978.10.7

第13封信[②]

极盛同志：

昨天写了一封答复你的信。现在还有几点建议应该向你提出。

一、你工作有了成绩，这是“初见成效”，应该增加自信，以此作为前进的基础，要避免滋长自满情绪，使之成为一种包袱。

---

① 这封信潘菽教授写于1978年10月7日。潘老所指两封信，第一封信讲的是发扬学术民主和要发挥科技人员积极性。第二封信是我对所里工作的一些意见。

② 这封信潘菽教授写于1978年10月8日。这封信是潘菽教授对我提出的八条教育，我始终牢记在心。

二、在当前我国的心理学要大干快上之际，要树立明确的雄心壮志，争取做出突出的贡献。

三、我们要做好心理学工作，做出创造性的成绩，主要要靠马克思列宁主义、毛泽东思想这个战无不胜的思想武器；要加强学习，务必弄通。对几种主要的经典著作，要细读、精读，对每种都要读两三遍、三四遍或更多。要把这方面的学习规定为经常的功课，每天读几页。坚持下去，一定会大见成效。

四、对心理学理论问题的著作要注意多读，要带着敏锐的批判眼光读。

五、要继续学习外语，至少要精通一门。不掌握这个工具不行。

六、在中西医结合和针刺麻醉的心理学问题方面，可以也应该继续搞下去，要争取取得权威性的发言权。但不宜局限于此。要对其他某一个心理学较基本的问题，如思维问题、知觉问题、个性问题、动力问题、情绪问题之类，也深入钻研，写出创新性的论著。在文艺心理这种方面可以暂不去做，因为现在在这种方面做，难免陷入一场混战。至于心理学的一般发展情况则是要予以较全面的注意的。

七、心理学所需要的基础知识或工具知识，如生理学、统计学、电子计算技术之类，是否也有什么要补一补以求更充实些，可看实际具体情况决定。

八、不必和别人争一日之长，要争取在 15 年或 20 年之后比贡献。

对你希望较大，要求也较高，所以有以上一些建议。请参考。

菽又及

1978.10.8

第 14 封信①

讨论会作为辩证法小组和基本理论研究会北京小组联合举行的活动。

---

① 潘菽教授写于 1979 年 5 月 28 日写给我的信，拟召开心理学基本理论研究会北京小组与中国自然辩证法研究会心理学组联合举行的会议。

讲题：试论心理的矛盾问题

我原想不讲，因无较成熟的见解。但要一定怎么成熟也难，也不合现在的形势要求。故我也就破除顾虑，就一点不成熟的见解谈谈。这是必须和参加的同志们说清楚的。

参加者：两个小组的正式成员，加上心理所理论组的杨、李、李、陈、李、张，旁听者不能多，要少。可考虑把心理所的几个研究生也邀来。

时间在五四以后。具体日期、地点再定。

潘菽

1979.5.28

第15封信[①]

极盛同志：

纪要稿已阅改过，兹送还。记得李令节也曾写过一篇，大概是给理论研究会用的。

“30年的心理学”是值得写的，但需得花不少功夫。

“心理学的自然辩证法”是一个大题目，也是一片不小的处女地，当然有必要去开垦，但难于希望在短期内就能有满意的收获。

潘菽

1979.5.30

① 潘菽教授写于1979年5月30日。这里写的纪要指的是自然辩证法心理学组的一次心理学讨论会纪要。

1979年是中华人民共和国成立30周年，潘老号召心理学同人写30年的心理学专题文章。

第16封信[①]

极盛同志：

我想对昨天的谈话再补充几点，供参考。

一、看了你的章节目录感到有流于庸俗的可能。这是要警觉，要注意避免的。

二、要坚持实践论，反对先验论。

三、片面强调遗传或片面强调环境都是形而上学。把遗传和环境看作半斤八两则是折中论。这两个矛盾对立的方面，环境显然是主要的。

四、才能是明显的突出于一般之上的能力。这样说明恐怕要恰当一些。因此才能可以有专才和通才之分，不能只指通才。

潘菽

1979.6.16

第17封信[②]

极盛同志：

18日信收悉。

同意“解放思……”这个议题。要把心理学搞上去，非大大解放思想不可。

你关于心理学30年的文章，希能早日写出。

赵璧如同志要我写的信，兹写就附上，请你转去。你看后若认为可以，请他即发出（邮寄较好）。这里也请他做一件事，就是把附来的（兹附返）关于两书的说明并加上译稿的情况及社会科学出版社的情况说明，寄交广

① 潘菽教授写于1979年6月16日。这是潘老对我拟的一本智力书的提纲提出的意见。北京出版社在1981年出版了我的《智力ABC》。

② 潘菽教授写于1979年7月21日。这封信是潘老对我1979年7月18日去信的回复，其中有我提出解放思想的问题；也希望我尽早写出心理学30年的文章；还有他希望我到他家面谈一次我对心理所的工作意见。

州师范学院龚浩然同志，供《心理学情报资料通讯》之用。希赵璧如同志即办为荷。

语言学院办的那事，我也是支持的。只是表上需要填的好几条项目，我很难填，因而未填。我正拟写信和他们商谈。

你所问的几个问题，很难在信上说清楚。还是请你什么时候来我这里面谈一下。

候好！

潘菽

1979.7.21

第18封信[①]

极盛同志：

稿子看了两遍，做了一些改动，希望把修改的地方琢磨一下为什么这样修改。如觉得改得不恰当，可以改回去或做别的修改。

这篇稿子是写得不差的。对我国心理学的现代化在思想路线上会有积极的帮助，也会有助于促进心理学基本理论问题的研究。

缺点是在思想的精度和详度上还有所不足。许多论断基本上是正确的，但还说得不够准确、不够妥帖精密。这大概是由于在写的时候，考虑得还不够细致深入。以后要在这方面百尺竿头，更进一步。

潘

1979.7.23

---

① “这篇稿子”指我写的《我国心理学现代化的基本理论观点和方法论》。该文发表在《心理学报》1980年第1期。

第 19 封信[①]

极盛同志：

你的那篇稿子我做一些改动。你自己应该再整理一下，如整理好，即可打印，作为一篇论文提交年会。

我还有一句话向你建议：你对针麻的研究似乎快可以结束。你似可以转到我国过去医学文献中的心理学看法问题上来。也可以再进一步转到古代一些思想家心理学看法的整理上。是否可考虑？

潘菽

1979.10.8

第 20 封信

这篇稿子[②]是写得好的，只是第一部分论“两个偏向”还有些不够确切或不够深入的地方。

潘

1979.12.9

以后要在深度和广度方面多下功夫，尤其前者。在祖国医学心理学遗产方面既已做了一点工作，宜继续做下去，以期写出深度和广度都足够的著述。

又及。

第 21 封信[③]

极盛同志：

---

① 潘菽教授写于 1979 年 10 月 8 日。这是潘老回复我《我国心理学现代化的基本理论观点和方法论》一文，他做了些改动，作为一篇论文提交年会。

② “这篇稿子”指的是我发表在《哲学研究》1979 年第 12 期上的《试论我国心理学的发展道路》一文。

③ 注：潘菽教授写于 1980 年 2 月 4 日。针对我写的一篇针麻临床实验和研究的总结文章，潘老尖锐地指出进一步研究必须在研究方法上有重大的改进，停留在旧的研究方法水平上是不行的。

这是一篇针麻临床实践和研究许多年来经验的总结文章。这样的总结当然是很必要的。这篇总结写得如何，我因缺乏实际经验的关系难于提出意见，不过觉得是经过较系统较周密的思考的，大体不差。用辩证的论点来考察问题无疑是正确的途径。但文中所说矛盾的双方只能说还是假设，虽然这种假设很可能是对的。我觉得进一步研究针麻的一个主要问题就是证明这矛盾的双方究竟是什么。要解答这问题恐怕在研究方法上就需要应用最先进的生化和神经生理等的科学知识和实验手段。换句话说，文中最后所提出要开展进一步提高的研究，就必须在研究方法上有重大的改进。停留在旧的研究方法水平上是不行的。

潘

1980.2.4

第22封信[①]

极盛同志：

最近我收到黑龙江祖国医药研究所一个人寄来他写的《论脑髓与意志》等两篇文章，要我提意见。我对中医的旧理论知道太少，感到无能为力。特把这两篇文章转给你。你能否就用你的名义给他答复？我感到在中医的旧理论旧概念的范围内兜圈子来阐明那一类问题是难于有结果的。不跳出旧框框，就很难有新发展。

因此我想，你能否用新观点从新角度研究中医的理论，使中医建立在新的、合乎现当代科学的理论基础之上。我认为这是提高中医发展的一个必要途径。

此候近好！

潘菽

1980.2.5

① 潘菽教授写于1980年2月5日。潘老在这封信中建议我用新观点从新角度研究中医的理论。

第23封信[①]

极盛同志：

关于研究工作建议你做进一步的考虑。要多从成果的意义上着想，即在选题时多加考虑。

潘菽

1980.6.22

第24封信[②]

极盛同志：

自然辩证法研究会要开会，想你已收到通知了吧？你准备为会议写一篇文章吧。请你告诉心理学组的同志，希望每个人都能写一篇文章。我也打算写一篇，但事情太多，不知能写得成否。

此候近好！

潘菽

1981.6.20

第25封信[③]

极盛同志：

有一定的较好见解，但显然还不够。主要问题似在方法。这里应该主要采用归纳法而不主要采用演绎法。要从科学研究的过程中，从科学家的成长过程分析出心理因素，而不是用心理学概念去泛泛地讨论科学研究中的问题。建议找一两种较好的科学家传记研究一下，同时进行一定的调查

① 潘菽教授写于1980年6月22日。这是潘老回复我对《心理学报》的意见。潘菽教授当时是《心理学报》主编。

② 潘菽教授写于1981年6月20日，是潘老通知我心理学组自然辩证法研究会即将开会的一封信。

③ 潘菽教授写于1983年2月16日。这是潘老建议我主要采用归纳法而不要采用演绎法，去研究科学创造心理学，而且提出从5个方面进行研究。

研究和访问工作，以取得所需要的资料，不要太多限于纸上功夫。建议：用这样的方法作科研课题是适当的。可考虑从下面的专题下手：

科学家青少年时期的心理品质

一个科学研究过程的心理学方面

科学发明的心理学

科学成就和科学家的遗传素质问题

有成就的科学家的主要心理特征

潘菽

1983.2.16

第26封信[①]

王极盛同志：

下星期一（9日）上午8：30，在北师大主楼举行心理学基本理论讨论会。你如有时间，可以去参加。

潘菽

4．7

第27封信[②]

极盛同志：

总的意见：作为一篇报刊文章是可以的，作为一篇心理学科学论文则还不够，因为有些论断还不够准确。

今后，这种文章可以写，也需要写（为了普及），但主要要向纵深方向努力。这是我国心理学发展对你的要求。

---

① 年份不详。潘老通知我4月7日去北京师范大学大参加心理学基本理论讨论会。

② 潘老要求我主要向心理学纵深方向努力。

第 28 封信[①]

极盛同志：

这样的理论思维还是很需要的。这篇稿子也大体上可以。但还有一些不足之处。考虑的地方已在字句下面用红笔画线标出，第 18 页的纸边上也写了一条意见，均供参考和考虑。

为了赶上年会，可以把这篇稿子就这样打印出来，交年会交流以引起心理学界的理论兴趣。以后再加修改以便正式发表。

潘菽

11.22

第 29 封信[②]

极盛同志：

这样的探索努力是很有意义的。身心并顾是祖国医学的一贯特点，因此祖国医学中有不少朴素的心理学看法值得挖掘和发扬。

本稿写得很有条理，提供的材料还不少。还有可更上一层之处，介绍性论述较多而分析评判则不足一些。所谓精华和糟粕还不够分明。要做到古为今用，后者是很需要的。

以上意见仅供参考。

潘菽

8.21

2. 怀念丁瓒

丁瓒是中国科学院主要筹建者之一，中国科学院早期的主要领导之一。

① 第 28 封信年份不详。写于 11 月 22 日。潘老建议我把一篇心理学理论文章打印出来参加心理学年会，作为年会交流文章。

② 年份不详。写于 8 月 21 号。潘老在信中鼓励我，深入研究祖国医学中的心理学思想。这篇文章发表在《心理科学通讯》1980 年第 3 期。这篇文章后来被收入潘菽、高觉敷主编的《中国古代心理学思想》一书，江西人民出版社 1983 年 2 月第 1 版。

丁瓒是新中国心理学的主要开拓者与创建者。

丁瓒先生是江苏南通人，20 世纪 20 年代就接受了革命民主主义和马列主义思想，投身于大革命之中，1927 年加入中国共产党。1930 年江苏南通党组织被破坏，使他与党组织失去了联系，1945 年他在重庆重新入党。丁瓒在 1931 年考上南京中央大学心理学系，1935 年毕业。毕业后在北京协和医学院脑系科做研究生，师从国际著名精神病学家莱曼。研究生毕业后留校担任助教，讲授临床心理学。他是我国开设临床心理学第一人，他还在北平第一卫生事务所、育英中学和仁立地毯厂等处创建了国内第一批心理咨询门诊。丁瓒是我国临床心理学和心理咨询的开创者。

丁瓒先生于 1945 年出版了《心理卫生论丛》，1947 年出版了《青年心理修养》。丁瓒于 1949 年 2 月进入北平。1949 年 3 月下旬，党中央决定建立全国最高科研机构。当年 6 月中央正式决定陆定一负责筹建中国科学院，恽子强、丁瓒协助，当年 9 月陆定一指示由丁瓒和钱三强共同起草了《建立人民科学院草案》。1949 年 11 月 1 日中国科学院正式成立，郭沫若任院长，丁瓒任党组副书记。新中国成立初期，丁瓒任世界科协中国理事、中华全国自然科学专门协会副秘书长、中苏友好协会副秘书长兼对外联络部部长、中国人民保卫世界和平大会副秘书长等职务。1953 年任中国科学院心理研究室副主任，1955 年任中国心理学会秘书长，1964 年在病中创建《心理科学通讯》杂志。

丁瓒先生是新中国心理学的主要奠基者与开拓者。在中国科学院建院初期，在确定中国科学院重要学科设定的时候，丁瓒先生提出建立中国科学院心理研究所，遭到了很大的阻力。阻力主要来自两个方面。第一个方面是，中国科学界很多人把心理学归属于教育学和哲学之中，作为一个很不重要、可有可无的分支学科，人们普遍认为心理学远不如数学、物理、化学等古老学科重要，不赞同单独成立心理研究所。第二个方面是，心理学与解决当时国计民生基本困难、吃穿住行毫无关系，因此没有必要建立心理研究所。在这两种阻力下，建立“心理所”是极其困难的。当时丁瓒先生高瞻远瞩、力排众议，为科学院建立心理研究所奔走呼号，终于促成中国科学院心理研究所在 1951 年正式成立。这是新中国心理学发展的划时代的事件，为发展中国心理学奠定了基础。丁瓒先生为新中国心理学的发展做出了卓越的贡献，功不可没。中国心理学工作者要永远牢记丁瓒先生作为新中国心理学的先驱所创下的不朽功绩。

丁瓒先生于 1968 年在北京逝世。中国科学院党组于 1980 年为丁瓒同志平反昭雪、恢复名誉。

我至今时时怀念丁瓒先生对我的谆谆教诲。我在北京大学读书时期就到丁瓒先生家里向他请教学问。我到“心理所”工作之后，他是我所在的医学心理研究室的领导。我经常到他家去，他非常客气。我每次到他家去，他即便在病中都亲自倒水给我。这可以看出一个心理学家宽阔的胸怀和崇高的品德。

我每当因人事关系、工作困难而苦恼时，都会到他家向他请教。他每次与我谈话后，我都感到内心豁然开朗，精神振奋，心情舒畅。我回心理所的路上，心理所食堂开晚饭的时间已经过了，我就到附近小有名气的饭馆吃顿饭，花四角吃得很好，因为我心情好。我深深地体会到，丁瓒先生作为中国心理咨询领域的开拓者，具有大师的风度和精湛的心理技术，是真正的心理咨询大师。

他对青年人循循善诱，量才使用。他经常教导我要有自己的学术观点，要独立思考，不要人云亦云。几十年来，我在学术上始终都坚持自己的学术观点，努力守正创新，是与丁瓒先生的教诲分不开的。

1965 年，遵照周恩来总理的指示，要阐明针刺麻醉的原理，国家科委下达中国科学院生理研究所、动物研究所、自动化研究所与心理研究所研究针刺麻醉原理任务。我参加了针刺麻醉原理的研究。有一次，我跟随丁瓒先生在北京协和医院小礼堂里参加针刺麻醉讨论会。与会的大多是首都有关领域的著名科学家，时任国家科委副主任的于光远先生也参加了会议。于先生在谈话中突然问丁瓒先生，痒觉也属于痛觉的范畴吗？丁瓒先生说请在座的动物所专家回答吧，动物所专家也没有回答。后来我查了一下文献，痒觉是否属于痛觉，当时学术界没有定论，众说纷纭。我体会到丁瓒先生没有回答这个问题，反映了他严谨的学风。

潘菽教授对我最大的教育是，努力学习和运用马克思主义指导心理学研究。使我每做一个新的研究课题都重新阅读、重新学习毛泽东的《实践论》《矛盾论》《人的正确思想是从哪里来的？》，也促使我对心理学哲学问题产生兴趣并进行研究，写出《试论针刺麻醉的矛盾运动》等十几篇论文，分别发表在《光明日报》《哲学研究》《心理学探新》《社会科学战线》等刊物上，受到中国科学院潘菽院士、钱学森院士、张锡钧院士，著名老一辈心理学家陈立教授、高觉敷教授的良好评价与鼓励。

丁瓒教授教育我要勇于学术创新，一定要有自己的学术见解，不能人云亦云。我在《青年心理学》《科学创造心理学》《人事心理学》《管理心理与人事心理研究》《健康心理与幸福心理研究》《理论心理学与心理学史研究》《心理主宰健康》等著作中，提出一些自己的学术见解，受到著名心理学家林传鼎教授、陈仲庚教授、赵璧如教授、赵莉如教授、车文博教授等，著名科学学专家王兴成教授、赵红洲教授、蒋国华教授等，著名人才学家王通讯教授等的良好评价与鼓励。这都与丁瓒教授谆谆教导要勇于学术创新有密切关系。①

① 以上列举的院士、教授的评价均出于学术杂志、心理所评审我的研究成果的同行评议、书信来往。

三、唯物辩证法指导下发表的论文

我在1965年参加国家重点研究课题针刺麻醉的研究，在10年针刺麻醉临床心理学观察与实验研究的基础上，在临床上对数千人进行观察和实验的基础上写了4篇针刺麻醉的文章，现将4篇文章记录在案。

1. 试论针刺麻醉的矛盾运动

试论针刺麻醉的矛盾运动

针刺麻醉是中西医结合的光辉范例，是麻醉学发展史上的一次新的飞跃。药物麻醉是通过药物暂时地、不同程度地阻滞神经传导，使人体处于消极的、被动的状态下接受手术。我国独创的在针刺穴位下施行手术的针麻，是根据“外因是变化的条件，内因是变化的根据”的唯物辩证法原理，通过针刺充分地激发起人体内部抗痛、抗手术创伤的积极因素，充分发挥了患者与疾病做斗争的主观能动性，使人体在积极的、主动的状态下接受手术。针刺的微小刺激战胜了手术创伤的巨大刺激，这是辩证法的胜利。毛主席指出：“没有什么事物是不包含矛盾的。”人体本身就是矛盾的对立统一体。人体内各种生理活动都是由两种相互对立统一的过程所组成。例如肌肉的收缩与舒张、出血与止血、感染与抗感染、痛与抗痛等。人体各种生理功能始终处于互相制约、互相斗争的矛盾运动中。做针麻手术时，人的机体发生了一系列的变化，构成了复杂的矛盾运动。针刺对人体能够产生有益的抗病的生理作用，包括抗痛、调节各种生理功能、镇静、抗感染等；手术创伤对人体可能产生一些消极的作用，包括疼痛、生理功能紊乱、紧张、易感染等。因此，针麻的基本矛盾，就是在意识完全清醒的状态下，针刺所激发的人体内在的有益的抗病的生理作用，与手术创伤引起的可能致病的病理作用之间的矛盾运动。这种矛盾运动，贯穿于针麻手术的全过程。无论何人，无论哪种针麻形式（体针、耳针、面针、鼻针等），无论哪种手术（头颈部、胸部、腹部、四肢等），无一例外。在针麻手术的矛盾运动中，主要包括抗痛与致痛、生理功能调节与失调、镇静与紧张这 3 对具体矛盾：

（1）抗痛与致痛的矛盾

即针刺时的抗痛力量与手术时的致痛力量的矛盾。疼痛是机体遭到伤害的信号，它引起机体一系列防御性保护反应。但是过于剧烈的疼痛，将导致机体生理紊乱，甚至引起休克。因此，外科手术要求设法消除手术创伤引起的剧烈疼痛。人体有痛觉，那就必然有与之相对立的抗痛功能。在针麻手术时，针刺穴位和手术创伤这两方面的外来刺激引起人体内在机能方面的一场激烈斗争。针麻的临床经验表明，针刺穴位，患者就会有一种酸、胀、麻、重的感觉，这种感觉叫针感，具有镇痛的作用。针刺的镇痛作用就在于它激发了体内的抗痛功能。针刺显然只不过是一个外因，而内因就是人体内部的抗痛与痛觉的斗争。在没有针刺时，人体内部抗痛功能虽然对痛觉有一定的抑制作用，但是却不能抵抗手术创伤所引起的剧烈的伤痛。当针麻时，针刺的主要作用就在于它激发了全身的抗痛功能，把人体的抗痛功能提高到一个新的水平，以防止、抵抗和干扰因手术创伤引起的痛觉。“事物的性质，主要地是由取得支配地位的矛盾的主要方面所规定的。”痛与不痛的转化决定于抗痛和致痛在相互斗争中的地位：当针刺激起人体的抗痛功能处于矛盾的主要方面时，患者就基本不痛；当抗痛功能与致痛力量处于均衡状态时，患者感到疼痛，但是可以忍受；当手术创伤激起人体的致痛力量成为矛盾的主要方面时，患者就会感到疼痛难忍。总之，抗痛力量和致痛力量互相斗争的消长变化，决定了患者有无疼痛和疼痛的程度。目前临床上存在的镇痛不全，正是这对矛盾的抗痛方面，在某一手术步骤没有取得矛盾的支配地位的结果。要解决这个问题就要使针刺的抗痛功能始终处于支配地位。

（2）生理功能的调节与失调的矛盾

手术创伤不仅引起疼痛，同时也会引起人体生理功能的某些失调。例如，胸部手术时，在打开胸腔以后，常常会产生呼吸紊乱；脑部手术时，血压和呼吸的波动都比较大等。要使手术能顺利进行，就必须解决手术创伤所带来的生理功能失调问题。针麻就能较好地解决这个矛盾，因为针刺有调节生理功能的作用。比如，针刺既可以使高血压降低，也可以使低血压升高，既可以止泻，也可以通便。针刺的调节作用，就在于针刺特定穴位，通过身体的调节系统，调节机体各种生理功能，把人体的血液循环、呼吸、消化、防御等系统的功能提高到一个新的生理水平，从而有效地克服手术创伤引起的人体某种生理功能的失调。在针麻手术过程中，手术创伤产生的生理功能失调和针刺调节生理功能的作用，始终处于矛盾斗争状态。针麻手术生理紊乱程度如何，取决于这两种力量的斗争情况。当针刺调节作用处于支配地位的时候，血压、脉搏、呼吸等生理功能就相对稳定；而当开刀引起的生理功能失调处于支配地位的时候，血压、脉搏、呼吸等就不稳定，并且会出现各种内脏反应，如胸腔手术中的呼吸困难，腹部手术中的内脏牵拉等。要取得针麻手术的成功，就必须使针刺的调节作用始终占主导地位。

（3）镇静与紧张的矛盾

为了保证手术顺利进行，麻醉还应使肌肉松弛适度。手术创伤会使人的精神和肌肉都处于紧张状态，而针刺不但有抗痛、调节的作用，还有镇静作用。在针麻手术过程中，这两种力量也不断地斗争着。当针刺激起人体的镇静作用成为矛盾的主要方面时，表现为患者的精神镇静和肌肉松弛，有利于手术进行；当手术创伤引起的人体紧张作用成为矛盾的主要方面时，表现为患者精神和肌肉的紧张，不利于手术进行。患者情绪的镇定与紧张直接影响着肌肉的松弛程度。例如，针麻下做腹部手术，患者情绪安定，有利于腹肌松弛；患者情绪紧张，则易使腹肌紧张。

在针麻下，患者意识完全清醒，运动功能保持正常，可以根据手术阶段的需要，患者有意识地控制与调节肌肉活动，主动地配合手术。例如，针麻下做斜视矫正术，患者眼球转动自如，医务人员当场就能检验手术效果。

在针麻手术的全过程中，这3对矛盾是互相联系、互相制约的。目前针麻的临床实践，还存在镇痛不全、内脏牵拉、肌肉紧张等3个问题。从这3个问题的互相联系中，可以清楚地看出针麻的3对矛盾运动的相互关系。镇痛不全会引起生理功能的改变，如血压上升，心跳加速等，同时引起肌肉紧张，如腹肌紧张、握拳、皱眉等。内脏牵拉会产生放散性疼痛，也会产生反射性腹肌紧张。肌肉紧张又反过来加重内脏牵拉和疼痛，降低针刺的抗痛和调节生理功能的作用，妨碍手术操作。因此，在解决临床3个问题的指导思想上，应该把它们看成是针麻手术相互联系的3对矛盾运动所表现出来的整体反应。当然，在实际解决具体矛盾时，应该根据具体人、具体手术和具体阶段的情况，着重地解决某一个问题。毛主席说："在复杂的事物的发展过程中，有许多的矛盾存在，其中必有一种是主要的矛盾，由于它的存在和发展，规定或影响着其他矛盾的存在和发展。"一般说来，抗痛与致痛是主要矛盾，因为麻醉的目的首先在于解决手术开刀引起的疼痛问题。同时痛或不痛，又影响到有无内脏牵拉反应和肌肉的紧张或松弛等次要矛盾。但是，随着针麻手术的进行，主要矛盾和次要矛盾的地位可以相互转化。以肺切除为例，在进胸手术阶段，切皮、切肌、切肋骨，致痛和抗痛的矛盾是主要的；打开胸腔以后，生理功能的调节与失调则上升为主要矛盾，如呼吸困难和纵膈摆动等解决不好，就要影响针麻效果，甚至可以造成针麻手术失败；在关胸阶段，合拢关胸、缝肌、缝皮等，手术的致痛与针刺的抗痛又成为主要矛盾。"不同质的矛盾，只有用不同质的方法才能解决。"在手术的不同阶段，必须采取不同的措施去解决。仍以肺切除手术为例，在进胸和关胸阶段，应当充分发挥抗痛作用好的主要穴位的作用，手术操作要轻而快，患者要保持情绪饱满；在胸腔内手术阶段，应当充分发挥调节呼吸作用效果好的穴位的作用，手术操作要稳而准，患者要配合缓慢的腹式呼吸。“矛盾着的对立的双方互相斗争的结果无不在一定条件下互相转化。在这里，条件是重要的。没有一定的条件，斗争着的双方都不会转化。”(《关于正确处理人民内部矛盾的问题》)哪些条件能够影响针麻手术矛盾对立着的双方互相转化呢？主要有3个条件，就是针刺穴位和针刺手法的选择、医务人员的手术操作、患者的精神状态。在针麻中，穴位既有普遍性又有特殊性。针刺不同的穴位都能产生镇痛、调节等作用，这是穴位的普遍性。但是普遍性存在于特殊性之中，针刺不同的穴位所产生的生理作用是有差异的。它们的差异主要表现在两个方面，一方面是有些穴位针感较强，如“合谷”“足三里”等，针刺这些穴位所产生的对全身的镇痛作用比其他穴位好；另一方面是有些穴位和手术部位关系比较密切，对这种手术来讲效果就比其他穴位好。例如，做甲状腺手术时，颈部穴位比下肢穴位的镇痛效果好。否认穴位的特殊性就是否认差异。不同的针刺手法对同一穴位所产生的镇痛效果也有所差异。因此，深入研究穴位的特殊性及其针刺手法，是提高针麻效果的一个重要途径。手术时的痛觉主要是由手术操作对人体的刺激所引起的。刺激量越大，痛觉就越强，即使抗痛功能因针刺得到激发，也难于使痛向不痛方面转化。由此可见，充分发挥医务人员的积极性，使医务人员能急患者之所急，痛患者之所痛，稳、准、轻、快地进行手术操作，减少手术创伤的刺激量，就有利于痛觉向不痛方面转化。因此，提高医务人员全心全意为人民服务的精神，适应针麻特点，在手术操作上精益求精，就成为不断提高针麻效果的重要条件。

针麻的实践表明，积极的精神状态能提高针麻的效果，消极的精神状态能够降低针麻的效果。针刺穴位对人体产生的抗痛、调节等有益的生理功能，是针麻的物质基础，在这个基础上，人的精神因素在针麻全过程中，对于痛和抗痛等几对矛盾的双方都可以发生作用。夸大精神因素在针麻中的能动作用是错误的；否认精神因素在针麻中的能动作用，那也是违反唯物辩证法的。在针麻工作中，医务人员对患者要做细致的思想工作和科学解说工作，消除患者消极的思想顾虑，使其主动地与医务人员相配合，以利手术的进行。因此，充分地发挥患者与病痛做斗争的积极性，是不断提高针麻效果的一个重要环节。针麻是一个复杂的矛盾运动过程。在针麻实践中，既要研究人体内部矛盾运动的规律，也要研究各种外部原因与人体内部矛盾的联系，才能使针麻从“必然王国”走向“自由王国”。

（原载《光明日报》）

《试论针刺麻醉的矛盾运动》发表后得到中国科学院院士等专家教授的高度评价。

中国医学科学院生理学教授、中国科学院院士张锡钧当时也正在从事针刺麻醉的研究。他在 1976 年 1 月 13 日给我的信中说：“《试论针刺麻醉的矛盾运动》一文，阅读之下深受启发。用矛盾论分析针刺麻醉过程的方向是正确的。”

中国科学院院士、著名心理学家潘菽在 1976 年 1 月 3 日给我的信中写道：“你最近在《光明日报》上发表出来的那篇文章是对针麻工作的一个很好的理论总结。这篇文章把针麻的机制阐述得十分清楚，因而我认为应该是很正确的。”

2. 心理因素在针麻中的作用

心理因素在针麻中的作用

心理因素在针灸麻醉中的作用如何，是针麻讨论中一个突出的问题。主要有 3 种观点：

（1）心理因素决定论。认为针麻是靠意志坚强，靠思想工作，靠某种心理因素（如暗示作用、安慰作用、分心、解除焦虑）的结果。认为针麻是催眠术，就是这种观点的典型代表。

（2）心理因素无作用论。认为心理因素在针麻中的作用是可有可无或无足轻重的；或者认为，承认心理因素在针麻中有重要作用，就是否认中国医学，否认针刺麻醉。持这种观点的人，强调要在一根针或几根针上见高低。

（3）心理因素起作用论。著名神经生理学家张香桐，多年从事针麻原理的研究。他认为针麻是一个复杂的生物现象，它的机理必然含有多种因素，如神经因素、化学因素、心理因素等。笔者认为，针刺穴位对人体产生的有益抗病的生理作用，包括抗痛、抗手术引起的生理紊乱、抗休克、抗感染、抗肌肉紧张，这些都是针麻的物质基础。在这个基础上，人的心理因素，如患者对疾病和针麻的认识、情绪和信心，对医务人员的信任和配合程度等，在针麻的全过程中起着能动作用。在针麻中，患者的心理因素不能代替针刺对人体产生的抗痛、调节等有益的生理作用；而针刺诱发的有益的抗痛等生理作用，不能也无法排斥心理因素对它的能动作用。笔者的临床和实验研究表明，心理因素对针刺反应（包括耐针、针感和生理反应）、针刺镇痛（包括痛感觉和痛反应）、针刺调节（包括对血压、呼吸、脉搏、皮电的调节等）和针麻效果都有着重要的、显著的作用。心理因素是构成针麻临床原理的不可分割的重要组成部分。发挥医务人员和患者的两个积极性，是提高针麻效果的重要条件之一。心理因素在针麻中的作用是有其物质基础的，它主要是通过人的高级神经活动来实现的。

（原载《光明日报》）

3. 针麻镇痛的争论

针麻镇痛的争论

对针刺麻醉镇痛作用的估价，目前主要有 4 种观点：

（1）针麻可以达到无痛论。针麻将来可以达到完全无痛。

（2）针麻镇痛无效论。认为针麻是“自然的外科手术”，针刺对治疗疾病或疼痛完全没有价值。

（3）针麻镇痛无显效论。认为针刺的镇痛作用，相当于或低于 5 毫克吗啡或 50 毫克杜冷丁的镇痛效果。

（4）针麻镇痛不全论。认为针麻作为一种麻醉方法的地位已经确定，但是针麻没有达到完全无痛。笔者认为，大量的针麻临床和人体、动物实验研究，证明了针麻确有镇痛作用，同时也存在镇痛不全的现象。针麻的镇痛效果能够逐步提高，而针麻的本质又决定了针麻达不到完全不痛。笔者通过对上千例大、中、小针麻手术的观察与实验，认为针麻镇痛程度不等。以切皮为例，大多数有疼痛的感觉，痛的性质大多是钝痛，痛的时间是短暂的，痛的强度是可以忍受的。针麻是以用针刺激发和调动机体内部的积极因素为其本质特点。针麻是以针刺为外因，通过人体内部抗痛与痛觉等的对立面的矛盾斗争，激发和调动人体的抗痛、抗手术创伤引起的生理紊乱、抗肌肉紧张、抗休克、抗感染的积极因素，以防止、抵抗和干扰因手术创伤引起的疼痛和生理功能紊乱等。这是针麻区别于化学药物阻滞神经传递的药物麻醉的根本之点。认识针麻镇痛不全是针麻的特点，是由针麻矛盾的特殊性决定的，这是有重要的理论意义和实践意义的。这种认识，可以使我们把针麻原理的研究建立在针麻临床实践的基础上。如果要求阐明针麻完全不痛的针麻原理，那是无法办到的。宣传针麻完全不痛，不但不符合实际，反而会失信于患者。有的患者在针麻诱导期内，用手摸摸皮肤有感觉，便认为“我的针麻失效，还有感觉呢”。有人捏捏皮肤有痛觉，便认为“我的针麻不灵，还痛呢”。不能把药麻无痛看成绝对的好事，把针麻没有完全达到无痛看成绝对的坏事，更不能把针麻没有达到完全无痛，看作是针麻没有麻醉作用。麻醉的概念不应是静止的、凝固的，而应是变化的、发展的。针麻是患者意识完全清醒，身体的痛觉迟钝而不消失，这也是人们对化学药物麻醉发展到针麻，在麻醉概念的认识上的一个飞跃。针麻的镇痛作用不是5毫克吗啡或50毫克杜冷丁的镇痛作用所能比拟的。仅以这样剂量的镇痛药为患者进行较大的手术，绝大部分患者是难以忍受的。针麻是一种崭新的麻醉技术。它在临床上的应用前途是：一部分人可单纯施用针麻；另一部分人可用针麻、药麻相结合，即复合麻醉。

（原载《光明日报》）

4. 针刺麻醉对人体科学的重大启示

针刺麻醉对人体科学的重大启示

小小的一根或几根银针扎在人体的一定穴位上，外科医生竟能在患者意识完全清醒的状态下，打开头颅，切除脑瘤；打开胸腔，切除病肺；打开腹腔，割胃切脾；在四肢上截肢取皮……手术的切口可长达几十厘米，手术时间可长达10小时。这是人类在认识人体的征途上出现的一个奇迹。同现有的任何麻醉方法都有局限性和缺点一样，针刺麻醉也有它的不完善的方面，例如目前的针麻镇痛效果还不够理想。但是我国200万例的针麻手术实践，确定了针麻作为一种麻醉方法的合格地位。针麻作为一种新型的麻醉技术，是以针刺激发和调动人体内部的抗痛、抗手术创伤的积极因素为其本质特征。这就为人体科学提供了重大而珍贵的启示：人体潜在功能大得很，人体潜在功能大有挖头。近年来人们使用激光照射穴位，在患者意识完全清醒的状态下，成功地进行了外科手术，从而进一步证实了这一点。1979年夏，北京的气功表演会是继针麻、激光麻醉之后，向人体科学提出的新挑战。古老的气功焕发了青春。练功的主要环节是“调息”“意念导引”和“放松”。三者一体在意识的主动控制下发挥整体作用。练功的过程实际上就是通过心理过程来调整自己的生理过程，这为人的心理能动性反映在调整人体内部活动方面提供了新的认识。也是在针麻的直接启发下，气功麻醉获得成功。这更加吸引人们去探索人体内在潜力。笔者对针麻、激光、气功镇痛进行了实验研究，发现三者在镇痛方面具有5个共同的特点：①显著的镇痛作用；②镇痛不全，即痛觉迟钝但不消失；③镇痛后效应，即针刺、激光、发功停止后，镇痛作用还持续一定时间；④个体差异较大；⑤受心理因素特别是情绪影响较大。决定上述5个特点的根本之点，在于这3种技术（或方法）都是以激发和调整人体的潜在功能为出发点的。

（原载《北京科技报》）

第二篇　开辟新中国心理学的新领域研究

第二章　出版新中国第一本《青年心理学》《科学创造心理学》《人事心理学》

20 世纪 80 年代，我在坚持马克思主义哲学的指导，并进行了大量的调查研究的基础上，写出了《青年心理学》《科学创造心理学》《科学心理学》《当代管理心理学》《人事心理学》等，成为这些学科的开辟者。

第一节　青年心理学

一、新中国第一本《青年心理学》

从 1949 年新中国成立以后，中国还没有出版一本中国人自己写的《青年心理学》。1976 年之后，社会生活发生了很大的变化，很多禁区被冲破，中国人应该有一本中国人写的《青年心理学》。当时社会上也很迫切，翻译的日本人的心理学在中国很畅销，说明青年人需要看这类的书。我据此进行一些调查研究，写了一些青年心理学的东西。最早是在 1981 年在中央团校做报告，后又进行了两次修改，于 1983 年 8 月，由中国社会科学出版社出版发行。该书首版印数是 47 万册，两年以后增加到 84.9 万册，成为中国心理学有史以来心理学图书发行之冠，更从一个侧面反映了社会需要心理学，青年人需要青年心理学。

我国著名心理学家林传鼎为本书进行了审阅，给予亲切的指导，并为本书写了序言，给了我很大的鞭策和鼓舞。

1983 年至今，国内还出版了多本《青年心理学》，但大家公认我写的这本《青年心理学》是新中国成立以来第一本《青年心理学》，而且该书的社会效益非常明显，在 1986 年由国家出版局、团中央、中国青年报联合举办的“我喜爱的社科新书”评选活动中获奖。

这本书的出版对我的教育很大，使我明白了心理学工作者的责任。一方面要为心理学的学术研究做出贡献，发展心理学科，学术研究要有学术意义；另一方面，由于心理学与人的社会生活各个方面联系非常密切，对培养人的心理素质，提高人的精神文明水平关系甚大，因此心理学工作者应责无旁贷地从实际出发，根据中国的国情写出切合实际，切合广大群众心理实际，能为广大群众心理服务的著作来。力求学术性与实践性的统一，力求理论与实际的统一，力求学术价值与社会价值的统一。这就要求心理学工作者不仅要掌握心理学的基本理论，而且要学会通俗地、大众化地把心理学原理与实际结合，用深入浅出的、通俗易懂的形式传播出去。

我看到很多学术大家，他们能用通俗易懂的语言一语道破事物的本质，讲述非常深奥的学术原理，这确实是很不简单的，这是真正的学术水平高的表现。学术水平高不等于用学术概念去吓唬人。

心理学要走向生活，走向实际，走向群众，其中一个非常重要的问题是要使心理学在科学的基础上大众化、普及化，深入群众中去，为群众服务，为建设中国特色的社会主义服务。

二、《青年心理学》部分内容摘录

1. 林传鼎教授作序

序言

王极盛同志的《青年心理学》是新中国成立30年来第一部青年心理学专著，它从理论体系到基本内容都有所创新，具备了思想性、科学性、知识性与实用性。

作者在写作过程中能够以辩证唯物主义为指导，广泛联系我国当前青年的心理实际，系统地论述了青年在各个方面的心理问题，并重视青年的心理指导。这就使本书的学术价值和实用价值都比较高。

本书对加强青年的心理修养，促进青年心理健康发展，提高青年的社会主义精神文明，产生着积极的作用。

本书对青年工作者、教育工作者、学生家长按照青年的心理规律去培养青年，将有所启发与帮助。

作者对青年心理学的一些问题提出了自己的见解。这对心理学工作者研究青年心理很有参考价值。鉴于新中国成立以来还没有心理学工作者撰写的青年心理学，因此本书的出版填补了这个空白。应当指出，目前在全国范围内有关青年心理的研究工作，做得还很不够，随着本书的出版，我们应该加倍努力深入开展这方面的工作。

本书层次分明，深入浅出，生动活泼，通俗易懂，我非常愿意把它推荐给广大青年，包括大中学教师、干部、青年工作者、心理学工作者和青年家长。

林传鼎

1982 年 4 月

2. 后记

后记

撰写《青年心理学》是作者由来已久的心愿。本书写成后，于 1981 年冬在中央团校做过报告。随后又做了两次修改。

作者撰写的《青年心理学》的出版，如果对广大青年及其家长、教育工作者、青年工作者和心理学工作者有所帮助，作者将感到十分欣慰。

本书得到了我国著名心理学家林传鼎教授的亲切指导与精心审阅。林教授在对本书的审定过程中，一丝不苟，字斟句酌，给予我很大的鞭策与鼓舞。我在此谨向他表示诚挚的谢意。

王极盛

1982 年 4 月

于中国科学院心理学研究所

三、人民日报、光明日报等媒体报道《青年心理学》出版

《青年心理学》出版后，各大媒体例如《人民日报》《光明日报》《中国青年报》《文汇报》《中国日报报》（英文版）《中国新闻》《北京晚报》纷纷转发报道《青年心理学》出版的消息。黄德志同志为此专门撰文：

心理学新著——《青年心理学》出版

黄德志

中国科学院心理学研究所王极盛同志撰写的《青年心理学》已由中国社会科学出版社出版。它是新中国成立以来第一本青年心理学著作。本书主要论述了青年的智力、青年智力的开发、青年的创造心理和成才、青年的自学心理和职业心理、青年的意志和兴趣、青年的心理健康和心理卫生、青年的性心理、青年的爱情和婚姻心理、青年的品德心理和犯罪心理、青年的美感心理等，全书分 14 章约 16 万字。

本书具有以下特点：第一，本书力图用马克思主义观点论述青年心理学问题。例如，论说青年智力发展的原因，作者既反对遗传决定论的观点，又反对环境论、教育万能论的观点。作者认为影响青年智力发展的因素很多，其中人体素质为青年智力发展提供物质基础，社会历史条件是智力发展的背景，教育在青年的智力发展中起决定作用。第二，本书广泛地联系我国当代青年心理实际，系统地论述了青年在各个方面的心理，具有一定的学术价值。第三，本书强调用共产主义世界观培养青年，提倡用社会主义精神文明教育青年，以抵制精神污染。作者反对弗洛伊德以性心理解释人的心理发展的动力等错误做法。正如心理学家林传鼎教授在本书序言中指出的那样，《青年心理学》是一本内容有所创新，具有一定思想性、科学性、知识性与实用性的书。

（原载《联合书讯》）

第二节 开创中国科学创造心理学的新领域

改革开放呼唤人才，呼唤科学，社会主义建设呼唤人才，呼唤科学，中国共产党第十一届三中全会给科学带来了春天。

改革开放使我国过去的学科的研究得到了恢复与发展，而且还使一批新兴的学科，比如说科学学、创造学得以在20世纪70年代末引进我国，并且由于社会发展、科学发展的需要得到较快的发展。

科学学一个重要分支是科学心理学，它也是心理学的一个重要分支。凡是有人活动的地方就有心理现象。科学心理学是研究人在科技活动领域中心理活动的规律。科技活动中的心理现象是极其复杂的，因此，科学心理学研究的内容也是丰富多彩的。我的研究认为，科学心理学结构主要是由科学创造心理学、科技管理心理学、科技人才心理学与科学社会心理学所组成，它们之间既相互区别又相互联系，构成一个完整的整体。

科学创造心理学、科技管理心理学、科技人才心理学与科学社会心理学从不同角度、不同侧面探索科技领域的心理规律。它们都有各自的研究内容，也有相互交叉的部分。

科学创造心理学是科学心理学的重要组成部分，也可以说是科学心理学的核心，是科学心理学的主体。

一、《科学创造心理学》的出版评介

20世纪70年代末80年代初，科学学与创造学在中国的迅速发展呼唤心理学工作者参与工作，我就是在这种历史形势下参加科学学、创造学等一些科学活动，并逐渐对这些领域产生兴趣，进而深入实地进行调查研究的。通过大量的科学实验，我在1986年出版了两本书，一本是《科学心理学》，另一本是《科学创造心理学》。

《科学心理学》是由浙江教育出版社于1986年1月出版的。该书主

要讨论 7 个问题：智力因素与科技创造，非智力因素与科技创造，科学创造心理特点、类型与方法，科学创造中的灵感、梦境与机遇，科学创造的集体心理，科技人才的心理问题，科学技术体制改革中的心理问题等。

该书是基本属于教材性质的讲义，写成后，先后在中国科学学与科技政策研究会、中国科技现代管理讲师团举办的两期近 3 万名干部参加的科技管理函授班做教材使用，很受欢迎。接着我先后在全国几十个地方巡讲，经修订后，正式出版。

在 1986 年，科学出版社出版了我写的《科学创造心理学》。张人骏、朱永新主编的由天津人民出版社出版的《心理学著作辞典》对该书有这样的评定："本书是国内专门论述科学创造心理学的首创之作，全书共 12 章，分 4 个方面的专题，共计近 40 万字。本书首先论述科技工作者的智力因素问题，主要内容有：智力与智力结构，智力因素的发展水平，智力因素在科技创造中的定性分析与定量分析；其次论述科技工作者的非智力因素问题，主要阐述：非智力因素的发展水平，非智力因素在科技创造中的定性分析与定量分析；再次论述社会心理因素在科技创造中的定性分析与定量分析；最后论述创造力、直觉、灵感与心理健康在科技创造中的作用。本书的主要特点是作者对国内大量科技工作者的实际材料进行深入调查研究，总结出一些具有创建性的规律，并从国外学者已有的科技成果中吸取有价值的见解，比较全面系统地阐述了科技创造中的心理学问题。本书内容翔实，行文流畅，例证引人入胜。"

谈到《科学创造心理学》（科学学的一个分支）时，我的头脑中显现出一些教授的代表人物对该书出版所付出的关怀与支持。为了研究科学创造的心理问题，我不仅对一般科技工作者进行了大量的定性与定量相结合的问卷调查，而且对国内知名的科学大家，包括中国科学院学部委员和一些著名的社会学家、经济学家进行了调查研究。为了使对这些大学问家的问卷调查能顺利进行，我们老所长、著名的心理学家潘菽教授在近九十岁高龄的时候，还一如既往地对我的工作进行指导和支持。他老人家特意写了一封推荐信，给每一位被调查的科学大家，这对我能较好地调查中国知名科学家的成功起着至关重要的作用，使我至今非常怀念潘菽教授。

提起科学学，我的头脑中就浮现出对我给予很大帮助、关怀、指导的伙伴们，他们是一群人，不是一个人，他们当中如田夫、王兴成、赵红州、蒋国华、金良俊、赵祖华、李秀果、陈益升、张碧晖等同志，都是科学学协会的成员。我所接触的科学学协会：科学学会风气好、学术空气浓、人际关系融洽、团结协作，对我产生了很大的教育作用。

《科学创造心理学》出版后，王兴成、赵红州、蒋国华同志都撰写推荐文章，分别在《科学学研究》《科学管理研究》等杂志上发表，高度评价本书的学术价值与实用价值。例如，王兴成教授在《科学学研究》1987年第10期撰文《探索科学创造活动的心理奥秘——读〈科学创造心理学〉》指出：

心理学家王极盛在科学创造心理学领域辛勤耕耘、开拓前进，终于向广大读者奉献出我国第一部科学创造心理学专著，为积极探索科学心理学奥秘迈出了重要而有意义的一步。

本书共12章40万字。从我国科技界的实际情况出发，通过调查研究，并用定性分析与定量分析相结合的方法，靠事实和数据说话，用正确的理论观点服人，全书资料翔实，内容丰富，语言文字朴实无华。该书确是广大科研工作者、工程技术工作者、社会科学工作者、科技管理工作者、科技教育工作者、大学生、研究生以及心理学、科学学爱好者的优秀读物。研读此书，将增进我们在科技创造活动中的心理健康，提高我国科技创造活动的效率，使我们在实现科学技术现代化的过程中，迈出更加坚实的步伐。

王极盛的《科学创造心理学》一书具有一系列鲜明的特点：

1. 智力因素的分析与非智力因素的分析相结合，构成了本书的基本理论支点；

2. 创造力的分析与直觉、灵感、机遇的分析相结合，形成了本书重要的理论杠杆；

3. 心理因素的分析与社会因素的分析相结合，使本书达到了必要的理论综合；

4. 定量分析与定性分析相结合，使本书跃上新的方法论高度。

赵红州、蒋国华在 1988 年 6 月《科学管理研究》发表的文章为《可以属归硬科学——评〈科学创造心理学〉》。在这一书评中指出“王极盛同志这本书有 3 个方面的特征：

（1）他研究的不仅是杰出科学家（学部委员），而且研究普通科技工作者；

（2）他研究的不是零星的个别人物，而是数以千计的大样本；

（3）他研究的是跻于当代心理学中有关科学创造研究的前沿领域的。

因此，在该书的《内容简介》中称“本书是我国第一本科学创造心理学的著作”，是当之无愧的。

或许有人会问，你们为什么爱读这本书？我们的回答很简单：“这是因为我们自己是科学计量学领域里的耕耘者！”

我脑袋里还浮现一群日本创造学的朋友们，首先浮现出的是与我交往甚多的日本著名创造学家、原日本创造学协会会长恩田彰先生。

恩田彰先生是一位学识渊博、学风严谨的创造心理学专家。我最初与他相识是在中国，20 世纪 70 年代末 80 年代初，我国开始引进了创造学。我国创造学主要是从美国和日本引进的，中国创造学工作者与日本创造学工作者学术交流与合作比较频繁。日本著名创做心理学家恩田彰教授多次来我国进行创造学的学术交流。恩田彰教授对促进中日创造学学术交流做出了重要贡献，受到了我国学术界的欢迎。

1983 年 8 月底到 9 月初，恩田彰教授作为日本创造协会执行主席，率日本创造协会代表团访问我国，受到了我国学术界的热烈欢迎。1983年8月30日，中国科协副主席、北京科协主席茅以升教授会见了日本创造协会代表团团长恩田彰教授。1983年8月31日，时任全国政协副主席、中国科协主席周培源教授会见了日本创造协会代表团。日本创造协会访华代表团在中国北京、上海进行了广泛的学术交流与演讲。在北京进行学术交流期间，我与恩田彰进行了亲切友好的交谈，并赠予他我当时已由贵州科学编辑部出版的《科学创造心理学》一书。《科学心理学》《科学创造心理学》出版后，恩田彰教授在他的《创造性教育的展开》一书中对其给予了很高的评价。他认为王极盛教授的创造性的研究已达到了国际的最高水平。

《科学创造心理学》出版后，心理学界专家给予了很高的评价，我国著名心理学家车文博教授在《心理学探新》1987年第4期撰文《我国心理学研究的一项新硕果——简评〈科学创造心理学〉》，指出：

“王极盛著《科学创造心理学》已由科学出版社出版。该书的出版开拓了我国心理学研究的一个新领域，是我国心理学研究的一项新成果。它不仅具有相当的学术价值，而且也有较高的应用价值。本书是我国第一部科学创造心理学的学术专著。作者以自己的研究成果为基础，从我国科学工作者的实际出发，比较全面、系统地论述了科技创造中的心理问题。”

“作者努力以辩证唯物主义做指导，深入我国科技工作实际，进行了大量的调查研究，为建立具有中国特色的科学创造心理学做出了可喜的贡献。作者试图独辟蹊径地努力构筑科学创造心理学的理论框架。该书的体系与内容反映了中国科技工作者的科学创造活动的实际。”

“科学创造心理学不仅是心理学的一个分支，也是科学学的一个分支。王极盛著的《科学创造心理学》对建立与发展具有中国特色的科学创造心理学，推动我国科学创造心理学与科学学的发展必将起着开拓性的作用。”

“王极盛同志是一位有开拓精神的中年心理学者，是心理学研究的多面手。他在极其困难的条件下不仅敢于坚持心理学研究，而且逐渐取得丰硕的研究成果。他的研究成果正分别在1973年、1976年中国科学院重要成果展览会展览，赢得我国心理学同行的称赞。近年来，他又多次获得中国科学院省部级科技成果奖。他出版了10部专著，其中《青年心理学》《科学心理学》《应用心理学》《科学创造心理学》《人事心理学》，分别是我国建国以来相应领域的第一本专著，填补了这些领域的空白点，我国希望王极盛同志再接再厉，为我国心理学的发展做出更大的贡献。”

我这个人就有这样一种好强的特点，干一个专题爱一个专题，努力在这个研究课题上做出成绩。而且要靠自己踏踏实实、一步一个脚印前进。要亲自调查研究，用自己的研究结果去说明问题，去开拓新的领域。

二、出版的著作

1.《科学创造心理学》

1986年科学出版社出版了我著的《科学创造心理学》，被日本著名创造心理学家誉为世界第一本科学创造心理学著作，达到了国际最高水平。

2.《科学心理学》

1986年由浙江教育出版社出版了我著的《科学心理学》，科学心理学是科学学的一个分支。本书阐述了科学心理学的基本内容。主要内容包括：智力因素、非智力因素与科学创造，老中青科技工作者的创造心理特点，创造者的心理类型，科技创造的方法，创造性思维的特点、形式与训练，灵感与机遇的作用及捕捉，群体心理相容，士气的作用，群体合作，竞争的作用，科技人才的心理问题，科技体制改革与科学创造心理的关系。

本书对开发智力资源，有效地发挥创造力，提高群体心理相容水平，增强群体的合作，增强群体心理，培养科技工作者的优良心理品质都有所启发，为科技体制改革提供了科学心理学的依据。

3.《科学创造的心理学研究》

2018年，四川科学技术出版社出版了我写的《科学创造的心理学研究》，该书是我数十年来科学创造心理学的文集。

4.《创新时代——未来成功者的超质菜单》

1999 年 2 月中国世界语出版社出版了我写的《创新时代——未来成功者的超质菜单》。其中包括以下内容：

知识经济呼唤创新时代，创新意识与创新能力，家庭教育与创新，超常教育创新，灵感与创新，心理健康与创新，21 世纪人的心理，创造性人才，与创新相关的自我测评，创新成功的心理学理论，开发潜能的理论与技术，心理学——21 世纪的创新带头科学等。

5.《开发头脑金矿——创新素质发掘与培养》

2001 年 9 月，北京出版社出版了我写的《开发头脑金矿——创新素质发掘与培养》。这本书包含以下内容：

人人都能创新，创新成功的内因，灵感功能态，创新的心理障碍，创新技法，创新环境，创新的群体心理，教育与创新，创新的心理学理论，智力开发，开发创造力等。

三、王极盛发表的创造心理学方面的学术论文

《创造性活动中的灵感》科学报，1981 年 1 月 1 日。《科学心理学某些问题的研究》科学学与科技管理资料（科学心理学专辑），1981 年 6 月。《什么叫科学学》科学与未来，1981 年 10 月。《机遇在科技创造中的作用》科学报，1981 年 5 月 6 日。《科技人员的管理心理学》科技与管理，1982 年 1 月。《科学心理学》现代化杂志，1982 年 10 月。《青年的创造心理》人才，1983 年 2 月。《思维规律的心理学定量研究》潜科学，1984 年 4 月。《科学心理学的计量研究》科学学与科技政策管理，1984 年 9 月。《事业

心在科技管理人才成长中的作用》科学学与科技政策管理，1984年8月。《创造性思维与情绪、意志、性格相互关系的定量研究》科学学与科技政策资料，1984年8月。《科学创造心理学与管理心理学的几个问题》科技管理研究，1984年4月。《科技工作者创造力的研究》科学学研究，1984年4月。《创造性思维与理智感相互关系的定量研究》心理学探新，1985年3月。《科技人才使用的心理学问题》科学学与管理问题，1985年9月。《奖励的心理效应与科技创造》科学学与科技政策管理，1985年11月。《个性在创造中的作用》创造学及其应用，北京：科学普及出版社，1998年。《创造性思维与思维品质相互关系的定量研究》创造与人才，1986年1月。《创造性思维与思维过程相互关系的定量研究》创造与人才，1986年5月。《重视培养和选拔优秀的中青年科技人才》中国科技论坛，1986年1月。《社会心理因素在科技创造中的作用》心理学探新，1987年1月。《科学创造的心理学问题》科学学教程，北京：科学出版社，1983年。《智力因素在科学创造中的作用的定量分析》自然科学发现经验的探讨，福州：福建科技出版社，1988年。《情绪在创造中的作用》创造学及其应用，北京：科学普及出版社，1998年。《意志在创作中的作用》创造学及其应用，北京：科学普及出版社，1998年。《兴趣在创作中的作用》创造学及其应用，北京：科学普及出版社，1998年。《心理学关于创造性思维的某些研究》思维科学研究，北京：中国人民大学出版社，1999年。

四、科学创造心理学的讲座

20世纪70年代末，中国科学界迎来了春天，中国改革开放促进了一些新生学科在中国的诞生，或由外国引进。科学学就是其中一个。科学学的一个重要分支就是科学创造心理学。

我在王兴成、赵红州等同志的引领下进入了中国科学学的研究队伍，中国科学学与科技政策研究会首任理事长是著名科学家钱三强教授，我也是首届理事会的理事。中国科学学界的学术气氛很浓，学术民主，学术自由，团结合作，重视创新的学风得到大力提倡，我在那里受到熏陶和感染，对发挥我的创新意识和创新能力有非常大的作用。中国科学学研究会带领我们在科技界宣传传播科学学的基本知识，我作为科学心理学的工作者也跟随他们在一些省份的科技协会和科研单位宣讲科学创造心理学的基本知识，对促进科学学发展也做了有益的工作。我们那时讲课不计报酬、不计辛苦。我记得我和王兴成同志在1986年7月曾到湖北十堰，《十堰报》记者为此发表过一篇文章："他从北京来，一刻也没有休息就开始了首场学术报告，虽然时值盛夏，人们还是不顾天气炎热，专心致志地听他讲。他，就是著名心理学家、中国科学院心理研究所副研究员王极盛同志。"

第三节 开创新中国人事心理学的新领域

一、人事心理学的研究历程

人事心理学是研究人事心理规律的学科，应是各级领导与人事工作者、组织工作者的必修课。它对企业、事业的各级人事工作者、组织工作者与党政工作者调动职工积极性，提高职工工作效率，促进社会主义精神文明建设都有所助益。由于种种原因，人事心理学长期被忽视。不少人事工作者还不知道人事心理学这个学科。中国科学院老干部、老专家局为了加强在职干部教育，推动改革工作，在1985年3月举办了短期培训班。中国科学院老干部、老专家局于赛玲同志问我能否为职工们讲课，我答应了。经过商量讲课的内容定为人事心理学。我把这几年人事心理学的研究结果写成了20多万字的《人事心理学》讲义。

当年5月中下旬，中国科学院老干部、老专家局在北京举办了人事心理学短训班，参加的学员约400人，来自中央国家机关与北京市属的236

个单位。此后当年8月下旬，干部局委托中国科学院西安分院在西安举办约300人参加的《人事心理学》短训班，当年10月上旬，沈阳分院举办约500人参加的《人事心理学》短训班；10月下旬，成都分院举办300人参加的《人事心理学》短训班。每期《人事心理学》短训班授课32个学时，由我讲课。《人事心理学》短训班效果显著，学员们反映《人事心理学》短训班办得及时，受到系统的人事心理学的培训，有助于提高思想水平和工作水平，增强做人事工作的信心。学员们表示会将所学的知识与方法应用到实际工作中去。学员们还建议今后对领导干部的培训中，也应将人事心理学知识列入培训内容。《人事心理学》短训班受到社会上的欢迎，这与老干部局任卞琴、于赛玲等同志做了大量的组织领导工作分不开，也说明心理学要面向实际、面向社会，才会有生命力。这强化了我的看法：心理学探讨与解决我国四个现代化建设中的实际问题，是发展具有中国特色心理学的基本道路。

我在研究所研究的题目是针刺麻醉的心理学研究，但我也同时“不务正业”了，在科学学、人才学、气功学等领域同时进行工作，也都取得了一定的成绩。例如，我在科学学领域写了一本《科学创造心理学》（1986）的书被日本著名创造心理学专家恩田彰誉为世界第一本科学创造心理学的书；在人才学与心理学交叉领域从事人事心理学的研究，并在1990年被中国科学院评为中国科学院科技进步二等奖；1987年2月，我写的《当代管理心理学》，在党的理论刊物《红旗》杂志上，被署名文章称为“具有中国特色的管理心理学”；《当代管理心理学》也被出版界评为1986年优秀畅销书。

20世纪80年代，我所从事的研究基本上属于交叉科学领域的研究。我认为，在交叉科学领域主要应抓住生长点和两门或几门科学的结合点，第一要有新思路，有创新意识，有敢于创新、善于创新的精神；第二要脚踏实地，一步一个脚印地向前走，勇于实践，积累资料和经验，是会做出成果来的。

从事交叉科学领域研究也会被有的人认为是“不务正业”，这也不奇怪。我也听到别人这样议论过我，我都不在乎，走自己的路，各人有各人的看法，嘴长在别人身上，没有必要去计较，时间是检验真理的标准，谁笑到最后谁笑得最好。

1980 年夏天，钱学森同志把我叫到他的办公室，与我就气功心理学进行谈话。他也给了我很多鼓励和支持。

我在 20 世纪 80 年代出版了《青年心理学》《科学创造心理学》《人事心理学》《中国气功心理学》，这些都是新中国成立以来该领域的第一本心理学专著。《科学创造心理学》《中国气功心理学》被誉为世界第一本该领域专著。这都是交叉领域的研究成果。我在 20 世纪 80 年代也获得了几项重大科技成果奖。总之可以说 20 世纪 80 年代是我科学研究的黄金时代，是我基础研究创造力发挥的高峰年代。

二、具有中国特色的《当代管理心理学》

1986 年 1 月，红旗出版社出版了我所著的《当代管理心理学》一书，该书是我在 1984 年由展望出版社出版的《管理心理学》的基础上，经过补充修改而成的。

张人骏、朱永新主编《心理学著作辞典》（天津人民出版社 1989 年版，第 224 页）对该书是这样介绍的：“红旗出版社 1986 年第 1 版，全书 31 万字，共分 17 章，作者编写本书的主导思想是：从我国管理工作的实际出发，探讨与论述我国当前管理心理学的一些重要问题，特别是改革中的心理学问题，为我国四化建设中的管理工作服务，为改革提供心理学依据，为改革提供心理学对策。因此，本书在编撰中的特点为：着重探讨当前四化建设中的管理工作存在的心理学问题，诸如，调动人的积极性的心理学问题，智力开发（智力提高与智力使用）的心理学问题，员工的培养与使用的心理学问题，人际关系中的心理学问题，改革的心理学问题，退休、离休人员的心理学问题，以及思想政治工作中的心理学问题等。”

该书出版后反响很大，很多院校和党校把它作为教材使用，并且被评为 1986 年全国优秀畅销书奖、1987 年全国金钥匙图书奖。

该书出版后，学术界评价也很高。北京城市科学发展与管理研究所所长金良俊当时正负责中国科学学与中国科技政策研究会、中国科协现代知识管理讲师团的工作，他对当代管理心理学的评价是：“王极盛同志著的《当代管理心理学》不仅是具有较高的学术价值与实用价值的学术专著，也是一本很好的教材。中国科学学与中国科技政策研究会和中国科协现代知识管理讲师团为适应我国科技、经济和各级行政部门广大管理干部学习管理科学知识的需要，于 1984 年至 1986 年先后举办了 3 期共 3 万多名干部参加的科技管理的函授班，王极盛著的《当代管理心理学》被作为教材使用，很受欢迎。我当时负责 3 期函授班的培训工作。学员们普遍认为该书具有中国特色，在体系和内容上有所创新，联系实际，因此社会效益显著。王极盛著《当代管理心理学》，对推动我国人事管理科学的研究与对我国管理干部的培训发挥了很大的作用，做出了重要的贡献。”

三、书评：一部具有中国特色的《当代管理心理学》

牛 朴

红旗出版社出版的《当代管理心理学》，被评为 1986 年全国优秀畅销书，作者是王极盛同志。我得知这个消息以后，怀着好奇的心理，托人买到了这本书，并仔细地阅读了一遍。掩书沉思，它的确不愧是一本优秀畅销书。它畅销，说明得到了广大读者的首肯；说它优秀，我认为它有这样几个特点：

第一，对有中国特色的管理心理学做了有益的探索。管理心理学作为心理学的一个分支，20世纪50年代产生于美国。苏联从70年代初期开始研究管理心理学。我国管理心理学的研究开始于70年代末80年代初，目前还处于创建时期。作者结合我国管理状况的实际，进行了研究，提出了管理心理学的体系。包括个性与管理；需要、动机与激励；态度与管理；人际关系；领导心理等，共17章。由于我国正在大力进行全面改革，作者专章讲述了改革的心理学问题，对于阻碍改革的心理进行了分析，提出了促进改革的心理学对策。还专章讲述了思想政治工作中的心理学问题。这些都是具有中国特色的管理心理学的体现。

第二，它有同类书所没有的内容。管理心理学书籍目前陆续出版了几本，虽然各有特色，但这本书独具特点。它集中阐述人们非常关心的问题中的心理学问题。譬如学术问题一直是知识界十分关心的问题，本书专门讨论了学术心理问题：学术合作、学术讨论心理、学术竞争心理、学术思想心理等。近几年来，我们有一大批老干部、老工人离休、退休。研究他们的心理变化，对发挥他们的余热，使他们过一个幸福的晚年都极为重要。本书专章讨论了离休、退休老同志的心理学问题，对这一部分老同志的心理反应、心理特点、心理健康都做了专门论述。这些问题正是其他同类书没有涉及或涉及较少的。

第三，密切联系实际，重视应用。作者不仅对不同类型的人的心理状态进行了分析，而且为管理者提出一些新的方法。譬如为了对员工进行考核，提出了员工考核的量表计分法；为了保证人们的身心健康，专门论述了青年人、中年人的心理卫生；为了改善人际关系，提出改善人际关系的方法；为了推动改革，提出了改革的心理学对策；为了加强思想政治工作，提出了思想政治工作的心理学原则，等等。这些方法都容易在管理工作中运用，并能得到较好的效果。

当然，这本书也存在一些不足之处，主要是对问题分析不够透彻；对于已经出现的不正常的心理现象，如何去控制和引导，讨论较少。但瑕不掩瑜，它仍然是一本好书，且目前已被全国不少管理院校、党校选为教材。

（原载《红旗》1987 年第 2 期）

四、王极盛发表人事心理学相关的论文

《人才成功的因素》心理学探新，1980 年 1 月。《国外心理学对人才问题的研究》外国心理学，1981 年 1 月。《科技人员的管理心理学》科技与管理，1982 年 1 月。《管理心理学的重要理论》内蒙古科技，1982 年 2 月。《气质与人才》人才，1982 年 4 月。《论科学创造的心理学问题》心理学探新，1984 年 4 月。《影响科技管理人才成长的两因素探讨》科学管理研究，1984 年 6 月。《阻碍科技人才成长的心理品质》人才研究与交流，1984 年 6 月。《事业心在科技管理人才成长中的作用》科学学与科技政策管理，1984 年 8 月。《责任感在科技管理人才成长中的作用》科学学与科技政策管理，1984 年 11 月。《学术心理因素对科技管理人才成长的影响》科学学与科技政策管理，1984 年 12 月。《思想政治工作的心理学问题》政工研究，1985 年 1 月。《科技管理人才成长的心理学问题》创造与人才，1985 年 3 月。《调动职工积极性的心理学问题》管理世界，1985 年 3 月。《科技人员的心理保护》人才研究，1985 年 7 月。《科技人才使用的心理学问题》科学学与管理问题，1985 年 9 月。《思想政治工作的心理方式》科学报，1985 年 11 月 17 日。《人事工作改革的心理学问题》管理世界，1986 年 1 月。《重视培养和选拔优秀的中青年科技人才》中国科技论坛，1986 年 1 月。《集体领导的心理分析》领导科学，1986 年 1 月。《领导行为与领导艺术的心理分析》领导科学，1986 年 2 月。《领导者的心理品质》领导科学，1986 年 3 月。《人事改革的心理学研究》人才研究，1987 年 1 月。《人事改革的心理学原则》人才研究，1987 年 1 月。《谈文艺人才的培养——

与著名心理学家王极盛一起谈》文艺人才，1987年1月。《文艺人才的心理品质》文艺人才，1989年1月。《科技人才的培养、选拔、使用、考核与保护的心理学问题》人事心理学（上）。《人事心理学研究》中国科学院心理研究所年报，1991年1月。

五、人事心理学研究获得中国科学院科技进步二等奖

1990年，人事心理学研究被评为中国科学院科技进步二等奖。

本项目是王极盛研究员等10年来对中国的人事心理问题研究成果的概括与总结。王极盛研究员等从中国国情出发，对改革开放以来中国人事心理问题进行了广泛的调研。在此基础上，确定了中国人事心理的重点研究内容：

1. 人事管理的心理学问题（包括人员的选拔、使用、培训、考核、奖惩、保护、流动及退休、离休的心理学问题）
2. 人事工作者自身的心理学问题
3. 人际交往与人际关系
4. 人员的智力开发
5. 调动人员积极性的心理学问题
6. 思想政治工作的心理学问题
7. 人事制度改革的心理学问题

作者根据研究问题的性质，设计了研究这些问题的个案法、问卷法、经验总结法等具体研究方法，对这些问题进行了定性与定量相结合的研究，获得了大量的数据与材料。在此基础上，他进行理论分析、概括与总结，形成《人事心理学》学术专著、《当代管理心理学》学术专著两部，及25篇学术论文（总计约100万字），并对研究成果进行了多方面的推广应用工作。

本项研究成果的学术意义在于：

1. 提出了适应中国国情的人事心理学框架体系。具有中国特色，开拓了人事心理学若干新的研究领域。

2. 提出一些理论观点和见解。例如，思想政治工作的五条心理学原则与十种心理方式，智力结构的五大要素，智力开发包括智力培训与智力使用，继续教育包括知识更新与智力培训，人员选拔与考核的竞争机制、督促机制与奖惩机制相结合的整体配套的改革观点等等。

3. 对当时国内尚无人探讨的人事心理学问题进行了研究。例如，对保护改革者的心理学研究，对职务聘任制的心理学问题、对退休离休人员的心理学问题、人事改革的心理准备等问题进行了研究。

4. 提出有关人事制度改革的方案与方法，例如科技人员考核的量表计分法，防止考核误差的心理学方法，退休、离休人员的心理适应法、促进改革的心理学对策等。

5. 为退休、离休人员的心理学问题，思想政治工作的心理学问题等方面的研究，取得了重要的数据，为决策部门和实际部门的工作提供了心理学依据。

学术界与实际应用部门都认为本项研究具有较高的学术价值和应用价值。这项研究的专著获得两项全国优秀图书奖，两篇论文分别获得全国思想政治研究会、中国科学学与中国科技政策研究会优秀论文奖。

我国著名心理学家陈仲庚教授于1987年在《光明日报》发表“《推荐〈人事心理学〉》一文”中指出：“《人事心理学》是建国以来第一部具有中国特色的心理学专著,该书不仅有较高的学术价值,而且具有广泛的应用价值。”

中国人民解放军总参政治部认为：“人事心理学研究开发了适合中国国情的人事心理学体系，有独到的学术观点和见解，对干部开拓思路、增加知识、提高工作质量、发挥积极性具有较高的实用价值。”

现已看到10部人事心理学、管理心理学等专著与多篇论文引用了这项研究成果的理论观点、材料与数据。例如劳动人事部教育局编写的人事管理干部专用教材《人事心理学》(劳动人事出版社，1988年版)把我的《人事心理学》作为主要参考书，该书第十、第十三、第十四、第十五章，吸取了我的《人事心理学》研究成果的理论观点、材料与数据。何杏清编著的《劳动人事心理学》(北京经济学院出版社，1988年10月版)把我们的《人事心理学》《当代管理心理学》作为主要参考文献，并引用了《人事心理学》中有关人事干部的心理素质与心理健康的调查结果。徐菊芬编著的《现代人事心理学》(经济管理出版社，1989年版)引用了我的《人事心理学》有关退休、离休干部的研究结果。

该研究成果的实践意义在于：

1. 举办多起人事心理学短期培训班，社会效益显著，反映强烈。实践证明这是一种推广人事心理学成果的好办法。

2. 通过各种领导科学、管理科学、人才学、心理学培训班、研讨班，推广人事心理学研究成果。通过人事心理学函授班、管理科学函授班，推广人事心理学成果。

在中国科学院京区党委组织的政工干部培训班、中国科学院干部局举办的人事工作培训班(1986年—1992年每年一期)、中国社会科学院老龄工作培训班、中国人民解放军总参政治部干部部、总参防化兵举办的干部培训班以及中国科协、中央国家机关等单位，北京市一些单位与湖北、湖南、贵州、天津等地举行干部培训班讲授百场以上人事心理学专题课，普遍反映很好，以上单位都写了评议材料，充分肯定了人事心理学研究成果的社会效益。

3. 全国至少有5万以上在职干部使用《人事心理学》作为教材，还有一些党校、高校作为教材。中国科协讲师团的评议材料指出，1984年—1986年先后培训3期共3万多干部参加了科技管理函授班，所有参与函授的干部都用《当代管理心理学》做教材，学员们普遍认为该书具有中国特色，在体系和应用上有所创新，理论联系实际，并且社会效益显著，对培养我国人事管理干部发挥了很大的作用，做出了重要贡献。

4.《当代管理心理学》《人事心理学》销售数量都超过了十万册，被评为全国优秀图书，影响很好。

5. 考核科技人员的量表计分法被应用，简便有效，北京市劳动保护研究所林金诚发表文章指出，心理所王极盛提出量表计分法作为科技人员业务考核的基本方法，是一种业务考核的可信方法。中国人才协会与天津理工学院评议指出，他们联合举办 3 期人事管理研究班，王极盛讲授的人事管理心理课学员反映很好，取得了很好的社会效益，特别是他讲授的干部考核方法已被许多单位采用。

国内的心理学专家、软科学专家林传鼎教授，陈仲庚教授，赵璧如研究员，赵红州教授，王通讯副研究员评议《人事心理学》研究成果时指出：这项研究对已有的理论有发展和补充，研究难度大，同行反映好，对人事心理学发展意义很大，有独到的学术见解，创造性高，实用性强，社会效益显著，达到了国际先进水平。

下面把《人事心理学》研究评审人员的评审意见（对成果总的评价）摘录如下：

林传鼎教授的评审意见：王极盛同志的人事心理学研究成果，由《人事心理学》《当代管理心理学》两本学术专著、25 篇学术论文构成。专著与论文都是定性与定量研究相结合的，有将近 100 万字组成的科研成果，这在心理学界是少见的。

《人事心理学》是建国以来我国第一部人事心理学专著，填补了建国以来我国人事心理学的空白，有较高的学术意义。该书在体系与内容上都有所突破，有所创新，受到国际心理学界的重视。我审定的劳动人事部教育局组织编写的教材《人事心理学》在体系上、内容上都吸取了王极盛同志的研究成果。

王极盛同志的人事心理学研究，不仅有独到见解，创造性高，而且实用性强，对促进我国人事心理学的发展、提高人事工作效果做出了创造性的贡献。

陈仲庚教授的评审意见：王极盛同志是我国心理学界著名的多产作者。他的重点研究课题是管理和人事心理学，多年来勤奋耕耘，有这方面的专著数本（主要的两本），论文25篇，皆属较高学术水平，他的这项研究从我国国情和现实情况出发，探索了人事心理学的主要内容，比较系统地探讨了人员选拔、使用、考核、奖惩、保护等心理学问题。内容创新，有独特见解，初步提出了一个适合我国国情的人事心理学框架体系。这项研究也获得了较好的社会效益，实践证明许多单位的人员在培训中都有很好的反映，因此，王极盛同志的这项研究对我国人事心理学的学科发展和实际应用都有一定的作用。

赵红州教授的评审意见：王极盛同志的专著《人事心理学》是我国心理学和行政学、领导科学交叉领域的少有的带独特性的学术专著。《当代管理心理学》又是我国心理学和管理科学交叉领域的力作。作者运用马克思主义哲学思想，采取定性与定量相结合的方法，使这两部著作不仅填补了我国这一领域的空白，而且在我国交叉领域有很大的影响。王极盛的研究成果被广泛应用到领导科学、管理科学、心理学等应用领域，应用在实际工作中产生了较好的效果，培训了许多人事管理干部，社会反响很好。不少党校已将《人事心理学》列入自己的教材。

《人事心理学》有重要的学术价值，达到国际同领域的先进水平。第24届国际心理学会议将王极盛的论文安排在会议上报告（王极盛后来未到会），认为王极盛的工作是具有中国特色的高水平的工作。

第四节　参与人才学的创建

1979 年，教育部、中国社会科学院与中共北京市委联合举行庆祝中华人民共和国成立 30 周年社会科学学术讨论会。在这次学术讨论会上，决定成立全国人才研究会筹备部。会议结束前，与会同志决定发起人才研究会并成立了筹备组，我是筹备组成员之一。发起成立人才学研究会的同志还有：王兴成、滕纯等。

在国家科委、中国科学院、国家科协的赞助下，全国人才学、科学学、未来学于 1980 年 12 月在安徽省合肥市联合举行了三学学术讨论会。参加中国人才学首届研究讨论会的学者有 130 多人，会议收到论文 130 多篇。

1981 年 4 月，《人才》杂志创刊了，这是中国第一个人才学杂志，为中国人才学研究的发展，提供了重要的园地。

人才学在中国的产生在改革开放后，是具有深刻的社会变革基础的。

（1）适应现代经济结构的变革

改革开放后，邓小平同志提出科学技术是第一生产力，尊重知识，尊重人才，从此将人才的研究提到日程上来。

社会主义建设需要各种各样的人才。人才问题是关系到社会主义建设成败的战略问题。为了实现我国四个现代化，建设高度文明、高度民主的社会主义强国，我们需要大批的各种各样的人才。社会主义建设需要人才，人才学正是为适应社会主义建设需要而在中国的土地上破土而出的。

（2）适应现代科学技术的迅猛发展

现代科学技术的迅猛发展表现在各个方面，如科学技术创造周期缩短，科学技术物化周期缩短，知识更新的周期缩短……为了适应现代科学技术发展的需要，对人的智力、人的创造力的需求更加迫切了。如何造就成千上万的适应现代科学技术发展的各种人才，成为人才学研究的重点。现代科学技术发展是促进现代人才学发展的重要客观背景。

（3）思想解放

1978 年，中国共产党第十一届三中全会开展了实践是检验真理的唯一标准的大讨论。人们的思想获得了解放，对很多人才问题进行了探索。这为人才学的产生奠定了思想基础。

我作为一个心理学工作者，对人才学的研究充满了兴趣，并且我根据我国人才问题的实际情况进行了研究。当时社会上开展评职称工作，职称的评定依据是什么？当然是贡献。但是限于当时的历史情况和条件，在职称的评定过程中缺乏一个评定职称的比较科学、比较客观的办法。我对这个问题进行了调查研究之后，运用心理学的原理，提出了人才考核的量表计分法，并在 1979 年公开发表，受到社会各界的积极响应。

第五节 国内首次公开明确提出非智力因素的概念

现在非智力因素概念在我国心理学界、教育学界以及其他学术界几乎是一个家喻户晓的概念。

我在《心理学探新》1980 年第 1 期发表了一篇题为《人才成功的因素》的文章，其中第 74 页写到，心理因素中的智能因素在人才的成功中是一个基本条件，但不是唯一的条件，除智能因素外，非智能因素例如情感、兴趣、意志等在人才成功中也起着不可忽视的作用；智能与成就之间并不是完全相关，进取心、自信、坚持性、强烈的兴趣等非智能因素协同智力因素使人才做出成就。我在 1981 年在国内首次公开明确提出了非智力因素概念。这样就把非智力因素在国内提出的时间表向前推进了两年。

我是在中央人民广播电台理论政法部组织的人才问题广播讲座上谈到智力因素、非智力因素与成才的关系时提出非智力因素概念的。

中国社会科学出版社、中国国际广播出版社合出的《成才之路——人才问题广播讲座》有明确的记载，该书于 1981 年 5 月出版第 1 版，首印数 40 万册。

在该书 108 页我谈道："前一讲我们探讨了智力因素与成才的关系，每个人除了智力因素而外，还有非智力因素，它与成才也有着密切的关系。非智力因素主要包括兴趣、爱好、情感和意志等。"这是历史文献上明确记载的。

我在其后的管理心理学研究和创造心理学研究中，通过大量的实证调查研究，都证明了智力因素与非智力因素在人才成长中同等重要，缺一不可，相辅相成；同时也提出了人才成功是智力因素与非智力因素的综合效应。还曾经强调，在智力因素大体相同的条件下，非智力因素对人才的培养起着重要、关键作用等。

第六节 首先提出心商论（MQ）

1997 年，在由工商出版社出版的我的《心商 MQ——学生最新成功法宝》一书中，在国内首次提出心商 MQ 理论。

心商 MQ 理论提出的背景主要有两个方面：一个方面，当时的学生整天忙于备考，心理健康水平令人堪忧；另外一个背景是当时盛行所谓的情商理论。

我们先谈谈当时学生的学习状况。本书的开头这样说道："1997 年入夏以来，北京地区持续高温，甚至入秋以来也不见往年的凉爽。9 月 5 日，在海淀区知春路口附近的人行道上，有六七百人井然有序地排着长队，过往行人无不驻足，有不少人急忙跑过来问，这是买什么东西啊？原来是家长们在为孩子抢购《教师教学用书》《教学参考书》等。在排队的长龙中，七八十岁的老年人不乏其中。人们怀着焦急、不安、期待，渴望等复杂心绪静静地等候着。我的一位年过半百的亲戚告诉我，他排了近 4 小时的队才为他念中学的儿子在新华书店知春里课本门市部买到一套教学参考书。

可怜天下父母心。现在的父母对子女期望很高很高，付出的代价很大很大，得到的通常却是太多太多的失望。

为什么会出现这种事与愿违、不尽人意的局面呢？据我多年的研究，答案是父母对子女的心理了解得太少太少。

1996 年 11 月一天，我正在上中学的儿子放学后回家，愁眉苦脸地对我说："爸爸，告诉你一个坏消息。"我急切问什么事。他说，我们数学老师在课堂上晕倒了，被急救车送到医院去了。没想到第二天，我儿子放学回来又喜笑颜开地对我说，我们数学老师今天又给我们上课了。

不少老师为了提高学生的学习成绩，呕心沥血、废寝忘食地工作。不少老师为自己付出的心血与学生的学习成绩不相称而感到惋惜。一位中学校长甚至对我说，他从教已经 40 年，没有遇到过现在有些学生软硬不吃、刀枪不入的情况，对此他们简直束手无策。

为什么会出现这种局面呢？据我多年的研究，这个问题比较复杂。教师对心理教育认识不足、措施不力是其中一个重要原因。

我的一个亲戚的女儿刚上初中就忙得不亦乐乎，每天晚上都是 11 点以后才能睡觉。一天晚上她上厕所，近 20 分钟没有出来，她爸爸去叫她，她不应。她妈妈在慌乱中将门推开，只见她坐在马桶上睡着了，手中仍抱着书。事后这个女孩对我说，我们没有童年的欢乐，有的只是做不完的作业。但现在学生在题海的战争中，学习成绩仍是不尽人意。一位八年级同学百思不解地问我，王教授，我们累得半死，学习成绩为什么还是徘徊不前？

据我多年的研究，不少学生没有发挥自己的智力结构的优势，缺乏智力的技巧与策略，不会自我调节情绪，缺乏树立自信心的训练，心理健康问题突出，应试能力差，应试策略贫乏。这些学生的自身心理素质是影响学生学习成绩提高的重要障碍。

"考考考，老师的法宝。分分分，学生的命根"。这个束缚了学生多年的紧箍咒何时才能解除？

为了走出困境，大家都在各方面进行探索。我从事心理学研究 35 年，20 世纪 80 年代中期进入学校进行健康心理学的研究，近年来，在学校进行学生心理素质与学习成绩双提高的研究。

我的研究目标是，既提高学生的心理素质，又提高学生的学习成绩；既使学生智力得到全面发展，又使学生的个性得到充分的培育；既使学生身体健康又使学生心理健康。我这种研究当时也初见成效。

我认为人的心理是一个完整的统一体。人的心理是极其复杂的，既包括意识，又包括无意识；既包括智力、非智力（个性、情感、意志、兴趣等），又包括心理健康等。

人在正常情况下，在生活、学习与劳动中，心理活动都参与调节，学生考试的成功，成人工作的成功，都与心理因素不可分割。智力因素起作用，非智力因素也起作用，心理健康因素也起作用。它们的作用是动态的、变化的，不是静止的、僵化的。人的智力因素、非智力因素与心理健康因素，在学生学习成绩中的作用，在学生考试分数中的作用，在人的工作中的作用都是因人、因事而异。

我提出心商论的第二个背景是目前流行的一种情商理论，认为决定人是否成功的要素中，智力因素起 20% 作用，情商起 80% 作用。我认为这种观点有些偏颇：第一，人的成功很难用百分数来表示智商起多大作用，情商起多大的作用；第二，每一件事情的成功，情商和智商的作用并不是固定的，而是因人而异，因事而异；第三，在人的成功心理因素中，除了智力因素、非智力因素、还有心理健康、潜心能（潜在的心理能力）等。

下面谈谈我提出的心商论的思想历程与心商论的构成。

我提出影响学生成功、人才成功的心商论，是经过 18 年的实证研究与理论探索所得出的结果。

新中国成立以来，我国心理学的发展道路坎坷不平。党的十一届三中全会给心理学发展带来了生机。我于 1978 年在《光明日报》发表了《从智力非凡谈起》的文章。在 1978 年 11 期《人民教育》上发表了《关于才能问题的探讨》，为心理学恢复名誉。

1979 年 5 月 31 日，我在《光明日报》发表了《建议开展社会心理学的研究》一文，提出我们研究的社会心理学要以马克思主义、毛泽东思想做指导，要为实现四个现代化服务。这是我国建国以来首次公开提出展开社会心理学的研究的文章。接着，在 1979 年 12 期《哲学研究》发表了《试论我国心理学的发展道路》。在 1980 年第 1 期《心理学报》发表了《我国心理学现代化的基本理论观点和方法论》，指出：需要解放思想，彻底冲破禁区。在同一文章中我又提出了建立具有中国特色的心理学体系，及其五个特点。我就是在这种学术思想的指导下，开展了人才学、人事心理学、科学创造心理学与健康心理学的研究工作。

1987 年，我在 100 多所学校进行了心理素质、心理健康与学习成绩双提高的调查，对 30 多所学校的 300 多个年级、一万多名学生进行了实验研究，取得了大量的数据与资料。

在 18 年研究人才成功和学习成功的基础上，我提出了心理商说，简称心商论。

关于心商论的 10 个要点：

我的《心商 MQ——学生最新成功法宝》于 1997 年 12 月由工商出版社出版。现把书中提到心商构成的 10 大要点记录如下：

第一，心商论是关于成功的心理学理论，它从心理学角度阐明心理素质、心理因素在成功中的作用。

第二，心商论适用于学习成绩、学生成功、成长成功、职业成功、人才成功、婚姻家庭成功等方面问题的探讨。

第三，心商论是定性与定量相结合的理论。

学生成功、人才成功的心理素质是各种各样的，确定其中最重要的心理素质，即确定了影响学生成功、人才成功的定性方面的心理因素，这些定性方面的心理因素是通过定量研究之后确定下来的。所以说，心商论是定性与定量相结合的。

第四，心商论是关于学生成功、人才成功的心理学说。心商论是多类别、多要素、多品质系统的动态综合体。

①心商论中的心理包括 4 个系统，即：心理的实现系统，心理的动力系统，心理的调控系统与心理的供给系统。

②心理的实现系统的要素包括观察力、记忆力、思维力、想象力、实践能力、智力策略与智力技巧。

心理的动力系统包括信念、理想、信心、情感、意志与个性特征等。

心理的调控系统包括心理适应力、心理承受能力、心理协调能力、心理平衡能力、情绪的健康等。

心理的供给系统是指记忆的潜意识、思维的潜意识、想象的潜意识、尚未出现的灵感、尚未出现的顿悟等。

③心商实现系统的多品质包括观察力品质、记忆力品质、想象力品质、思维力品质、实践操作能力品质以及智力策略和技巧的品质。

观察力品质包括观察力的敏锐性、观察力的准确性与观察力的全面性。

记忆力品质包括记忆的敏捷性、记忆的保持性、记忆的准确性与记忆的备用性。

思维力品质包括思维广度、思维深度、思维的灵活性与思维的独立性。

想象力品质包括想象的现实性、想象的主动性、想象的丰富性与想象的独特性。

实践操作能力品质包括操作能力的迅速性、操作能力的准确性、操作能力的协调性与操作能力的灵活性。

④心理的动力系统、心理的调控系统与供给系统的品质就不一一赘述了。

第五，心商论中的多类别是相互联系、相互制约、错综复杂、相辅相成的，相互不能取代，各有各的作用。心理的实现系统、心理的动力系统、心理的调控系统与供给系统的水平越高，学习成功与人才成功的可能性就越大，获得的成就就越大。心理的实现系统、心理的动力系统、心理的调控系统与心理的供给系统在心商论中的地位和作用是各不相同的。

第六，心商论中的实现系统、动力系统、调控系统与供给系统，在学业成功、人才成功过程中所起的作用大小基本是一致的，但并不是固定不变的，即使是同一个人在不同活动中的成功，其心理的实现系统、动力系统、调控系统与供给系统所起的作用大小也不是完全固定的。

第七，人的心理是在生活与实践中发生发展的。心商论中的实现系统、动力系统、调控系统与供给系统的作用也是在人的生活实践中不断发展的。

第八，人的心理潜能大得很，心商论特别强调对人的潜心能的发掘与开发。

灵感是人脑对客观现实的反映，人对客观事物的认识是一个曲折复杂的过程，既有缓慢的、渐进的量变，也有迅速与突然的质变。

人们在创造过程中确实存在灵感现象，新现象、新概念、新思想的产生带有突发性，有如“忽如一夜春风来，千树万树梨花开”“山穷水尽疑无路，柳暗花明又一村”。

人类采取适当的方法开发与发掘人的灵感，就大大提高了人的认识能力与实践能力，就能大大提高人的智慧。一旦发掘与开发人的潜心能有所突破，将是一次重大的心理革命，人类社会将向更加文明、更加健康、更加繁荣、更加美好的未来大踏步前进！

第九，心商论强调既提高人的心理素质，又提高人的业绩。对学生来说，既提高学生的心理素质，又提高学生的学业成绩。

第十，心商论是专门探讨心理因素在学生成功、人才成功中的作用。其实，学生成功、人才成功都离不开家庭教育、学校教育、社会条件等外部因素。

以上是我基于18年研究而提出的心商论的一般说明。我在该书中分别就心理实现系统、动力系统、调控系统对学习成绩的作用进行阐述，本着提高心理实现系统、动力系统、调控系统提出具体的、可操作的行之有效的方法。”

科学的本质在于创新，创新离不开知识，可也不能被知识所束缚，而是要在知识的基础上创新，因此我认为，在整合我多年关于成功的心理理论的研究基础上，可以大胆地提出自己的学术观点。外国人能提出，中国人为什么不能提出？

1991年，《科技日报》发文《王极盛与心商论》：

王极盛与心商论

伟春

1991年10月6日，本报“科学家近况”专栏曾发表文章《我国心理学的“状元郎”——记中国科学院心理研究所研究员王极盛》。

王极盛教授的近况如何呢？他又有什么新的研究成果呢？

最近工商出版社出版了王极盛教授的新作《心商MQ——学生最新成功法宝》。

美国心理学家提出的情商（EQ）理论，近年在中国风靡一时。王极盛教授提出的心商（MQ）理论，是不同于情商的关于成功的心理学理论。

王极盛教授的心商论是18年来，他对人才学、人事心理学、科学创造心理学、气功心理学与心理素质、学习成绩双提高之间的关系的研究基础上提出来的。

心商论主要包括10个方面的内容：

心商论是关于成功的心理学理论。

心商论适用于学习成绩提高、学习成功、创造成功、职业成功 、人才成功、婚姻与家庭成功等方面。

心商论是定性与定量相结合的理论 。

心商论是多类别、多要素、多品质系统的动态综合体。

心商论中的心理多类别是相互联系、相互制约 、错综复杂、相辅相成的。智力因素、非智力因素、心理健康水平、潜心能在心商论中的地位和作用各不相同。智力因素是心商论的实现系统。非智力因素是心商论的动力系统。心理健康水平是心商论的调控系统。潜心能是心商论的供给系统 。

心商论中的多类别，对学业成功、人才成功的作用大小不是固定不变的。

心商论中的智力因素、非智力因素、心理健康与潜心能的作用是在人的生活实践中不断发展的。

心商论特别强调人的潜心能的发掘与开发。

心商论强调既提高人的心理素质，又提高人的业绩。对学生来说，既提高学生的心理素质，又提高学生的学业成绩 。

心商论重视家庭教育、学校教育、社会条件等外部因素在学生成功、人才成功中的作用。

王极盛教授不仅提出人才成功的心理学心商理论，并且还对提高智力、非智力、心理健康水平、潜心能提出了具体的、可操作的、行之有效的方法。

新沙小学在深圳市福田区教育局教研室的鼎力支持下于1999年1月开始心商论应用研究。为了搞好研究，学校成立了心商论的领导小组和心商论的中心研究组，动员、组织广大教师积极参与。为提高全体人员的心商理论水平，我们购买数十本心商论的著作，召开多次座谈会，于1999年10月为我校一至四年级做了心理和能力的测试，给学生和学生家长做了有关心理讲座，使研究工作有组织、有计划地进行。仅一年初见成效。

海天出版社出版了杨爱民主编的《有益的探索》，这是小学课堂教学与“心商”应用研究论文集共47篇。他们的研究表明，心商论是从心理学角度全面育人，以全新的教育思想培养学生成为新型人才。

第七节　首创心理健康操与心理保健操

1998年，由中国城市出版社出版的我的《心灵时代——心理主宰健康》一书中，首次在国内提出心理健康操与心理保健操。为了健身，人们都练体操；为了治病，人们发明了医疗体操。我编制的心理健康操是为了增强人的心理健康，目的是帮助心身疾病患者恢复心理健康。这两种体操一做就会，坚持做就有效果。

王极盛的心理健康操适用的对象是普通人和有心理问题的人，目的是通过心理健康操使他们调节自己的心态，逐步恢复自己的心理健康。该操方法简便易行，做一次仅30秒；一天做3次，一共才一分半。但只要坚持就有效果。

我在讲课中探讨心理健康时，经常教大家做心理健康操，现场气氛非常欢快、热烈、和谐，人们笑声不断。这个操之所以有助于恢复人的心理健康，或者加强人的心理健康，它的原理主要是几个方面：第一，笑的心理效应；第二，积极的自我暗示作用；第三，两手同时操作有助于大脑两半球同时活动；第四，挺胸抬头使人产生积极向上的心态；第五，动作当中的中指握拳自我按摩劳宫穴起调节心态的作用。

做这个操不分男女老少，没有任何副作用，只要坚持做对恢复心理健康，或者加强心理健康都是有益处的，特别是家庭成员集体做，效果非常好。我每次都嘱咐家长力争在每天晚上吃完饭之后，父母和孩子一起做一次心理健康操，不仅大家的心态很好，也能增进彼此的感情。在这种心态下，孩子回到自己房间去做作业，复习功课，心态好，复习效果高。而且父母和孩子关系和谐，有助于防止子女逆反心理的产生。

另一类是“心理保健操”，主要用于患有心身疾病的人群。患有心身疾病的人大多都有一定的心理问题和障碍。他们操练心理保健操可以提供他们战胜疾病的自信心，消除紧张、焦虑、不安、烦躁、苦闷、抑郁、悲伤等不良情绪，从而改善自我的心理状态。并且通过心理保健操调动体内的生理功能，使人体分泌出对健康有益的物质，逐步达到减轻症状，治疗疾病的目的。

《心灵时代——心理主宰健康》介绍了14种心理保健操，分别是高血压患者的自我心理保健操、低血压患者的自我心理保健操、冠心病患者的自我心理保健操、便秘患者的自我心理保健操、皮肤病患者的自我心理保健操、鼻炎患者的自我心理保健操、牙疼患者的自我心理保健操、痛经患者的自我心理保健操、更年期综合症患者的自我心理保健操、阳萎患者的自我心理保健操、头痛患者的自我心理保健操、肩疼患者的自我心理保健操、腰背痛患者的自我心理保健操、腿痛患者的自我心理保健操。这些操的具体做法，我们将在书的后面部分再详细介绍。

我为什么要创编心理健康操与心理保健操呢？我想，怎么增强身体健康水平呢？除了懂得饮食调节、体育锻炼、生理卫生等基本知识外，还得有一些可操作的方法与技术，例如，做广播操、跑步等就是增强体质的可操作的方法。那么心理学能否为提高人们的心理健康水平做出应有的贡献？

我认为，为了提高人们的心理健康水平，除了全面普及有关心理学、心理健康的知识，还应该研究出提高人们心理健康或帮助人们恢复心理健康的心理技术，正是本着这样一个目的，我基于自己30多年来心理学研究成果，把中国传统文化中有关心理保健的思想观念、原则，特别是中国传统医学有关心理治疗、针灸、气功等精华吸收过来，结合其他现代心理学的精华，力求融会贯通，创造了具有中国特色的心理健康操与心理保健操。

我创编的心理健康操与心理保健操的主要指导思想是我30多年来研究临床心理学与健康心理学，经过大量的实验研究与大量的调查研究得出的思想观念，即：不良的心理因素对健康的危害不亚于病菌，良好的心理因素对健康的作用胜过保健品。

第八节 10 多年的积极心理学研究

过去的心理学研究中，心理学家关心的是人的心理的消极方面，很少关心人的心理行为的积极方面。20 世纪中期，国际盛行积极心理学的研究，它主要包括健康心理学、幸福心理学、创新心理学等。从 1995 年开始，我主要集中精力开展健康心理学、幸福心理学与创新心理学的研究。

我在 10 年的积极心理学研究方面，深入了 400 多所学校进行调查研究，测试的对象达 4 万多人，编制了 10 个心理量表，发表论文 40 余篇，其中在中国科学引文数据库（Chinse Science Citation Database,CSCD）发表 20 余篇，出版了著作 20 余种，100 多家新闻媒体进行了报道，实现了基础研究、应用研究与科技服务一条龙，实现了学术意义、社会效益与经济效益的统一。

一、健康心理学的研究

从 1995 年开始，我的研究方向转为健康心理学，我的研究重心放在积极心理学方面，特别是健康心理学方面。

其实，在 1995 年开始系统研究健康心理学的时候，我已经有近 20 年研究健康心理学的历史了，换句话说，我从 20 世纪 70 年代末就开始研究健康心理学。其中主要的成果如下：

① 1984 年，由科学普及出版社出版的我的《心理与健康》，是国内第一本论述心理与健康问题的图书。

②苯、烯烃等物化因素对心理健康的危害与减轻影响的心理学对策。这项研究是中国科学院六五攻关重点项目——燕化地区环境影响分析评价的一个组成部分，获得中国科学院 1985 年院重点攻关成果奖。

③退休、离休老年人的心理健康研究，我在这方面发表了 6 篇定性与定量相结合的学术论文。研究结果写在我著的《人事心理学》第六章“退休与离休的心理学问题”中，作为我的《人事心理学》研究成果的一个组

成部分，获得1990年中国科学院科技进步成果二等奖。

④妇女的心理健康的研究。

这方面的定性与定量相结合的研究结果写在我的由科学出版社1988年出版的《现代妇女心理学》一书中，第六章“妇女的心理健康”、第七章“妇女的心理卫生”。

⑤科技工作者的心理健康研究。

这个方面的定性与定量相结合的研究结果写在我著的《科学创造心理学》第12章，心理健康与科技创造。

⑥管理工作者的心理健康研究。

我从事的健康心理学的研究主要包括两个方面：

（1）研制适合中国的心理健康的测试量表

目前国内所采用的心理健康量表大部分直接用西方的心理健康量表，它有它一定的应用价值，但据我们的测试研究，它不太适应中国的国情。时代在发展，社会在前进，心理在变化，不同国家不同时期人的心理特点都是有所变化的。20世纪50年代中国人的心理和21世纪中国人的心理是不同的。21世纪西方人的心理和21世纪中国人的心理也不尽相同，因此要科学地、有效地研究心理健康，首先要编制符合自己国情、符合时代特点的心理健康量表作为一个测试工具，以此为途径开展具体研究。因此，我用相当长的时间深入了200多所学校，深入工作的第一线调查研究，提出问题，编制了一系列的心理健康量表。在广泛的调查研究基础上，我编制了中国中学生心理素质量表、中学生心理健康量表、中国成人心理健康量表、中学生抑郁量表、中学生焦虑量表、父母教养子女方式量表、青少年应对量表、高考前考试焦虑量表等。这些量表都经过信度和效度的检验，并且标准化。研究表明，这些量表的信度、效度良好，有应用价值。其中不少量表是在中国相关领域第一次编制出来的量表。

在拥有量表，拥有科学测量工具的基础上，我对600多个实验班进行了大规模的实证研究，取得了大量的数据，经过统计分析，写成了一系列文章。例如：《中国中学生心理健康量表的编制与标准化》（王极盛、李焰、赫尔实，1997）。《中学生心理素质量表的编制与标准化》（王极盛、李焰、赫尔实，1997）。《中学生抑郁量表的编制与标准化》（王极盛、邱炳武、赫尔实，1997）。《中学生焦虑量表的编制与标准化》（王极盛、邱炳武、赫尔实，1997）。《中学生特质焦虑与其影响因素的模型建构》（李焰、张世彤、王极盛，2002）。《中学生特质焦虑影响因素的问卷编制》（李焰、张世彤、王极盛，2003）。《中国成人心理健康量表的编制及其标准化》（王极盛、韦筱青、丁新华，2006）。《高三学生高考焦虑状况的调查研究》（丁新华、王极盛，2006）。

编制符合中国国情的健康心理学的相关量表是开展中国健康心理学，特别是青少年健康心理学的基础研究工作，填补了我国某些成人与青少年心理健康测试工具领域的空白，中国中学生心理健康量表已得到了广泛的应用。

（2）心理健康的研究

10 年来，我对青少年心理健康及其影响因素，青少年抑郁及其影响因素，青少年焦虑及其影响因素，青少年强迫现象及其影响因素等进行了比较系统的研究。我们研究采用的是自己编制的符合中国国情的心理健康量表，而且采用的样本都很大，总计调查人数近 4 万人，因此测出来的结果相对比较可靠。例如，我们对中国中学生心理健康研究表明，32% 的中学生存在心理问题，其中 28% 是轻度的心理问题，3.9% 是中等程度的心理问题，0.1% 是重度的心理问题，这个研究结果基本上是符合中国中学生的实际情况的。

我们根据研究结果发表了一系列的论文，例如：《9970 名中学生心理素质的研究》（王极盛、李焰、赫尔实，1998）。《中学生父母教养方式与心理健康》（王极盛、李焰、赫尔实，1998）。《中学生抑郁与焦虑的关系研究》（王极盛、赫尔实、邱炳武，1998）。《SCL-90 效度、信度检验与常模建立》（王极盛、李焰、赫尔实，1999）。《中学生心理素质与学习成绩的关系》（王极盛、邱炳武、赫尔实，1999）。《焦虑理论研究回顾与展望》（李焰、王极盛，1999）。《EMBU 在城市中学生中试用初步修订报告》（李占江、王极盛，1999）。《莱顿强迫问卷（儿童版）的信效度研究》（李占江、王极盛，1999）。《中学生抑郁与学校生活适应情况的关系》（邱炳武、王极盛，1999）。《抑郁研究中的素质——压力理论述评》（邱炳武、王极盛，2000）。《青少年归因风格及其与心理健康水平关系的研究》（李占江、邱炳武、王极盛，2001）。《青少年强迫现象及其发展特点》（李占江、邱炳武、王极盛，2003）。《中学生抑郁与其相关影响因素的综合研究》（王极盛、丁新华，2003）。《中学生焦虑与其相关影响因素的综合研究》（王极盛、丁新华，2003）。《中学生生活事件与焦虑关系研究》（丁新华、王极盛，2003）。《医学院校大学生具体生活事件与抑郁状态的相关分析》（王黎恩、王极盛，2005）。《医科大学生的生活事件与焦虑》（王黎恩、王极盛，2006）。

在心理健康研究过程中，我出版了一些图书：《心灵时代——心理主宰健康》（1998）。《女性幸福心理体操》（1999）。《让父母远离困惑》（2000）。《驱散心理迷雾》（2001）

心理健康的研究揭示了我国青少年心理健康的状况、特点及其影响因素，并提出了干预措施，有重要的学术意义与实践意义。

二、创新心理素质的研究

其实在 1995 年我正式研究创新心理素质之前，已经于 20 世纪 80 年代在《科学创造心理学》和《科学心理学》两本书中都提及了这个问题，也发表了一些学术论文。1995 年之后，经过调查研究，我首先编制了创新心理素质量表，主要包括创新意识，创新能力与创新人格，创新人格以竞争性为代表等内容，对青少年（包括中学生、大学生）、教师和科技人员等进行了研究，发表了一些论文：《创新心理素质量表在医科大学生中应用的信度和效度的分析》（王黎恩、王极盛，2006）。《成人创新素质量表编制与应用》（王极盛、丁新华、韦筱青，2006）。

还发表了与其他研究成果相关的论文：《中学生创新心理素质与心理健康的相关研究》（王极盛、丁新华，2002）。《中学生创新心理素质与人格特征的相关研究》（王极盛、丁新华，2003）。《中学生创新心理素质与相关因素的综合研究》（王极盛、丁新华，2003）。

这里要特别指出：在创新心理素质研究方面，很多媒体仅强调创新意识与创新能力。我觉得创新心理结构是由 3 个要件组成的，创新人格、创新意识与创新能力，三者是构成创新心理素质不可分割的部分，三者相互联系、相互制约、缺一不可。而我更认为，在中小学学校教育和家庭教育中，创新人格教育应该是放在第一位的。一个人有了创新人格，他就会有创新意识和创新能力，将来在社会生活中进行创新活动时，创新人格也是确保创新意识和创新能力正常发挥并最后实现创新产物的最重要、最核心的心理保证。

创新心理素质的研究阐述了我国青少年、教师、科技人员的创新心理水平、特点及其影响因素，不仅具有学术意义，而且对青少年、教师、科技人员的创新素质的提高具有重要的推动作用。

三、主观幸福感的研究

主观幸福感是积极心理学研究的新的生长点，是积极心理学研究的重要内容之一。

我们首先在调查研究的基础上，根据中国的情况制订了幸福感量表，并对其信度、效度进行检验。

在此基础上，我们对青少年幸福感状况、特点及影响因素等进行了一系列的研究，发表了一些论文：《初中生主观幸福感与父母教养方式的关系研究》（王极盛、丁新华，2003）。《初中生主观幸福感与人格特征的关系研究》（王极盛、丁新华，2003）。《中学生焦虑与其相关影响的因素的综合研究》（王极盛、丁新华，2003）。《初中生主观幸福感与生活事件的关系研究》（王极盛、丁新华，2003）。《初中生主观幸福感与应对方式的关系研究》（王极盛、丁新华，2003）。《青少年主观幸福感研究述评》（丁新华、王极盛，2004）。

主观幸福感的研究揭示当前中学生主观幸福感的状况、特点及其影响因素，为全面改善和提高青少年的生活质量与心理健康提供了心理学依据。

积极心理学研究受到社会的广泛关注，产生了较好的社会效益。新华社、中央电视台、中国教育电视台、中央人民广播电台、《中国教育报》《中国中学生报》《中国妇女报》《光明日报》《北京晚报》等全国百余家新闻媒体分别对此进行了报道。

第三章　首位中国高考状元研究与高考心理研究学者

第一节　高考研究概况

从 1995 年以来，我对数千名考生进行了调查研究，接受了数千名考生的咨询与数千名家长的咨询，进行了很多关于高考的实证调查研究。特别是从 1999 年国家启动高考改革以来，我连续 11 年对全国 31 个省、自治区、直辖市的约 400 名省级高考状元进行了面对面的访谈及实证研究，其中 1999 年 61 名，2000 年 74 名，2001 年 64 名，2002 年 67 名，2003 年、2004 年、2005 年、2006 年、2009 年各数十名。我通过研究初步找到并揭示出高考成功规律，以及心态在高考中的地位和作用，并提出一系列的高考心理调适办法。

我对高考研究所得的某些规律总结也颇受社会、考生、家长和老师的认同。

例如：高考成功规律中的硬件与软件理论，好心态是高考成功的一半，强化信心、优化情绪、进入状态、充分发挥的调节心态的 16 字诀，高考复习的十大要诀，填报志愿“八字方针，八项注意”，临考“十要十不要”，考生家长走出高考的 5 个误区，考前、考中家长“五要五不要”以及状元家教成功的六大秘诀等，都有很大的影响。

我在 20 多年的高考研究中，出版了 30 多部调查研究与规律总结的高考专著，例如《高考成功的十大秘诀》《揭开高考状元的秘密》《高考成功手册》《给高考加分》《高考成功实话实说》《阳光状元路》《相约北大清华》《状元培养实录》《王老师高考心理热线》《怎样帮助孩子考大学》《王极盛高分学习法》《高考状元家教的秘密》等高考著作。

我的高考研究在学校和社会上也产生了广泛的影响。学生和老师、家长普遍反映我的高考报告内容通俗易懂，报告具有生活化、实例化的特点，具有很强的实用性、操作性与实效性，深受广大考生、家长与老师的欢迎。

我的高考研究也颇受媒体的关注。中央电视台、新华社、中国教育电视台、中央人民广播电台、《中国青年报》《中国中学生报》《中国少儿报》《中国教育报》《中国妇女报》、北京电视台、北京人民广播电台、《北京晚报》《北京青年报》《现代教育报》《北京晨报》《京华时报》《信报》《华夏时报》《精品购物指南》《天津日报》《今晚报》《文汇报》《重庆早报》《大河报》《扬子江晚报》《齐鲁晚报》《辽沈晚报》《新消息报》《深圳特区报》《南方都市报》《长沙晚报》《西安晚报》《哈尔滨日报》《中国图书报刊博览报》《江苏教育报》《南方周末报》《家庭报》《中国图书商报》《中国新闻出版报》《中华读书报》《健康报》《生活时报》《沈阳日报》《广州日报》《青岛日报》《中国社会报》《家庭教育报》《南充日报》《山东商报》《吉林商报》《燕都晚报》《河北科技报》《羊城晚报》、天津人民广播电台、济南人民广播电台、宁夏电视台、《消费日报》《茂名日报》《中国人才》杂志、《少年十六七》杂志、《心理健康》杂志、《辽宁青年》杂志、《求学》杂志、《考试》杂志、《中国家教》杂志、《今日父母》杂志、《中华优质教育》杂志、《家教博览》杂志、《少年儿童研究》杂志、《读者》杂志、《青年文摘》杂志、新浪网、搜狐网、百度网等全国数百家媒体都报道过我对高考的研究成果和对我的专访。

中央电视台也做过几十次的报道，例如：2001年6月中央电视台4个节目分别从不同角度报道我关于高考的研究成果，分别是6月3日央视一套《健康之路》，6月16日央视二套《经济半小时》，6月17日央视一套《第二起跑线》，6月22日央视二套《生活》。2001年，中国教育电视台分别于4月28日、5月5日、7月1日又安排一个小时由我主讲高考心理调节。央视七套，2001年7月8日、9日、10日、11日、21日、22日共6次由我主讲高考，主讲家庭教育。2006年5~6月，中央电视台曾6次就关于高考的研究采访我。5 月 24 日央视二套《今晚》、6 月 6 日央视四套《今日关注》、6 月 6 日央视四套《360 度》、6 月 7 日央视一套《晚间新闻》、6 月 12 日央视二套《今晚》、7 月 9 日央视一套《实话实说》从不同角度报道我对高考的研究。2007 年 5 月下旬到 7 月上旬，央视十与二套播出我 25 次主讲高考的节目经历。参与报道的还有中国教育电视台。

2002 年《北京晚报》的《高考特刊》发表了我 22 篇高考文章，2003 年《高考特刊》发表了我 12 篇高考文章。

很多网络媒体，例如百度、新浪、搜狐、雅虎等都有相当多的网页报道我关于高考的研究内容。到 2006 年 8 月 17 日，我在新浪网的网页就有 6 万多个，多数是报道我关于高考研究的。因为我在高考领域的开拓性研究，理论密切联系实际，研究为高考服务，被社会和媒体普遍认为是中国高考心理研究第一人、中国高考心理指导第一人、高考状元研究第一人。有的甚至认为我是中国高考研究第一人，被媒体广泛关注的高考权威专家等。这种提法也不是十分准确，但是我的高考研究开辟了高考心理研究的新领域，而且在教育界与社会上确实产生了比较广泛、比较大的影响。

例如，2006 年，我曾在济宁给家长讲过高考规律这一课，其中有位家长的孩子学会我编制的“王极盛心理健康操”之后，他的信心有很大的提高，过去和父母很少说话，交流不够，后来和父母关系很好，主动和父母说话。信心变化之后，学习成绩逐步上升，考试的排名也靠前了。这位母亲在 4 月到 6 月期间给我来过五六次电话，一再表示感谢。其实我心里明白，孩子成绩的提高、情绪的变化固然和心理健康操有一定的关系，但是也和孩子自己的努力、学校老师和家长的教育分不开。一个孩子学习成绩的提高、心情的改变是各种因素起作用的结果，不能都归结为我的心理健康操，但是确实起了作用这也是实际情况。

20 世纪 80 年代，我进入学校开展心理学研究工作，1995 年我开始开展高考心理学研究。1999 年起我开始研究高考状元的成功规律。

我深入近千所学校，对 4 万名中学生采用我编制的中国中学生心理健康量表进行心理健康测试，对 1000 名复读生进行调查研究与实证研究。

1999 年，国家启动了新一轮高考改革，侧重考核素质、考核能力，从那时起我坚持每年对全国 31 个省、自治区、直辖市的省级高考状元进行面对面、一对一的访谈和书面问卷调查，访谈了 400 多名省级高考状元，接受数以千计的家长和考生的咨询，出版有关高考的图书 30 余部。

我研究的范围有 4 个方面：高考成功规律；高考复习的方法和策略；高考心态的调整方法；科学填报志愿。

在高考研究方面，我主要做了这几件事：论证了实力加心态等于高考成功；提出心态就是分数，调整好心态高考就成功了一半的理念；提出调整心态的方法体系；在复习方法方面提出了每月提高 15 分的策略、9 门课程的黄金学习法则；提出了高考备考的战略、策略与技巧；提出了填报志愿的八字方针、八项注意、十个误区、两个警惕。

我的高考讲座起到了很好的作用。考生灿烂的笑容与爽朗的笑声，说明讲座驱散了他们的心理迷雾。在山东滨州北镇中学做高考讲座时，在场的中国教育电视台的记者告诉我，2 小时的报告，学生鼓掌了 32 次。在山东高密某中学讲课时，学生掌声不断，校长不得已与考生商量，讲课时不要鼓掌了，否则会影响讲课的进度，等讲完再鼓掌。在河南某中学讲课时，学校学生几千人，礼堂只能容纳 400 人，其他几千人只能在教室看视频。讲课结束后，校长送我出校门，在从礼堂通向校门的 30 米通道上，学生们主动排长队掌声相送，使我感动不已。2014 年 9 月下旬，我在河北省辛集市某乡村中学的操场上给学生讲课，讲完后学生们坐在操场上用掌声将我送出校门。

我的研究使考生掌握了高考成功的理念与方法，对他们提升高考成绩有所帮助。

2013 年我在吉林一中讲课，该校当年出了省级理科高考状元、吉林市文科高考状元。2014 年我在湖北省襄阳四中讲课，该校当年出了省级理科状元，并且高分考生的比例在湖北省占第一位。2013 年，北京一名考生经过我心理辅导，当年以 711 分的成绩考取清华大学。河北省邯郸市某学校，前一年我给学生们讲了高考，第二年当我再次来到该校给考生家长讲高考时，该校校长当着家长的面讲：王极盛教授去年给我校学生讲课，结果我校升学率翻了一番。2014 年 5 月，我在山东省菏泽市一个县城中学讲课后，当年该校高考一本升学率提高了 39%。该学校的一位领导人给我发短信说："您是中学生的心理救星。"我深知自己绝对没有那么大的威力，但这说明了学校对我的期望、鼓励与鞭策。

第二节 出版的高考专著

我出版的高考专著如下：

《高考总动员（文科）》光明日报出版社，2001 年。《高考总动员（理科）》光明日报出版社，2001 年。《高考成功手册》光明日报出版社，2001 年。《状元培养实录——高考状元父母访谈与点评（父亲篇）》北京出版社，2001 年。《状元培养实录——高考状元父母访谈与点评（母亲篇）》北京出版社，2001 年。《给你高考加分（文科卷）》中国文联出版社，2002 年。《给你高考加分（理科卷）》中国文联出版社，2002 年。《高考成功实话实说（文科卷）》当代世界出版社，2003 年。《高考成功实话实说（理科卷）》当代世界出版社，2003 年。《王老师高考心理热线》中国社会科学出版社，2004 年。《阳光状元路》广西师范大学出版社，2004 年。《相约北大清华》广西师范大学出版社，2004 年。《怎样帮助孩子考大学》长江文艺出版社，2005 年。《王极盛高分学习法》高等教育出版社，2006 年。《高考状元的家教秘密》漓江出版社，2006 年。《高考状元的学习方法》漓江出版社，2007 年。《决定高考命运丛书——心态决定成功》电子工业出版社，2008 年。《决定高考命运丛书——素质决定成绩》电子工业出版社，2008 年。《高三家长助考全程指南》中国妇女出版社，2008 年。《王极盛教你做成功的高考复读生》中国青年出版社，2008 年。《高考成功十大秘诀》北京出版社，2000 年。《高考心态调节法》中国华侨出版社，2009 年。《像状元一样高考》漓江出版社，2010 年。《如何帮孩子才能考高分》中央编译出版社，2010 年。《好心理　好成绩——著名教育家王极盛 32 年家教精华》漓江出版社，2011 年。《孩子上高三家长怎么办》中央编译出版社，2011 年。《帮孩子赢高考上（名师助考手册）》华龄出版社，2011 年。《帮孩子赢高考中（状元妈妈访谈录）》华龄出版社，2011 年。《帮孩子赢高考下（状元爸爸访谈录）》华龄出版社，2011 年。《高分学习法》国家行政学院出版社，2014 年。《心态就是分数》国家行政学院出版社，2014 年。《素质决定成绩》国家行政学院出版社，2014 年。《学会调节考试心态》现代出版社，2014 年。《高考成功指南》四川科技出版社，2017 年。《高考赢在心态》学苑出版社，2021。

第三节　在数百所学校授课

从 1995 年开始，20 多年来我走遍祖国的大江南北，曾到以下数百所学校讲过课：

北京市：中国人民大学附属中学、北京大学附属中学、清华大学附属中学、首都师范大学附属中学、北京一零一中学、北京理工大学附属中学、北方交通大学附属中学、北京十一学校、八一中学、中关村中学、北京市第十九中学、北京航空航天大学附属中学、北京医学院附属中学、中国矿业大学附属中学、北京科技大学附属中学、双榆树中学、知春里中学、北京市第八十中学、北京师范大学附属中学、北京师范大学附属第二中学、北京师范大学实验中学、北京市第五中学、北京市第三十五中学、北京市第五十五中、北京十一中学、北京汇文中学等。

天津市：天津开发区二中、大港一中等。

重庆市：重庆第二师范学院等。

浙江省：乐清中学、东阳中学、苍南中学等。

广东省：广州一中、广州仲元中学、中山大学附属中学、西关外国语学校、顺德梁开中学、茂名化州一中、茂名化州四中、茂名第十中学、华中一中、华港一中、广州番禺中学、深圳中学、深圳外国语学校、深圳翠园中学、深圳红岭中学、深圳高级中学等。

山西省：山西实验中学、太原五中、运城康杰中学、临汾学则优学校、山西省外国语学校、太原太钢一中、太原市三十中学等。

辽宁省：沈阳二中、本溪高级中学、大连格致中学等。

吉林省：吉林一中、四平一中、延边二中、松原石油高中、长春市第十七中学等。

河北省：石家庄一中、石家庄二中、辛集中学、涿州物探学校、张家口四中、蔚县一中、赞皇中学、大城县职教中心、正定中学、定州中学、扶宁一中、秦皇岛三中、雄县一中、易县一中等。

河南省：南阳一中、新乡一中、商丘一中、扶沟中学、西华三中、长垣十中、延津中学、淇县一中、安阳一中、郑州第二外国语学校、洛阳三中、洛阳八中、洛阳第一高级中学等。

山东省：高密一中、济南三中、平邑一中、鄄城一中、沾化二中、诸城一中、肥城一中、泰西中学、平度一中、寿光一中、安丘七中、桓台第一中学、高密五中、浜州北镇中学、淄博实验中学等。

四川省：绵阳东辰国际学校、双流中学、双流棠湖中学外语实验学校、赏外学校、宜宾三中。

陕西省：西安中学、靖边三中、西安一中、西安铁一中、西安黄河中学、西安国棉四厂子弟中学、临潼一中等。

安徽省：合肥一中、合肥六中、合肥八中、阜阳三中等。

江苏省：运河中学、如皋中学、石庄中学、平潮高级中学、宿迁高级中学、泗洪中学等。

福建省：泉州九中、泉州一中、培元中学等。

贵州省：盘县二中等。

湖北省：浠水一中、襄阳四中等。

内蒙古自治区：世纪中学、赤峰平煤高中、锦山中学、地质二中、鄂尔多斯二中、伊金霍洛旗高中等。

广西壮族自治区：南宁二中、南宁八中、南宁第三十三中学、柳州一中、柳州地区民族高级中学、北浦中学、灵山中学、钦州二中等。

第四节　一本书的目录、一个讲座的 PPT

第一部分《高考成功指南》目录

第一章　心理快速提分法

一、高考成功规律

二、心态就是分数

三、调整好心态是高考成功的一半

四、高考成功规律的探讨

五、考生心理需要全社会重视

六、高考状元对高考规律的认识与体会

七、高考成功三要素

第二章　学会调整心态

一、调整心态的原则

二、掌握调整心态的具体方法

三、考试紧张也该适度

四、为什么考试发挥不好

第三章 高考百日冲刺过程中的心理调节

一、三月怎么调整心态

二、四月怎么调整心态

三、五月怎么调整心态

四、考前十要十不要

五、高考前一天考生怎么做

六、高考第一天，心态很重要

第四章 家长怎样帮助孩子调整心态

一、家长好心态，孩子好成绩

二、家长应走出高考五大误区

三、考前、考中家长做好 10 件事

第五章 高考复习的方法与策略

一、高考状元的学习方法

二、高考复习的八大策略

三、高考复习期间如何走出“高原现象”

四、调节好生物钟

五、考试策略与技巧

第六章 状元及其家长访评录

一、高三一次数学考试，班里倒数第一

——访评浙江省高考理科状元孙思思

二、学习是一种乐趣

——访评辽宁省高考文科状元尹璐怡

三、不可思议

——访评山西省高考理科状元张景利

四、六分地养活全家人

——访谈山东省高考状元杨慧之父杨兆银

第七章　状元成功秘籍

一、高考状元成功探秘

二、高考状元家教成功秘籍

三、高考状元分析

——专访我国研究高考状元第一人王极盛

第八章　王极盛连续19年蹲守中国人民大学附属中学高考考点

一、王极盛第19年考点观察：考生和家长心态淡定

二、考场门前情况“空前好”

三、今年高考出分报志愿，家长考生心态最平和

四、今年家长“微笑率”挺高

五、今年北京高考社会支持系统非常完善

六、王极盛连续19年到中国人民大学附属中学门口蹲守

七、高考史上最严，考生心态真好

八、送考家长不到往年一半，考生和家长心态13年来最好

第九章　科学填报志愿

一、填报高考志愿：鱼和熊掌亦可兼得

二、克服填报志愿的不良心态

三、走出填报志愿的8个误区

第二部分 高考心理讲座 PPT

第一讲　高考成功规律

1. 高考考什么素质：思想道德素质、科学文化素质、身体素质、心理素质

2. 高考的 3 个基本环节：政治审查与身体检查、高考考场考试、填报志愿

3. 高考成功规律 = 实力 + 心态

4. 实力是高考成功的基础，是高考成功的硬件

5. 心态是高考成功的软件，在高考中起调节作用，既可以使考生正常发挥，也可以使考生超常发挥，还可以使考生发挥失常

6. 实力和心态在高考中同等重要，缺一不可

7. 越是临近高考，心态的调节越重要、越关键

第二讲　调节好心态，高考成功一半

1. 大量的调查研究、实证研究都证明，调节好心态是高考成功的一半

2. 我调查了省级高考状元 400 位，他们一致认为，实力和心态是决定高考成败的最重要的两因素

3. 我的实证研究证明，考生在考场中的心态在高考中占第一位，考生考前的心态在高考中占第二位，考生的学习方法占第三位，考生的学习实力占第四位

第三讲　心态就是分数

1. 调节好心态，可超常发挥 50~100 分

2. 心态不好，高考可以丢 20~100 分

3. 平时考得好，高考未必考得好，关键在于心态

4. 平时考不好，高考未必考不好，关键在于心态

5. 心态好，提分快；心态不好，丢分快

第四讲 高考以简单题、中等题取胜的战略心理

1. 高考各门课的考试难度大体相同，简单题占30%，中等题占50%，难题占20%

2. 考生只要简单题、中等题做好，就能达到600分

3. 成绩差的同学与成绩中等的同学首先集中精力做好简单题和中等题，力求达到600分

4. 成绩好的同学也要这样做，剩下时间去做难题

第五讲 高考前必须调整心态

我的研究表明，高考前学生普遍心态不好：

1. 高考信心不足者占77.7%

2. 怕考不好对不起父母者占90.4%

3. 因高考是终身大事紧张者占79.3%

心态压力过大使心理状态失调：

1. 心慌意乱者占48.9%

2. 注意力难集中者占76.8%

3. 烦躁者占75%

4. 爱发脾气者占62.1%

过重的心理压力和心态的失衡造成考生的心理状态失调：

1. 食欲不振者占50%

2. 睡眠不好占55.7%

3. 唇焦口燥占44.6%

考前心态紧张造成一模二模失误：

1. 一模、二模平时熟悉的东西回忆不起来者占 72.9%

2. 一模、二模考试时思维不流畅者占 78.6%

考生考前心理严重存在问题，必须调整心态。

第六讲　调节心态的方法之一：暗示、模仿、感染

1. 积极的暗示提高考生的考试成绩，不良的暗示降低考生的考试成绩

2. 良好的模仿使考生成绩提高，不良的模仿使考生成绩降低

3. 良好的感染使考生成绩提高，不良的感染使考生成绩降低

第七讲　调节心态的方法之二：王极盛的健美幸福操

实证研究表明，坚持做健美幸福操有 3 个作用：

1. 提高考生的学习成绩

2. 改善考生的心理状态

3. 和谐考生的人际关系

第八讲　强化信心的 5 个方法

信心是高考成功的灵魂，是高考成功的精神支柱。

1. 高考目标定得适当

2. 不要攀比

3. 不要迷信

4. 积极的暗示

5. 走路挺胸抬头，步伐坚强有力，速度稍快

第九讲　调节情绪的 5 个方法

情绪是调节心态的关键。

1. 善于把心中的不良情绪释放出来

2. 学会深呼吸

3. 按摩内关穴

4. 积极想象法

5. 全身肌肉放松法

第十讲　进入状态的5个方法

1. 不要自我加压

2. 调节生物钟

3. 适当地做卷子

4. 答题先易后难

5.6月6号晚上不要提前睡觉

第十一讲　充分发挥的5个方法

1. 战略上藐视卷子

2. 战术上重视卷子，对心态进行调节

3. 看卷子做到准、快、全

4. 建立知识的网络体系

5. 训练发散性思维

第十二讲　6月7日快速调节心态三部曲

1.6月7日早晨，从家到考场的路上和在考场的院子里，主动向同学和老师问好，可缓解紧张等不良情绪

2. 进了考场教室，热情地看着监考老师的眼睛，大声地说："老师好！"老师也会说："你好！"使考生获得安全感、信心感、力量感

3. 找到座位后，闭上眼睛，默念3遍："我一定会成功！"

第十三讲　高考考试后到6月23日左右，做好两件事

1. 适当休息，防止三“狂”：狂吃狂喝、狂睡、狂玩

2. 做好填报志愿的充分准备

第十四讲　填报志愿的重要性

1. 填报志愿是高考考场考试的继续

2. 填报志愿使考生的分数得到充分利用

第十五讲　填报志愿的八字方针：知己知彼，积极慎重

知己

1. 明确考试成绩在年级的排名位置

2. 报考专业的相关科目的分数

3. 了解自己是否有加分

4. 了解专业对身体条件的要求

知彼

1. 估计报考学校的录取分数，报考学校近3年的录取分数加在一起除以3，作为推测该校今年录取分数的参考

2. 了解该校今年大小年的情况

积极

认真思考，实事求是地评估自己，充分发挥平行填报志愿的长处，不要高分低报

慎重

不要被忽悠，不要冲动

第十六讲　填报志愿的八项注意

1. 了解当年高考招生的相关政策

2. 充分咨询

3. 学校与专业，谁重要？成绩好的考生重视学校，成绩差的同学重视专业

4. 实力与兴趣的关系，以实力为主，兴趣为辅

5. 重视平行志愿的顺序

6. 学校和专业要拉开梯度

7. 填报志愿学生为主，家长参谋

8. 填报志愿，考生和家长都要心平气和

第十七讲　防止填报志愿的10个误区

1. 冲动心理

2. 盲目攀高

3. 不服从调剂

4. 只填报第一批次学校

5. 不了解平行志愿的要求

6. 只求有大学念就行

7. 忽视专业对身体条件的要求

8. 填报志愿不规范

9. 只填报本省的大学

10. 哥儿们义气

第十八讲　防止两个陷阱

1. 警惕各种骗子对考生和家长的欺骗

2. 防止一些迷信思想对科学填报志愿的危害

第十九讲　家长走出5个误区

1. 过分关心

2. 过分监督

3. 过分期待

4. 重视身体健康，忽视心理健康

5. 重言教，轻身教

第二十讲　家长在学生高考中做到五要五不要

“五要”：

1. 家长情绪要稳定

2. 家里要有一个温馨的心理气氛

3. 对孩子只说一句话——“只要尽力就行了”

4. 确保孩子身体健康——特别是不感冒、不拉肚子

5. 督促孩子做好考试的物质准备

“五不要”：

1. 不要规定孩子考多少分

2. 考前、考中，不要议论填报志愿的事

3. 考试过程中，特别是第一门语文考试后，不要问孩子考试状况

4. 不要唠叨

5. 家长没有特殊情况，不要送孩子上考场

第二十一讲　每月提高 15 分的 10 个策略

1. 小步子、大目标

2. 抓紧、抓好课堂 45 分钟

3. 力求 4 门考试科目平衡发展，解决偏科问题

4. 强化强项、弥补弱项、挖掘潜力项

5. 重视效率

6. 充分利用每天最佳记忆时间

7. 文理科交叉复习

8. 跟着老师走

9. 学会放弃

10. 心态好，复习好，考得好

第二十二讲　9 门课的黄金学习法则

1. 语文的黄金学习法则

2. 数学的黄金学习法则

3. 英语的黄金学习法则

4. 政治的黄金学习法则

5. 历史的黄金学习法则

6. 地理的黄金学习法则

7. 物理的黄金学习法则

8. 化学的黄金学习法则

9. 生物的黄金学习法则

第五节　在杂志、报纸发表的关于高考文章与部分采访报道

一、在杂志、报纸发表的部分关于高考文章

我在杂志与报纸发表了高考文章百余篇，这里仅列举 15 篇：

《高考状元成功的揭秘》中国人才，2000 年 7 月。《高考：心向成功》中国教育报，2002 年 6 月 4 日。《高考心理调适指导》湖北招生考试（心理专刊），2004 年 4 月 17 日。《调好心态填报志愿》心理与健康，2016 年 7 月。《高考冲刺通关秘笈》科技新闻 · 生活周刊，2000 年。《考前心理调适》心理与健康，2001 年 5 月。《何碧玉：14 岁半的清华女孩》青年文摘，

2002 年。《高考到了怎么办》半月谈，2002 年 11 月。《手握高考金钥匙》中国图书评论，2004 年 9 月。《全社会都应关注和重视考生心理》湖北招生考试，2004 年 4 月。《填报高考志愿：鱼和熊掌亦可兼得》心理与健康，2010 年 4 月。《考生增强信心七法》中国妇女报，2003 年 3 月 12 日。《相信自己 战胜自我》北京晚报，2003 年 3 月 25 日。《考生备考十要十不要》现代教育报，2003 年 5 月 12 日。《填报志愿要知己知彼》参考消息 · 北京参考，2010 年 5 月 11 日。

二、杂志、报纸等单位对王极盛的部分采访报道

杂志与报纸采访我刊登的文章有数百篇，这里仅列举部分文章。

杂志部分：

《博士生导师的“高考秘籍”》科技新闻，2000 年 6 月。《“状元”们的心理素质》青年文摘，2002 年（增刊）。《送你一把打开高考之门的金钥匙——王极盛教授及高考心理系列讲座》青年文摘，2002 年（增刊）。《著名心理学家王极盛 中国高考研究第一人》中华英才。《高考成功 = 实力 + 心态——王极盛教授谈考前心理调适》中国高中生，2005 年（3 月特辑）。《高考的成功，“硬件”和“软件”同等重要——中国科学院心理所博导王极盛访谈录》家长，2005 年 5 月。《高考心理调节法——好心态是高考成功的一半》辅导员中学教育，2009 年 11 月。

报纸部分：

《公开高考状元杨颂的重要秘密》北京青年报，1999 年 8 月 15 日。《揭开北京大学状元的心理秘密——访中国科学院心理研究所教授王极盛》中国青年报，1999 年 10 月 7 日。《遭遇“棉花状态”》北京青年报，2000 年 3 月 2 日。《隆重推出高考成功的十大秘诀》中华读书报，2000 年 4 月

5日。《心态平和才能创新发挥》北京晚报，2000年4月17日。《学生成才靠的是什么？》家庭报，2000年4月17日。《心态平和充分发挥——著名心理学家王极盛教授谈高考心理调节》科学时报，2000年4月27日。《高考成功的十大秘诀出版》中国妇女报，2000年4月28日。《高考日渐临近 专家忠言相告 心态调节最重要》生活时报，2000年5月7日。《北京大学清华高考“状元”谈考试前心态调整》中国青年报，2000年5月8日。《61位高考状元教你考前减压》北京青年报，2000年5月20日。《王极盛诠释高考成功秘诀》科技日报，2000年5月21日。《评点99高考状元·勤奋篇——用双手打造成功》中国中学生报，2000年5月23日。《落榜了怎么办》北京晚报，2000年7月23日。《让父母远离困惑出版发行》家庭报，2000年9月4日。《心态最重要方法居其次》北京青年报，2000年11月9日。《心理学家剖析北京大学高考“状元”》中国青年报，2000年11月21日。《揭开高考状元的心理秘密》中华读书报，2000年12月20日。《中国科学院高考状元心理调查出结果 高考状元就是普通孩子》北京晚报，2001年1月20。《心态平和就成功了一半》北京日报，2001年1月22日。《三成中学生有心理问题——访著名心理学家王极盛》河北科技报，2001年3月9日。《心理学家告诉你高考成功的秘诀——访中国科学院心理研究所教授王极盛》燕赵都市报，2001年3月9日。《积极心态促使考试成绩好》中国日报，2010年6月8日。《心态就是分数，高高兴兴就是分数》石家庄日报，2011年9月16日。《高考状元家长超6成为中学学历》现代教育报，2012年11月15日。《高考研究专家王极盛：志愿填报分数是王道，不应过分强调兴趣》大众报业·海报新闻，2021年6月14日。《高考后几天如何保持好心态？专家：考一科忘一科不要去对题》北京日报客户端，2022年6月8日。

第六节 媒体对王极盛高考研究的报道

一、高考状元分析——专访我国高考状元研究第一人王极盛

高考后的一个月是各省市公布高考分数的日子，除了应了那句老话“几家欢喜几家愁”以外，各地照例又都推出了自己的高考状元。和往年一样，这些状元们马上成了媒体和商家的宠儿。那么，年年都评高考状元的意义究竟在哪里呢？当这些状元们进入大学，甚至是走向社会以后，他们能否依然保持出色呢？下面我们专访中国科学院心理研究所的王极盛教授，他连续5年对全国300多位高考状元进行了面对面的访谈研究，被称为“中国高考状元研究第一人”。

标题：《高考状元分析》

编导：曹琳

出镜记者：荆慕瑶

播出日：2004年6月29日23:30中央电视台第十二套首播

嘉宾：中国科学院心理研究所教授王极盛

同期声：高考状元真有规律可循吗？状元上大学以后能否依然出色？

王极盛：考试考得好是综合能力的反映，我是这样看的。

同期声：《新闻夜话》专访我国高考状元研究第一人，他将告诉您高考状元的真正意义。

主持人：您认为这些高考状元们绝对没有一个是高分低能的？您在5年的时间里研究过全国300多名高考状元，如果现在用语言给他们画一个集体像，那么这个像应该是什么样的呢？

王极盛：都是有才能的、肯努力的，而且成绩优秀的一群孩子，非常可爱，和普通孩子没有什么区别，只不过他们现在条件更好、更勤奋、更有学习方法而已。

主持人：和性别没关系？

王极盛：性别来讲总体上差不多，但是这两年女孩的升学率越来越高，女状元的比例也越来越高。

主持人：前两天您在接受记者采访的时候说，像重庆出现了很高的女状元比例，在全国范围内都是非常罕见的？

王极盛：是的。

主持人：为什么这么说？

王极盛：因为连续4年，8个状元（中）有7个女状元，这有相当大的偶然性。但是我的研究连续5年，北京大学连续5年所招收的全国状元当中，女状元比例远远高于男状元。以2003年为例，北京大学在全国招收35个省级高考状元，其中24个是女状元，11个是男状元。2002年、2000年也是如此，女状元的比例远远大于男状元。

主持人：这反映了什么社会问题吗？

王极盛：女状元、女孩子越来越自信了，过去受传统文化的影响，认为女孩的智力不如男孩，其实这是一种偏见，是社会因素的影响，男孩、女孩的智力是一样的。现在的女孩不一样，越来越发奋、越来越自信，因此她高考的成绩往往不亚于男孩。以北京大学为例，2003年录取的新生2880多人中，女孩占46%，男孩占54%。北京大学医学部在2003年录取的新生当中，332人是男孩，331人是女孩。

主持人：基本上是一样的。

王极盛：一样的，我就是说女孩要自信，男孩要发奋，大家都能考好。

主持人：您总结这些状元的成功规律，根本规律就是实力加心态，但是这个规律并不是很新鲜的，因为我记得几年前我考大学的时候老师们就这么教过我，我相信很多同学都听说过这些规律。

王极盛：可能听说过，但是并不完整、系统和深刻。我的高考成功规律实际上是3层意思。第一层意思，考生掌握和运用知识的水平是高考成功的硬件，是高考成功的基础，考生心态调整状况是高考成功的软件，起调解作用。第二层意思，高考中的硬件学习实力和软件心理状态同等重要，缺一不可。

主持人：就是说临场的发挥跟平常的学习实力是一样的？

王极盛：是的，一样的。第三层意思，越是临近高考，心态的调整越重要、越关键。到 5 月底 6 月初，考生的实力已经定了，考好考坏就靠心态，就靠临场发挥了。我有一个调查研究：影响高考的因素很多，经过大量筛选，我最后找出 20 个认为比较重要的因素。然后再进行研究、定量，看看究竟哪个影响最大，结果证明考生在考场中的心理状态在高考的 20 个影响因素中占第一位。

主持人：这是您通过对 300 多名状元的分析得出来的？

王极盛：是的，那是有数据的，不是我想出来的。考生考前的心理状态在 20 个影响高考因素中占第二位，考生的学习方法占第三位，考生的学习基础占第四位。我的研究表明，有 60.4% 的考生不会调整心态。

主持人：状元们都是最会调整心态的？

王极盛：相对来讲会调整心态。

主持人：我看过您的书中提到调整心态的三部曲，主要就是考生在高考那天离开家之后，要跟谁打招呼；到了学校之后，要通过跟监考老师打招呼等，来调整自己的心态。但有人认为这些高考状元们的经验未必也会在其他学生身上奏效，并不是这些经验放之四海而皆准。

王极盛：我们研究状元、总结他们的成功规律供大家借鉴、运用，并不是说对状元的每一个具体方法去效仿，而是学习他们的主要学习方法、精神，比如说状元们有一个非常重要的学习方法，就是每门课抓住最基本的、最重要的东西，其次适当做题，这就是普遍有效的方法。

主持人：我们再来说说状元本身。每年各地的高考成绩揭晓之后，当地的文科类、理科类、外语类的第一名就被称为状元，但是有人认为这些状元只是高质量的考生，而未必是高素质的学生。

王极盛：什么叫状元？状元就是在某一年高考当中某个地区分数最高的学生，仅此而已。

主持人：仅此而已。

王极盛：就是说在高考当中脱颖而出的高分者。

主持人：他们只是考试考得好，未必其他能力也是很强的？

王极盛：但是考试考得好是其他综合能力的反映，我是这样看的。我认为他考得好，是他综合素质的反映。

主持人：那从您实际研究的例子来看，这 300 多名状元是否都是全面发展的？

王极盛：我的研究确实如此，这些状元在高中学习阶段，绝大部分都是三好生、优秀生。

主持人：面对升学和招生的压力，高考状元是否是学校实施素质教育的产物？

王极盛：状元 5 年后、10 年后、20 年后，他们的总体成绩肯定会比同年龄的人水平高。

同期声：高考状元能否应对商业炒作？

主持人：有人认为这些状元只是善于在考试当中考出好成绩，但是他们是应试教育的产物，所以不应该大力地宣传他们。

王极盛：他们不是应试教育的产物，至于说 1999 年以前是不是应试教育的产物，我还没有很好地研究。我肯定地讲，1999 年以后的高考状元应该说是高考改革的产物。我觉得应试教育和应试能力是两个概念，考试是应试能力的反映。

主持人：这些状元们是应试能力很强的人？

王极盛：是很强、素质很高的人，只有素质高的人应试能力才强，素质低的人应试能力不可能强。

主持人：那是不是矛盾的？我们现在一方面要大力宣传素质方面的教

育，另外一方面又在大力培养这些应试能力强的考试的“英雄”？

王极盛：应试能力强就是素质好的人呀。

主持人：您的意思就是，善于在考试中取得好成绩的人就一定是综合素质很强的人？

王极盛：应该是。应试能力是综合能力的结果，特别是接受能力、创新意识、实践能力的综合反映。状元的产生是必然性和偶然性的结合，必然性是基础，偶然性是机遇，我是这样看的。我每次访问状元、总结经验之后跟他们说，再考一次你们99%不是状元。他们接受我的观点。

主持人：状元自己能很清醒这是好事，但是也有人为他们担心，害怕若干年后，这些当年的高考状元可能会平庸下去，甚至他们的发展跟成就会远不如那些普通的同学。

王极盛：我1999年研究状元时好多人就有这种看法。我可以肯定地讲，5年后、10年后、20年后这些状元们总体的成绩肯定会比同年龄的人水平高。我曾经在1999年他们刚入学的时候对他们进行过一次心理测试，又找来一些新入学的大学生同时进行测试，结果反映状元的心理素质水平高于其他大学生。我每年追踪他们，最后的结果就是这样。

主持人：1999年—2003年是他们在大学里待的4年，您的结果呢？

王极盛：大部分在班级里仍然是前几名，在北京大学、清华大学不一定，但在一般高校是名列前茅的，有的甚至是第一名。

主持人：您研究的第一批状元已经毕业了，他们的出路比其他同学要好吗？

王极盛：我是这样看的，他们有不少人出国，有相当多的人考研究生，还有的人就业。就业的待遇很高，比如说北京大学毕业的有一位状元刚就业时的年薪就是10万。

主持人：您的研究是说这些状元们的出路都是很不错的？

王极盛：肯定的。因为我相信他们素质好，绝大部分人会有成就的。

主持人：每年的高考分数公布之后各地都会掀起状元热，有的状元甚至会成为家喻户晓的明星，这是不是正常呢？

王极盛：在某种意义上正常，但是宣传比较过头。

主持人：谁在需要这些状元呢？

王极盛：社会需要、媒体需要、商家需要。状元情结好像在某种意义上不自觉地在人们头脑中根深蒂固了，所以高考谁考得最好，谁是状元，第一时间马上公布、宣传，所以我觉得有一些商家利用高考状元进行商业炒作也是值得推敲的。

主持人：我们看到有一些状元自己也跟着去走穴，今天在商界的新闻发布会上，明天可能是自己新出的签名售书会上，状元很忙？

王极盛：状元很忙，但是状元不是在自己出书的发布会上，是别人的书，新华书店让他去签名。商家的目的是为了更大的经济效益，这个事情主要看状元自己的选择吧。

主持人：我们看到大部分状元是很理智的，能够拒绝这种商业活动，但有个别的状元好像很热衷于这些商业活动？

王极盛：各地情况不一样。

主持人：您觉得他们应该采取什么样的态度呢？

王极盛：我觉得他们应该把自己的经验总结出来，广为宣传。虽然他们的经验不是万能的，但他们确实有成功经验，有值得学习的地方。特别是可以在自己学校里做一些报告、做一些宣传，与同龄同学，与下一级同学广泛地交流是很有益处的。我非常赞成状元考完之后，特别是在新学期开学的时候，回到母校与新的高三同学进行多方面的交谈，这对新的高三同学应考帮助很大。

同期声：高考状元意义究竟何在？

王极盛：研究的目的就是掌握高考规律。

主持人：最后的目的就是为了让其他的同学看到这些状元的经验，以便自己能够在下一次的考试中多考几分？

王极盛：规律是在不断变化的。各种条件都在变化，把规律具体化、操作化、有效化这很重要。我觉得研究高考规律是理论上研究，最终的目的还要根据高考规律研究一些具体的、人人可以接受的操作方法，从而掌握学习方法，提高高考成绩，提高素质。

主持人：提高素质是很漫长的一件事情，考生们更想知道的肯定是有哪些能够很快提高成绩的办法，比如说在考试当中出现一点小意外该怎么样应付。

王极盛：那是一种应对困难的方法。比如说很多考生拿了题之后就看哪道题分多，于是就做那道题；有很多考生不是这样，他们把简单题的分拿到手，再把中等难度题的分拿到手，最后难题能做就做，不能做就放弃，这就是一种策略，也是一种技巧。你别小看这些小技巧、小方法，这就是注重具体规律。

主持人：您研究了高考状元的规律，然后介绍给大家，是希望大家能够提高素质和成绩。那我能这样说吗，您的研究实际上也是在现有的条件下一种没有办法的办法？

王极盛：是啊！将来考试改革有了变化，那它的规律也会有所调整，但总体上我们国家确定高考内容是侧重考核素质、考核能力，这是总的趋势，我觉得不会改变。不过每年有很多具体的变化，比如说2004年我国高考改革，有11个省、市自主命题。

主持人：各地自主命题，或者发生了很多其他状况的变化之后，这些状元的经验还有用吗？

王极盛：有用，各地高考状元反映各地高考的状况。总之高考着重的是素质，素质好，考得就好。

主持人：素质好的人才能考得好？

王极盛：是的，我觉得这和我们的素质教育方向是一致的。

二、王极盛：高考状元研究第一人

采访者：本报记者 刘畅 受访者：王极盛

王极盛，中国著名心理学家与创造学家、博士生导师，北京大学心理学专业毕业，中国科学院心理研究所研究员。近年来，他潜心从事学生心理健康、考试心理、家庭教育方面的研究，成果颇丰。作为高考状元研究第一人，他要告诉考生们的是：高考成功是有规律的。

一年一度的高考牵动着无数家长和考生的心，黑色的7月足以让众多家庭如临大敌。为了能走进象牙塔，圆大学梦，在人生道路上有个好的开始，无数人参与其中，个中滋味谁能言说。莘莘学子寒窗苦读十余载，而决定命运的时间只有三天，这多少有些不公甚至残酷，但却是无法改变的现实，因为我们生存在一个竞争的社会里。既然如此，让我们来共同探求高考成功的规律，一起随高考状元研究第一人王极盛教授走进高考。

高考还要打心理仗

记者：听说您正致力于高考心理素质课题的研究，您是怎么看待应试能力这个问题的？

王教授：我从1999年开始研究高考应试能力问题，也就是研究高考状元的成功规律。为什么要研究高考状元呢？因为从1999年开始，国家启动了高考改革方案，改革方案涉及高考内容、命题内容、考试科目、录取方式4个方面的内容。中心议题是侧重考核学生的素质和能力。素质是指科学文化素质和心理素质两个方面。能力是指考生的心理能力，包括观察力、记忆力、思维能力、想象能力、操作能力，主要是要考查学生的思维能力，也就是分析问题、解决问题、理解问题的能力。高考科目由原来的3+2形式到3+X形式的改变，目的也是要考核学生运用知识解决问题和理论联系实际的能力。高考永远是指挥棒，一千年都不会变，因为高考考什么、怎么考，直接影响着中学教育怎么办的问题。高考改革使我国教育进入一个新的阶段。很多高考状元都说，高考不仅是在打知识仗，还要打心理仗。

记者： 您对 2001 年全国 65 名高考状元进行了逐一采访，撰写了《给你高考加分》一书，请您谈谈该书的策划过程？您认为高考有规律可循吗？

王教授： 我的研究结果证明，高考状元是素质教育的产物，是科学文化素质教育的成功，同时也是心理素质教育的成功。

我还对全国优秀高考成功者进行了研究。研究结果表明，在 20 个影响高考成功的因素当中，占第一位的因素是考生考中的心理状态，占第二位的是考生考前的心理状态，占第三位的因素是学习方法，占第四位的因素是学习基础。高考成功的规律可以这样说：学生掌握知识的水平是高考成功的基础，考生心理状态是高考水平发挥的重要因素。

记者： 您可以举几个成功者的例子吗？

王教授： 2001 年山西省理科状元张景利（山西省运城市康杰中学），就是一个很好的例子。张景利同学平日在年级里的排名是二三十名。我采访他时，我问他你是高考状元吗？他说他不够状元水平，不好接受这个称呼，因为他们班有两位同学，平时历次考试成绩都比他好，结果他却成为状元。而平时总考第一名的同学却发挥失常，和他相差了 50 分；平时总考第二名的考生只考了 370 多分，没考上大学。他之所以能成为状元，最关键的原因是考试时没有什么压力，很放松，发挥得好，一举成功。

内蒙古自治区的状元匡伟佳（包头市第九中学），原来在班里成绩从没有进入过前二名，高考前还打篮球放松，而他们班平时排在前两名的同学，都比他低三四十分。

状元们的成功经验就是能以平常心对待高考。学习成绩与心理状态二者通通重要，很多考生只重视前者，而忽视后者，所以家长和考生都应该从正反两方面吸取经验和教训。学生用功是必要的，但还要注意心态调节。越是临近高考，这种心态调节越重要，因为这个时期，考生成绩不可能在短时期内有很大的提高，只要保证良好的心态，让自己平时的水平发挥出来就是成功。

记者：目前我国中学生的总体心理素质处于什么样的水平？

王教授：我曾对 3 万多名考生做过有关方面的测试，测试结果表明：从心理健康水平来看，32%的学生有不同情况的问题，其中 28%是轻度心理问题，3.9%有中度心理问题，0.1%的学生有重度心理问题。

心理问题主要表现在 10 个方面，其中比例最大、问题最多的是学生学习方面心理压力大，这个比例占到 36.7%。而且这个问题还导致了一些心理上的消极反应，比如心理焦虑、郁闷不乐、情绪不稳定等。总体上讲，中国学生心理问题是影响学生提高学习成绩的一个深层但不被人们所认识的重要原因，所以说，提高学生心理素质是提高学生高考成绩的必由之路。

树立良好的自信心

记者：树立良好的自信心在高考时是很重要的，对此您有什么建议吗？

王教授：坚定信心、保持良好情绪、进入状态、充分发挥可谓高考取胜的四大法宝。首先要树立高考成功的信心。为了增强自信心，考生不妨从以下几个方面做些努力。

高考目标要适当，期望值要适当。期望值过高，经过努力达不到，会挫伤信心；期望值过低，你进入不了状态。怎样才叫适当呢？一般来讲，以自己两次模拟考试成绩作为参考标准，就一般发挥正常而论，高考期望值就是两次模拟考试成绩相加后除以 2，基本上这也是接近你高考成绩的分数。

不要攀比。很多孩子容易盲目地攀比，认为我一定要追上某某人，实际上，每个人都有自己的情况。前几天，我在西安讲课，一个女孩对我说，班里有几个女孩子成绩比她好，她就是不服气，结果越想追上她们越追不上，这怎么办呢？其实，每个人尽自己最大努力去考试就达到目的了，没有必要攀比。

不要迷信。这种情况比较普遍。去年高考前，我接到一个考生电话，他说高考肯定要考砸，因为早晨听到了乌鸦叫，这是不吉利的预兆。类似的例子还有很多。

充分利用积极的自我暗示。根据自己的情况，在书桌或有关地方写上一些类似“我一定会考好”“我一定会成功”这样勉励自己的话。这种方法因人而异，但会有促进作用。

记者：考生情绪的好坏对考试成绩会有很大的影响，怎么才能拥有良好的情绪？

王教授：良好的情绪是高考良好素质的重要组成部分，而且是核心部分。情绪变化会引起人们的生理变化，发生不良情绪时要及时调整。考试前考生有些紧张、不安是正常的。心理学研究证明，轻度的焦虑对保持良好的精神状态、提高注意力和发挥思维能力是有好处的；但一旦产生严重的心理焦虑就会对考试有消极作用。很多学生把考试前的一点紧张情绪看成是了不得的事情，这是一种消极的心理暗示，是不可取的。考生要充分利用记忆进行积极的自我想象。当你情绪不高的时候，不妨想象一下你高考成功时的喜悦。可以运用深呼吸缓解紧张的情绪。深呼吸有两个要领：一是缓慢有节奏地吸气，然后缓慢有节奏地呼气；二是缓慢有节奏地吸气之后，停一两秒钟之后再呼气。此外，还可以做些按摩操。用右手拇指按住左臂上的内关穴，有节奏、缓慢地顺时针按摩36下。它可以转移注意力，缓解紧张情绪，对不稳定情绪起调节作用；它还有强烈的心理暗示作用。

进入良好的临考状态

记者：距今年高考的时间很有限了，考生如何进入良好的临考状态？

王教授：首先要学会自我减压增强信心。很多考生在临近高考时，心里很慌，一会儿认为自己这张卷子没做，一会儿认为那道试题还没有解答。没完没了的试卷把考生搞得筋疲力尽，没有头绪。实际上，在临近考试的阶段，没有必要再搞题海战术了。只要你做完老师指定你做的试卷就可以了。很多学生自己买各种试卷来做，这并不是一件好事，因为试题是做不完的，只能是自己给自己加压，造成紧张的情绪。

充分重视平时的模拟考试。考生可以通过学校的小考、模拟考试来训练自己进入考试状态的能力，也可以在平时按照考试的要求进行自我测试。例如高考数学考试时间是两小时，按照这样的要求，事先把试卷准备好，看着表进行测试。经常这样做，考生进入考试状态的能力就会逐步得到提高。

每个人在一天 24 小时内都有自己精力旺盛的时候。高考考试时间是每天上午 9 点到 11 点半，下午 3 点到 5 点。这要求考生在高考的时间段内使自己的精力处于较佳或最佳状态。这需要考生在考前进行生物钟的调节，把自己精力最旺盛的时间，调节在与高考考试相一致的时间段。调节生物钟需要一段时间，一般来说，考试前一个月开始调节生物钟，往往会收到较好的效果。

不少高考状元都有这样的体会，考前每天都做题，这样进入高考考场答起卷子来得心应手，很顺当。我调查一些高考失败的考生，他们总结的教训之一，就是考前十天八天基本不做卷子，只是看书、看笔记，等进入高考考场答起卷子就会感到手生，找不着感觉，进入不了状态，考试成绩自然就不理想。

不少考生与家长认为，6 月 7 日就要考试了，6 月 6 日晚上早点睡吧，不睡也干不了别的事。结果由于睡得早，与平时的作息时间不一致，在床上辗转反侧不能入睡，产生焦虑情绪。焦虑情绪反过来又影响入睡，形成恶性循环，严重地影响睡眠。建议考生 6 月 6 日晚上按平常时间睡觉。平时没有服过安眠药的考生，即使入睡困难，也不要服用安眠药，否则第二天上午考试提不起精神，影响成绩。

记者：在高考中考生应该注意些什么？

王教授：考生在拿到试卷之后，战略上要藐视试卷，从心理上认为，自己已经胸有成竹，是发挥的时候了；战术上要重视试卷，认真对待每一道题。有些学生越是简单的题越易丢分。

总结自己平时做题的经验。每一个人在各门功课上都有自己的做题方式和应对方式，应该尽量总结和利用，这样做既节省时间又提高效率。看卷子时要做到准、快、全面，防止看错题或漏题。充分发挥发散型思维的作用，特别是对一些中等题和难题，不要只用一个思路去做，一个思路不通，要换一个思路去想。

记者：作为考生家长，怎么帮助考生调整心态？

王教授：高考前家长一言一行、一举一动都会对考生产生积极或消极的影响。考试前家长的情绪要稳定，而且要保持愉快的情绪。多少年的研究成果证明，考生家长对考生只需说一句话："只要尽力就行了。"此外，家长要做的就是后勤保障工作。

作为家长，在考试中有5件事是不应该做的：追问学生每科的分数，规定孩子考什么样的大学，把自己的意愿强加给孩子，追问已经考过科目的情况，送孩子上考场。以上做法都会给孩子造成压力，容易引起情绪波动，影响考试成绩。

原载《中国书报刊博览》2002年6月29日

三、著名心理学家王极盛 中国高考研究第一人

采访者：本报记者 刘藩　张茵　受访者：王极盛

王极盛，中国著名心理学家，中国科学院博士生导师，国务院特殊津贴获得者。研究领域为健康心理学、创造心理学、理论心理学、社会心理学。出版著作有《高考成功实话实说》《心商MQ——学生最新成功法宝》《高考成功的十大秘诀》《让父母远离困惑》《揭开高考状元的秘密》《高考总动员》《高考成功手册》《驱散心理迷雾——提高学习成绩新途径》《给高考加分》等40余部。其中《青年心理学》《科学创造心理学》《人事心理学》等均为新中国成立后该领域的第一本专著。在国内外发表学术论文200余篇、科普文章160余篇。其中，"人事心理研究"等5项科技成果获中国科学院与省部级重大科技成果奖。

在一般人的心目中，6 月是“彩色”的，因为它繁花似锦，绿草如茵；而在参加高考的学子们心目中，6 月却是“黑色”的，因为它将给这些学子的生命带来一次重要的考验。

从某种意义上说，高考是神圣的，也是残酷的。一个不争的事实是，有的金榜题名，甚至成为“高考状元”；有的却名落孙山，成为落伍者。

为什么考生同样的付出却得不到同样的回报？考生怎样才能在高考中胜出？怎样才不负 10 多年的苦读？怀着与莘莘学子同样的疑问，记者叩开了有着“中国高考研究第一人”之称的王极盛的家门。

“感谢北大，感谢马寅初校长”

王极盛高大、直爽，操着一口浓重的东北口音。他的屋子里书很多，书柜中放不下就成堆地码放到了地板上。若不是慕名而来，我们很难看出这位东北汉子竟是一位细致入微的心理学专家。

王极盛于 1962 年毕业于北京大学心理学专业，后来一直在中国科学院做心理研究工作。他的专著、论文、科普文章及科研成果在中国心理学界名列前茅。

回顾自己的成长历程，王极盛说，北大这所高等学府为他的学术研究奠定了扎实的基础；而马寅初校长坚持真理的精神则对他人格的形成影响极大。

王极盛记得，那是新中国成立初期，当批判北大校长马寅初的气焰甚嚣尘上之际，北京大学的大字报铺天盖地。这时，马寅初宁折不弯，表现了一个真正的大师级学者的胸襟。他在给校党委的一封信中这样写道：“兄弟年近八十，明知孤军作战，寡不敌众，但决不向那些以势压人的批判者投降……”马寅初那铿锵的言语，那铮铮的铁骨，那追求真理的学者风范，强烈地震撼了年轻的王极盛的心灵。

正是在马寅初坚持真理的精神的影响下，在心理学被视为伪科学的时候，王极盛以个人名义向中国科学院领导写了一封信，提出一定要坚持心理学研究，并提出了 14 项具体研究课题。

王极盛至今保持着直言不讳的品格，在关于科研战线如何合理使用人才问题上，他曾直抒胸臆，表示国家现行的忽视老年人作用的“一刀切”政策不太合理，具体问题应该具体分析。老、中、青三代人在科学创新上各有特点，老年人知识多、基础厚、阅历广泛、经验丰富；而年轻人创新意识强、不怕权威、不受束缚，老中青各有所长，各有所短，只有取长补短，才能充分发挥三代人的长处，才能在创新的路上少走弯路，多出成果。他说，就像科学没有国界一样，科学创造也是没有年龄界限的，我们不应该忽视老年人。

每年都盼着“黑色六月”的结束

大多数人认为，搞科研是一项枯燥无味且十分孤独的工作；而王极盛不然，他每当谈到自己的业务便滔滔不绝。

他是从1999年开始高考研究的。他从心理学的角度出发，自己制作问卷，并以谈话和标准化心理问卷相结合的方式，对高考学生做跟踪调查，从而掌握了大量的第一手资料，总结出高考成功的规律。他的这一研究成果，在社会上颇有影响，使众多考生及其家长获益匪浅。新华社、中央电视台、中国教育电视台、《中国教育报》《中国青年报》《中国妇女报》《北京晚报》等百余家媒体都对他的高考研究进行了宣传报道。

总结几年来的研究经验，他深有体会。“任何研究要想做成功，必须从大量的原始材料入手，重视对学生的调查及对问卷题目的设计。”细看他的问卷设计颇受启发。上面详细地排列着考生的性别、年龄、性格、爱好、毕业院校、学习态度、学习方式……从家庭教育、学校教学到高考前一天做什么、几点睡觉……总共有170项。可以说，所有与高考有关的事，能想到的他都想到了。

在调查对象中，不仅包括每年高考中各个省市的文理状元，还有落榜考生和复读生。几年来，被他调查过的学生已经无法计算了。他对高考中出现的高考成功规律、调节心态、高考复习策略、填报志愿以及高考制度的改革对考生的影响等各种现象和问题，都进行了深入细致的研究，总结出了许多对学校、老师、家长和学生都十分有益的结论。

每年“黑色六月”的结束，是成千上万考生获得“解放”的日子，也是王极盛开始忙碌的日子。他说，每年就等着这一天的到来，因为这意味着他又能对许多学生进行调查了，又会有许多新的工作、新的发现了。

高考成功 16 字秘诀

总结历年的研究成果，王极盛给处于“冲刺”阶段的考生提出了“强化信心，优化情绪，进入状态，充分发挥”的 16 字成功秘诀。

关于强化信心

目标不要太高。考生要根据自己的实际情况，给自己定一个合适的目标，一个稍稍跳一下就够得着的目标，不要互相攀比。要学会给自己一种积极的心理暗示，比如走路时挺胸抬头，速度快于平时；每天都对自己说“我能行，我一定能考上”。

关于优化情绪

考生和家长对高考要有一个平常心。考前的紧张是正常的现象，不要为出现这种心态过分担忧。学会深呼吸，对调节情绪很重要。

关于进入状态

考生每天都要做一份以前做过的卷子，特别是自己做得很好的或一看就会的卷子。同时要把自己的兴奋点调整到上午 9：00~11：30，下午 3：00~5：00。每个考生的兴奋点时间不一样，有的是早晨，有的是夜里，要利用这几天，把自己的兴奋点调节到和高考时间一致。

关于充分发挥

要用发散性思维答题，总结自己多年考试的经验，找到适合自己的考试方式。千万不要先做难题，审题一定要准、快、全。答题时，一个方法不行，就要马上考虑换另外一个方法，要把思路放宽，不要固守一个方法。

家长要做到“五要五不要”

五要：要情绪稳定、要避免争论观点不一致的问题、要告诉孩子“尽力就好”、要搞好学生饮食卫生、要做检查督促工作。

五不要：不要给考生定考试成绩目标、不要时刻提醒考生不努力就考不上、不要谈论报考志愿的事情、不要询问考生考试结果、不要送考生到考场。

妻子常数落他穿错袜子

对于衣食住行，王极盛从不在意，从来不挑不拣。其实，他不说，我们也能看得出来。他的家位于繁华地带，在四周高楼大厦的相比之下，他所居住的六层小楼已经落伍了。他屋里的陈设让人觉得好像回到了几十年前：电线从屋顶上垂吊下来，一个灯泡是屋里唯一的光源，而且因接触不好，费了很大的劲才亮了起来。桌子是老式的方桌，桌子旁边是一把老式折叠椅。他的妻子告诉记者，他吃饭极其简单，一个素炒青菜就可对付。

记者亲眼见到这样一件事。他的妻子说他经常穿错袜子，也常为这事数落他。说话间，王极盛站起身来，弯腰提起裤腿，看到自己穿的袜子竟然一只是深色，一只是浅色。这时，他就像犯了错的孩子一样不好意思地看着我们，带着些许尴尬说：“呀！今天又穿错了。”在妻子的眼里，他就是一个永远长不大的孩子。妻子说，科研是他生活的全部，不用说做饭了，连家里的洗衣机他都不会使用。一工作起来，书就摊得到处都是。妻子边摇头边嗔怪地对他说：“不用你做家务，但你也不能总捣乱啊！又不是小孩，这么点毛病怎么就改不了呢？”不善于表达感情的王极盛，在妻子忙家务的时候悄悄地对记者说：“我从心底里感谢她。这么多年来，全凭她在生活上照顾我，在事业上默默支持我。要不是她，我就没有今天的研究成果了。”

我最后一个出去

2003 年 11 月的一天晚上，王极盛应邀在甘肃省金昌市的一个中学里为即将参加高考的学生做辅导讲座。突然他感到脚下一阵晃动，会场里挂的条幅哗哗作响。此时此刻，台上他正讲得格外起劲，台下几千名学生听得入迷，谁也没有在意这点动静。不一会儿，地面再次晃动起来，学生们这才从王极盛的演讲中回过神来——地震了！这时现场有人急匆匆地往外走，而王极盛却镇定地站在讲台上。他对学生们说："同学们，不要慌，慢慢走。我最后一个走。我目送你们出去。"王极盛的镇定与沉着就像一颗定心丸，使会场秩序慢慢好转。有的同学走出去后还回头问："王老师，一会儿还讲不讲？"他笑着答道："地震了，快回家去吧，先给你家人报个平安，要不你的父母该着急了。"后来王极盛才从报道中知道那次地震的震级是六级。

（原载《中华英才》2004 年第 13 期）

四、北京晚报连续 21 年报道王极盛教授蹲守人大附中考点

我从 1999 年开始，每年高考日，我都到中国人民大学附中考点，进行调查研究。当日上午 9 点半，北京晚报记者对我进行电话采访，下午 3 点，北京晚报就登出了采访我的文章。现将 2011 年到 2019 年北京晚报刊登采访文章的标题如下：

1. 送考家长不到往年一半　考生和家长心态 13 年来最好（2011）
2. 高考史上最严　考生心态真好（2012）
3. 王极盛连续 15 年到中国人民大学附属中学门口蹲守（2013）
4. 今年北京高考社会支持系统非常完善（2013）
5. 今年家长"微笑率"挺高（2014）
6. 今年高考出分报志愿　家长考生心态最平和（2015）
7. 考场门前情况"空前好"（2016）
8. 王极盛第 21 年考点观察：考生和家长心态淡定（2019）
9. 心理学家蹲考点 20 年记录高考心路（2018）
10. 高考专家王极盛在家政人员陪护下"赶考"（2019）

五、媒体关于王极盛蹲守考点的报道摘录

1. 高考心态好，有助超常发挥

每年 6 月 7 日这天，人大附中考点门前就会出现一个老人的身影，他默默地站在门口观察着考生和家长的一举一动。年复一年，风雨无阻。到今年为止，他已经在人大附中门口陪伴了考生 20 年。这位老人就是有着中国高考心理指导第一人之称的王极盛。

2. 调查研究 20 年，数万学生参与测试

王极盛是中国科学院教授、博士生导师，获得国务院政府特殊津贴的专家，中国著名心理学家、教育学家与创造学家。他毕业于北京大学心理学专业，此后一直在中国科学院心理研究所工作。最初，他研究的领域非常广泛，管理心理学、人事心理学、青年心理学等都有涉猎，但并没有专门研究过高考心理。那时候，偶尔有考生家长找他咨询高考考生的心理问题，“有个家长在高考前一天的夜里 1 点多给我打电话，说孩子觉得自己没有复习好，不想去考试了，问我该怎么办。高考是事关孩子一辈子的大事，辛苦了那么多年，可能因为一场考试就改变了命运。我不懂，不敢随便应付，所以我就去研究”。从那以后，王极盛开始接触高考心理指导，这一研究就是 20 多年。为了获取一手资料，他从 1995 年开始，就在北京的 200 所学校展开了学生心理测试，覆盖了 4 万多名学生。通过严谨的数据调查，摸清规律，总结经验。

他还调查了 1000 余所中学，对 400 名高考状元进行了面对面、一对一的访谈，从而掌握了大量的第一手资料，总结出高考成功规律。

有一个好心态，作用绝对超乎想象

“通过对高考状元的访谈，我总结出一个规律，那就是成功 = 实力 + 心态。其中，实力是硬件，心态是软件。据我的研究，高考生当中，有 10% 的人是超常发挥，而 40% 的人是发挥失常。决定超常发挥和发挥失

常的就是心态。拥有一个好的心态，作用绝对超乎你的想象。它可以让一个考生多考出 50 到 100 分！”如此高水平的超常发挥让人觉得有些不可思议，但这些数据都来自王极盛多年来的一线研究。他清楚地记得，2002 年,北京第八十中学有个名叫陆程远的考生,高考前的一模考试考了 598 分，二模考试 604 分。到了高考时，他心态稳定，超常发挥。“你们猜他考了多少分？”有人猜 620，有人猜 640，有人猜 650……“大胆往高了猜。”最终的答案是，陆程远考了 704 分！这个成绩足足高出二模考试 100 分，陆程远也成了那一年北京市的理科状元，考入清华大学。有成功的，就有失败的。王极盛记得，当年湖北有位成绩一直很好的考生，一心要上清华北大，第一年没发挥好，考上了一所二本院校。他不甘心，又复读一年，结果因为心理压力太大导致他在考场上口吐白沫，四肢抽搐，多年辛苦付诸东流。“这就是心态的作用，心态好可以提高 50 至 100 分，心态不好可能会毁了一场考试，导致零分的结果。”王极盛说。全国各地有很多学校邀请王极盛去给学生做考前的心理辅导，这一招果然非常奏效。从来没出过状元的学校在那一年考出了状元；原本只有 300 多名学生能上一本的学校，那一年有 600 人考上了一本。

3. 家长如临大敌，孩子怎能安心考试

20 年来，王极盛还坚持在高考当天去人大附中考点门前蹲守。7 点大致来了多少人，8 点又来了多少人，家长和考生说了些什么……他都仔仔细细地记在一个小本子上，从中总结出考生和家长心态的细微变化。从这些细节当中可以窥见中国高考史上考生和家长心理变化的大致历程。“要想高考考得好，首先，家长必须心态好。”王极盛说，90.6% 的考生心理压力都源自“考不好对不起父母”的愧疚感。2000 年以前，家长们都将高考看作一场激烈的战斗，精神高度紧张。很多人提前两个多小时就把孩子送来，然后就守在学校门口不肯离去，一颗心吊在嗓子眼上，生怕里面出一点点意外。“家长们一副如临大敌的样子，孩子怎么可能安心赴考呢？

那时候有个50多岁的家长，急得满嘴起泡，孩子问她怎么了，她还骗孩子说自己是吃辣椒辣的。孩子当然知道妈妈是在撒谎，这样一来，孩子的心理包袱就更沉重了，他生怕考砸了会对不起妈妈。这样就会很影响他的发挥。"不过，最近这些年，王极盛发现，家长们的心态发生了很大的变化。"7点多来的考生很少了，家长们把孩子送来之后就走了，陪考的家长越来越少，大家都有说有笑，给孩子鼓劲，这对考生的临场发挥起到了至关重要的作用。"王极盛说，现如今，高考的录取率提高了，北京以前是考前报志愿，现在是出分之后报志愿，考生和家长心里有底了；很多高考加分也取消了，高考更加公平合理，这些都让考生和家长的心态更加平和。这也是社会和谐进步的一个表现。

今年王极盛已经80岁高龄，但他依然每天都坚持工作，调查研究、讲课、写书。他说："有时讲完课，校长说，从学生爽朗的笑声和灿烂的笑脸可以看出这是一场高效的调节课，考生们几个月的郁闷和忧愁都一扫而空，心理得到极大的放松，我就感觉非常幸福。每当我讲完课，学生鼓掌3分钟之久，我也感到幸福。我到农村中学讲课，操场离校门口有50米远，我在学生掌声中走出校门，我也感觉很幸福。我讲课都是站着讲，为的是学生听得清，在学生掌声中，我就忘记了疲劳。"

4. 送考家长数量创20年最低

"盛况空前，和谐舒畅。"今年已经是高考研究专家王极盛连续第20年到人大附中门口蹲守了，他用8个字总结今年人大附中考点的情况。

王极盛7点10分到了现场，数了数门口的人，只有20个，还都不是考生，是媒体和助威团。助威团的成员有学校高三出国班的同学、已毕业读大学的校友和一些家长。过了7点40分，才陆续有考生进场。"7点53分，7个人；8点，25个人；8点07分，16个人……"王极盛一边数一边在一个小本子上记录。8点以后，到了入场高峰，学生们鱼贯而入，8点40分基本全部入场。王极盛看了看表，入场高峰时间比往年延后了10至15分钟。

“以前家长和考生都着急，心情特别紧张，7 点不到就有人到考点前等着了。现在大家从容不迫，8 点多了才集中入场，心态都放平和了。”

以前，家长把孩子送来以后，还会不放心地反复叮嘱。这些唠叨其实起不到什么作用，反而会加重考生紧张的心理。这回王极盛发现，家长们都很干脆利落，把孩子送到门口后，很轻松地拍拍他的肩膀，然后微笑着目送孩子入场。

考点周边的环境也有了很大的改善。王极盛记得，前些年，培训机构的人不停地将出国留学或高考复读的宣传单塞到家长手里。今年这种人员都被清理了。也有主动往家长手里塞东西的，但那都是志愿者，他们热心地送上饮用水、退热贴。

王极盛算了算，今年送考的家长数量创了 20 年来的最低。他觉得这是一个好现象。他拉住一位家长聊了聊，对方告诉他，自己的孩子成绩不错，但以前高考的加分项目太多，自己的孩子一项加分都没有，就觉得这很不公平，老是揪着一颗心，害怕孩子多年的努力败给了一个加分政策。今年情况好多了，同学们站在了同一起跑线上，他也就放心多了。

（原载《北京晚报》）

第三篇　新中国心理学的科普与宣传的开拓者

第四章　新中国心理学科普的开拓者

王极盛教授不仅是新中国科学创造心理学、人事心理学、中国气功心理学、高考心理研究的开拓者，而且是新中国心理学科普工作的开拓者。

心理学是一门理论性与实践性都非常强的科学，人们在生活实践中常常出现一些心理现象难以解释，很多人对心理现象感觉很神秘，甚至有些人对学心理学的人说你算算我的命怎么样。这倒不能怪提问题的人，而是心理学家没有把心理学的知识进行宣传，把心理学的知识告诉群众，用心理学的科学知识武装群众。因此我觉得，心理学工作者负有很大的责任进行心理学的宣传与普及。心理学的宣传与普及程度提高了，社会就会支持心理学研究，群众就会欢迎心理学研究。群众从心理学中受益，对他们提高精神文明水平，提高心理素质水平都是有益处的。如果我们目前心理学普及情况很好，很多人掌握心理调节的方法，我想亚心理健康的状况就会有很大的改变，像一些身心疾病，例如高血压、冠心病等疾病的知情率也有一定的提高。实际上社会是迫切需要心理学的，但我觉得心理学由于种种原因，其普及程度与群众的需要相差太大，每一个心理学工作者都责无旁贷地需要宣传心理学。

其实心理学宣传不足的情况早就被中央领导关心和关注，例如，1964年2月19日，胡乔木同志向当时心理研究所的副所长曹日昌说过，现在的心理学做得宣传太少。《心理学报》上文章研究的问题过细，影响不大，心理学界要生机勃勃，不要偃旗息鼓，对重要问题例如心理学与哲学、生理学的关系，心理学对教育的作用、目前发展的情况、重要的成就等要经常写文章，开展讨论、争辩，要使人知道心理学在干什么、能干什么。过去《人民日报》《光明日报》《中国青年报》有这些文章，但还很不够。《光明日报》所载心理学会的消息太简单，其他报也没有登。胡乔木说他不知道开心理学会，当时也没有在京，要知道时，他可将此意在心理学会上说明。心理学者要在报刊、副刊、杂志、学术月刊、哲学研究等综合学术刊物多写文章，多做普及工作。胡乔木同志的话已经过去 40 年了，但是心理学普及不够的状况还没有获得根本改变。

我觉得心理学是广大人民群众最需要的学科，心理学和人们的工作、学习、健康、家庭、婚姻息息相关，凡有人的地方就有心理，凡有心理的地方就值得心理学去研究。心理学得到社会支持，得到人民群众的支持，就会获得长久进步；心理学脱离实际，在学术大院、高楼大厦里头进行所谓的理论研究，就会脱离实际、脱离群众、脱离生活。当然，国际前沿的心理学研究是要进行的，但是看问题是怎么进行，进行时也不能完全脱离生活、脱离实际、脱离群众。当然心理学的同人要有分工，不过无论怎么分工，每个心理学工作者都有宣传、普及心理学的义务。我觉得这个问题值得中国心理学界深思。

中国改革开放以来，社会不断进步，各行各业竞争激烈，生活节奏加快，人际关系复杂，人的心理问题更多，这是很自然的现象，但是作为中国的心理学工作者，如何帮助群众解决这些问题，实际上就是推动我国改革的进行，为建设社会主义和谐社会做出贡献。

就我本人来讲，学术兴趣比较广泛，涉及的领域比较多，例如：理论心理学、临床心理学、健康心理学、人事心理学、管理心理学、科学创造心理学、妇女心理学、青年心理学、老年心理学以及人才学、科学学等。

尽管如此，我还是力争在可能的情况下进行心理学的普及与宣传。一般媒体采访我，我从来没有拒绝，有的媒体采访很急，“王老师我们等着发稿，您无论如何抽出点时间给我们采访的机会”，我一般当场接受采访。

因为长期做心理学宣传和普及工作，特别是有一定的心理学底蕴，媒体采访我，我不需要时间考虑提纲，往往越是即兴采访，我回答越好。一个问题提出来之后，从几个方面回答，我想得很清楚，当即就脱口而出。有的记者说，您讲完之后我们把它记录下来就是一篇文章。这也不是说我有什么特殊本事，就是我长期利用心理学知识解决实际问题，长期做的心理学宣传工作积累出了经验、锻炼出了能力的结果。

我的心理学普及工作和宣传工作也是用了不少时间的。想到这里，我概括一下我做心理学宣传的内容。第一，宣传心理学的研究成果，特别是自己的研究成果。第二，宣传心理学的专题知识。比如，为了宣传人事管理的基本知识，我在《中国人事报》开了一个专栏，讲了十几讲；又如，为了宣传心理学关于记忆的知识，我曾经在《北京晚报》连续发表了十几期的文章；再如，关于高考的心理调节的基本知识，我在《中国妇女报》也开辟专栏，发表了十几期文章。第三，就是解决心理学的具体问题，主要是应对一些媒体和咨询者，比如说睡不着觉怎么办？夫妻关系紧张怎么办？记性不好怎么办？注意力不集中怎么办？孩子厌学怎么办？孩子与家庭的冲突怎么办？等等。

我宣传与普及心理学的阵地也是比较宽广的。

第一个阵地是在全国著名的学术刊物上宣传心理学的进展和研究成果，例如《哲学研究》《社会科学战线》《科学学研究》《人才研究》《新医药杂志》《自然科学争鸣》《科学学与科技管理》，以及心理学的刊物《心理学报》《心理科学》《心理学探新》等。

第二个阵地是国内主要的报纸杂志，例如：《人民日报》《光明日报》《中国青年报》《中国妇女报》《中国教育报》《健康报》等。

第三个阵地是在类似晚报性质的、群众喜欢看的、发行量很大的报纸进行科普宣传，主要宣传人民群众迫切需要的心理学基本知识。这些报纸包括：《北京晚报》《燕赵都市报》《齐鲁晚报》《扬子晚报》《大河报》

《南方周末》《今晚报》《深圳特区报》《辽沈晚报》《哈尔滨日报》《厦门日报》等。

第四个阵地就是电视台、电台。例如：中央电视台、中国教育电视台、北京电视台等，以及中央人民广播电台、北京人民广播电台、天津人民广播电台等。

第五个阵地是网络媒体。例如新浪网、搜狐网、雅虎网、百度网等。新浪网现在就有我 6 万多个网页。

第六个阵地是讲座。我对人事管理心理学的研究、健康心理学的研究、高考问题的研究等宣传普及做得较多，而且听众的人数也比较多。比如，中央电视台《今晚》节目中关于高考的心理调节的宣传，收视率就很高；中国教育电视台做高考的现场直播的节目，收视率也较高。

而面对面听报告的听众也很多。例如在河南的一所学校里做心理健康的报告，听众达 4000 人。我和大家一样，都是在炎热的夏天，在阳光直射的情况下，在大操场上讲课，下边是一望无际的学生专心致志地听我讲课，我很感动。

有一次我在河南一所学校的大操场上做报告时，当时的风非常大，有四五级风，听众有三四千人，看到师生们在大风天气里面听我的报告，我很受触动。虽然我和他们一样，也是在风中讲课的，但是我觉得同学们太需要心理学知识了，所以我没有感到什么劳累和辛苦，反而感到很欣慰。同学们信任我，同学们需要我，我感到很自豪。有一次报告完之后，一个高三的女生手中拿着自己的日记本，说这是她多年积累自己学习生活的记录本，要送给我作为纪念。我当时很感动，但我不能收孩子这种记录自己生活的日记本，经过再三劝解，她才收回去了。

有一次我在甘肃地区讲课，是晚上，在一个会场里听课的学生有 1000 多人，突然发生了地震。因为我曾经在日本待过几年，我对地震的表现还是比较敏感的。第一次震动，因为我讲得正在劲头上，学生们听得很入神，没有什么反应。过了七八分钟，第二次震动又来了，前面坐着的一些外地的老师有五六个人迅速离开会场，当时主持会议的人也马上上台跟我讲，地震了，停止讲课吧。我心想，在这种情况下，如果当时说地震了，会场秩序会很乱的，肯定会挤伤同学的。主持人宣布大家退场之后，我马上对着麦克风说了一句，同学们要有秩序地退出会场，我看着你们退出会场之后，我最后一个离开会场。我是这样说的，也是这样做的。最后大家井然有序地离开了会场。

第七个阵地是咨询，包括面对面咨询和电话咨询，现在还有网络咨询。几十年来找我咨询的人也不少，当面的咨询我谈得比较详细，大多数在半个小时，甚至一小时以上；电话咨询时间比较短一些，20 分钟左右。有的问题比较复杂，很难在电话里讲清楚，为了不耽误他的时间，我往往介绍他到当地的一些单位找专家咨询。

现在的心理咨询是收费的，社会上的心理咨询收费很高。据说北京有的地方心理咨询一小时收费 1200 元，大多每小时收费 100 ～ 200 元，但是几十年来找我咨询的我从来没有收一分钱。第一，我觉得我没有资格收费，因为我没有工商注册，收费不符合法律规定，我只是民间的个人之间的交往。第二，我觉得咨询的人往往心理上有很大的痛苦，本来就很困难，再收费就会增加他的心理负担。当然我不反对有工商注册的咨询单位收费，因为这是市场经济，合理的收费也是应该的，到医院看病不也是要挂号、收医疗费嘛。我不是反对别人心理咨询收费，而是说我自己这些年来心理咨询没收过别人的费用。再说，我也很欣慰，有些心理咨询效果很好。曾经有一个女同志，40 多岁，本来都定下来要和她的丈夫离婚，通过我的一个同事找到我。经过我的分析和劝导，她恍然大悟，决定不和丈夫离婚，要很好地照顾他。

我在心理学科普方面的贡献可以概括地说：第一，我在平面媒体发表的各种文章，在中国心理学界是名列前茅的；第二，社会讲课的次数，在中国心理学界也是名列前茅的；第三，在电视台出镜率在中国心理学界也是最高的。这个概括虽然没有做精确的统计，但是我估计并不过分。因为我的劳动，我在致力心理学宣传和普及方面的工作，在中国心理学界我的知名度应该是最高的之一。

有一次我出去坐公共汽车，突然有两个人招呼我“王老师坐在这边”。他们站起来让座给我，我都发愣，然后他们就说听过我心理学的课；有次我到邮局去寄东西，那时邮局的工作人员比较忙，态度不是太好，但看到我签的名字时，态度马上就变了：“王老师，太不容易见到您了，我多少多少年前读过您写的《青年心理学》，受益匪浅”。还有一次到医院看病，挂号室的人说好像在电视里见过你，谈的什么什么内容……遇到这些情况我心里非常的感动，付出一点努力，为群众做点好事，群众是不会忘记你的。

第一节 长期坚持科普工作

从改革开放我就开始宣传心理学、普及心理学，直到 2022 年已 44 年。

我年年发表科普文章，年年讲心理学科普知识，做心理咨询，我的科普动力来自群众的需要。

社会需要什么，我就做什么，这是我科普工作持续 40 多年的动力。心理学是理论科学也是一门实用科学。凡是有人的地方就有人的心理，心理学的科普宣传是非常重要的。

我在 40 余年的心理学普及工作中，是根据社会需要而宣讲心理学的。随着 1978 年全国科学大会的召开，科学的春天到来了，如何发展科学事业，怎样提高科技人员的能力，是摆在全国科技工作者面前的一个重大问题。同时管理工作也提到日程上来了，因此，20 世纪 80 年代，在社会上，尤其在科技界我讲课比较多，侧重讲科学创造心理学的一些问题，如何提高科技人员的智力水平，如何提高科技人员的非智力水平，如何提高科技人员的创新能力，便是经常讲的课题了。科学进步离不开科学的管理，离不开科学人才的培养，因此在这个时期也经常讲人才的选拔、培养、使用、流动、奖惩等心理学问题，以及如何优化科技人员群体的智力结构，如何提高科学人员的科技竞争能力。

到 90 年代，改革开放使全国人民的生活水平得到了很大的提高，人们除重视身体健康之外，也开始重视心理健康。由于工作节奏的加快，竞争的加强，人际关系的复杂，出现心理问题的人开始增多，因此，健康心理学方面的问题就讲得比较多，例如：怎么提高心理健康水平、怎么讲究心理卫生……

1999 年全国启动了新一轮的高考改革，由过去侧重考核知识改为侧重考核能力的考试模式。很多学校和考生及其家长要求我讲解怎么提高能力、怎么提高心理素质、怎么克服考试焦虑、家长如何帮助孩子高考等一系列问题，从此我在高中讲课的时间越来越多，向我咨询的考生和家长也与日俱增。21 世纪的第一个十年和第二个十年，我走遍祖国大江南北的几百所学校讲调节高考心态的具体方法，受到考生和家长的欢迎。我讲课的学校屡出高考状元，有的学校一本升学率翻了一倍。

现在仅讲我在 2020 年、2021 年的科普工作情况：

一、新型冠状病毒感染（以下简称“新冠”）疫情下的心理防护

2020 年，“新冠”疫情暴发，人民的生理健康和心理健康受到危害，因此，“新冠”疫情下的心理防护成为我心理学科普讲课的主题。2020 年 6 月 24 日，应北京市西城区一个社区的要求，在海鑫健康小屋平台讲解了“新冠”老年心理防护，课题很受欢迎。

中国科学院老科技工作者协会的领导看到这篇演讲稿之后，认为很接地气，很有指导作用，就向北京市老科技工作者协会（以下简称“老科协”）

推荐，于 2020 年 7 月 3 日，为北京“老科协”的会员们讲授“疫情下的心理防护”的直播课程，收听人数达十几万人。北京“老科协”的同志把我的直播讲课内容整理出 3 篇文章：《高考前夕家长要做好几件事》《疫情下的心理防护》《夕阳无限好，晚霞更生辉——老年人心理调适指南》，先后在科协频道发表。

2020 年 7 月 27 日，北京“老科协”的同志在发给我的微信消息中写道：“王老师，您之前做的‘疫情下的心理防护’反响特别好！我在整理北京老科学总会各下属分会 2020 年上半年工作总结中，看到很多分会都提到通过收看您的讲座学习了很多心理防护知识，尤其是您的健美幸福操对老同志保持心理健康特别有帮助。”

7 月 27 日，由中国科学院离退休工作局推荐，我在中国科学院老年人大学网直播讲课，题目是“积极应对疫情防护常态化”，从心理学角度对不同时期“新冠”疫情进行分析，解析心理因素与免疫力的关系，并讲授适合老年人自我心态调节的方法。

二、社区讲课

在中国科学院老科技工作者协会的安排下，我于 2020 年 6 月 24 日至 7 月 27 日，分别在北京西城区的某社区讲课。7 月 8 日，在北京老科技总会讲课。7 月 27 日，在中国科学院老年大学讲课。

10 月 12 日，在海淀区上地街道，我讲了“家长与孩子沟通的五大原则和十大技巧”。中国科学院老科技工作者协会在 2020 年 10 月 12 日第 12 期科普工作简报中写道：10 月 12 日下午，中国科学院心理研究所博士生导师、王极盛研究员应邀到上地街道做“家长与孩子沟通的五大原则和十大技巧”的报告：

沟通是人与人之间、人与群体之间传递思想和感情的过程，目的是使思想达成一致，实现情感的通畅。沟通是一门学问，家长与孩子沟通同样需要学习，正确、有效地沟通对孩子成长至关重要，正确的沟通方法有助于使孩子健康成长，成为正直善良的人，成为建设国家的有用之材。”王极盛老师以上述开场白开始了报告 。接下来王老师详细讲解家长与孩子沟通的5个原则：一是平等的原则——家长在与孩子人格、人权、世界观方面是完全平等的，所以不要居高临下，有时要尊重孩子意见，孩子的心理无压力沟通才顺畅；二是尊重的原则——打、骂、挖苦会造成孩子自尊心、自信心的不足，严重影响孩子健康成长；三是与孩子交朋友的原则——关系密切，无话不谈，孩子心情愉悦，能力才能充分发挥；四是换位思考的原则——家长常常站在孩子的角度看问题，就多一分理解，少一分责备；五是以心比心的原则——相互尊重，关爱而不溺爱，使孩子建立正确的价值观。王老师还教给大家10个沟通技巧：正确使用语言，学会听孩子讲话，选择适当的沟通时间，选择适当的沟通地点，双方心态平和地沟通，家长切忌唠叨，沟通要以鼓励表扬为主，不要说你写的语言，不要轻易许愿，交流前可共同做“健美幸福操”。最后王老师演示并与大家一起做“健美幸福操”，然后结束了报告。

王极盛研究员通俗易懂、实例生动的报告，受到了群众的一致好评。听众认真记录，不时拿起手机拍照，报告结束还向王老师咨询，咨询与孩子沟通的问题。

（科普论坛供稿）

2020年10月16日，我为海淀区上地街道做科普报告：

中国科学院老科技工作协会在2020年第16期科普工作简报中写道：这次报告的主题是“怎样提升女性风度美与精神美”。女同志们兴致勃勃地赶来聆听，还有男同志为夫人听报告。

王老师的开场白是：女性美，主要是生理美、修饰美、风度美、精神美。接着，他逐一详解如何提升各项美。老师从头发、皮肤、容貌、身材讲解提升生理美、特别强调要有充分的营养、良好的生活方式；防止过度减肥；坚持做美容操，重视曲线美。提升修饰美的手段很多，比如：服装、装饰品、美容、整形手术等，但要走出误区：如过分修饰等。提升风度美或叫气质美，包括态度、语言、行为美等，是人的精神的外显。中国政治家周恩来是风度美的光辉典范。提高思想道德水平、心理素质及修炼精神美。处理好人际关系，心要诚，走路步态好，仰头。提升精神美，根本是心灵美，“三观”要正，具有家国情怀。道德美，真善美。还要有积极的多元幸福观。老师还讲了心理健康的标准，强调心理卫生，乐观，情绪稳定。最后，老师阐述了当代中国女性美的意识，外在美与内在美的统一，内在美是核心、灵魂。美受民族、历史、文化制约。健与美的统一，追求多层次的美，最后王老师指导大家做健美幸福操结束。

11 月 10 日，在海淀区中关村街道讲了“老年人常见病的心理病因、心理调节方法及预防法”的报告：

11 月 10 日下午，王极盛研究员应海淀区中关村街道之邀做科普报告，题目是“老年人常见病的心理病因、心理调节方法及预防法”。中国科学院老科技工作者协会曾报道：“听众早早地来到了宽敞明亮的多功能厅。老师的一句问候‘祝各位老师健美幸福’，使会场响起热烈的掌声，报告开始。老师说，人生病，80% ~ 90% 与心理因素有关。特别是老年人受心理因素影响大，因此提高心理健康水平最重要。哪些心理因素对老年人影响大？是认知、情绪、性格。老师在逐一解析后，告诉大家：良好的心理因素，不是药物，胜似药物。紧张、恐惧、绝望、怀疑，不是病毒，胜似病毒。充分的运动、营养、休息，这些都需要，但心态平和、情绪稳定甚重要！接着，老师列举了生动、贴切的案例，阐释常见的心理疾病的致病原因及排解方法，强调要树立战胜疾病的信心，改变不良习惯，规律化生活，记住“息怒”“镇静”，并建立理解、温暖、民主的家庭教养方式。既不过分保护孩子，也不过分监督孩子，更不要打骂孩子。最后，带领听众学做健美幸福操，大家在欢乐之中，报以热烈的掌声。报告结束。

2020年，应北京市卫建委系统的要求，我为他们讲了6场科普课，以及心理健康直播讲堂、家庭教育系列直播课，题目是：

《父母与孩子沟通的五大原则与十大技巧》《表扬孩子的八个原则与批评孩子的七个原则》《夕阳无限好，晚霞更生辉》《树立积极老人观》《老年人18种简易心态调节方法》《怎样延缓老年人的智力、创造力与记忆力衰退》。

我科普工作的宗旨是：满足社会的需要，努力为社会服务。

2021年在疫情的情况下、在确保安全的情况下，在中国科学院老科技工作者协会的安排下，我仍在社区进行讲课。

2021年6月17日，我在北京市房山五中给千名师生讲课。

2021年7月19日，我为海淀区花园路社区卫生服务中心做科普报告。

7月19日下午，花园路社区卫生服务中心邀请我做“中国传统健康心理学养生的7个原则与8个心理保健法”报告。花园路社区卫生服务中心所辖17个社区的24名干部和居民聆听了报告。

此次报告的开展不仅让大家收获了健康知识，还进一步传扬了祖国中医药宝库《黄帝内经》中的精神养生的理念，为炎夏中的居民送来了一份保健处方。

2021年10月22日，我在北京市海淀区市政集团做“中国传统健康心理学养生的7个原则与8个心理保健法”和“怎样提升女性的精神美、风度美、装饰美和生理美”两场报告。

听课的赵女士回家后教他的儿子学习我的健美幸福操，这个孩子通过他妈妈微信告诉我：“王老师，我妈妈听了您10月22日的讲座，回来教我做了健美幸福操。我做得很认真，我也喜欢做健美幸福操。我做健美幸福操的效果非常好，心情更好了，成绩也提高了。我上周语文和数学考得非常好，班主任还让我做了经验分享。”

2022 年 3 月 12 日，我在北京市第四十二中学做公益心理讲座，题目是“亲子沟通，从心开始”。

2022 年 3 月 21 日，我在北京市第四十二中学做公益心理讲座，题目是“提高学习成绩的策略”。

三、高考视频网课

2020 年 9 月中旬，我为威瑞心理网录制了 12 节视频课程。具体内容如下：

第一讲　高考成功规律。第二讲　调好心态高考成功一半。第三讲　心态就是分数。第四讲　强化信心的 5 个方法、优化情绪的 5 个方法。第五讲　进入状态的 5 个方法、充分发挥的 5 个方法。第六讲　高考快速调节心态三部曲。第七讲　王极盛健美幸福操。第八讲　每月提高 15 分的 10 个心理策略。第九讲　家长走出高考的 5 个误区。第十讲　状元家长教育的 6 大秘诀。第十一讲　家长与孩子沟通的 5 大原则。第十二讲　家长与孩子沟通的 10 个技巧。

第二节　研究与普及各心理学科

一、健康心理学的相关话题

大健康观方面：什么是心理健康？心理健康的智力标准、情绪标准、意志标准、人际关系标准、心理健康的重要性。心理健康对身体的重要作用。心理健康对学习的重要作用。心理健康对工作的重要作用。心身疾病方面：怎样促进心理健康、心理卫生、怎样防治和克服焦虑、怎样防治和克服抑郁、怎样防治和克服强迫现象、怎样保持情绪稳定、搞好人际关系的 5 个秘诀、怎样增强心理免疫力、笑的心理作用、暗示模仿感染对人的健康和疾病的作用、吸烟对健康的危害、健康心理学的兴起、健康心理学任务、中国传统健康心理学思想的理论基础、中国传统健康心理学的思想原则、中国传统健康心理的保健术、走出心理健康的 8 个误区、病由心生、常见的心身疾病等。侧重对下列大众关心的话题进行讲解。

中国国民讲究心理卫生的意义、中国传统文化的心理养生、21 世纪的心理健康标准；当心 21 世纪人类的抑郁症、心理健康与创新、自杀的心理先兆；高新技术与心理健康、心理诊断的手段；望闻问切的心理诊断、心理咨询；多种多样的心理治疗、暗示与催眠；自我暗示的精神力量、暗示能发掘心理潜力、催眠治病、催眠麻醉；痛觉的特点、心理因素对痛觉的作用、控制疼痛的心理学方法、心因性疼痛和幻肢痛；愤怒的起因、分类与外部表现、怒伤身体与怒的价值、心理学制怒方法、变态恐惧、消除恐惧的方法；笑是健康最好的体操、笑是治病的良剂、乐极生悲与笑的变态、哭的心理；吸烟对心理功能的危害、戒烟的心理学问题、饮酒对心理的影响；睡眠的异常现象、梦——睡眠里的心智活动、怎么克服失眠；颜色与心理健康、音乐与心理健康、噪声对身心的危害；怎么克服口吃；甜蜜爱情的心理规律、恋爱的心理卫生；性心理的觉醒、心理因素与性功能障碍、性心理卫生、性教育；孕妇的心理卫生、心理与胎教；心理与月经、更年期的心理健康；欣赏自然美对人心理健康的意义。

二、中医心理学研究和普及话题

1. 精神因素在针麻中的地位和作用
2. 心理因素对痛觉感受性的作用
3. 论针麻的本质和针麻效果的提高
4. 针麻效果的预测
5. 针麻刺激方法

6. 针麻刺激参数的研究
7. 针刺麻醉的前景

三、科学创造心理学与创新的研究和普及话题

1. 科学创造心理学研究
2. 情绪在科学创造心理学中的作用
3. 意志在科学创造心理学中的作用
4. 兴趣在科学创造心理学中的作用
5. 个性在科学创造心理学中的作用
6. 社会心理因素在科学创造心理学中的作用
7. 竞争在科学创造心理学中的作用
8. 友谊在科学创造心理学中的作用
9. 爱情在科学创造心理学中的作用
10. 创新心理素质的结构
11. 怎样塑造青少年的创新人格
12. 怎样增强青少年的创新意识
13. 怎样提高青少年创新能力
14. 怎样克服创新的心理障碍
15. 创新的技法有哪些
16. 创新的群体心理
17. 合作与创新
18. 竞争与创新
19. 心理相容与创新
20. 士气与创新
21. 凝聚力与创新
22. 创新集体中的冲突

23. 王极盛的创新心理学理论——心商论
24. 心商论的构成
25. 心商论实践系统的作用
26. 心商论动力系统的作用
27. 心商论调控系统的作用
28. 心商论供给系统的作用
29. 怎样培养观察力
30. 怎样锻炼记忆力
31. 怎样发展想象力
32. 怎样发展思维力
33. 怎样发挥实践能力
34. 怎样开发创造性思维
35. 怎样开发创造性想象
36. 自学能力是一切创新人才成功的第一要素
37. 超常教育在中国的兴起
38. 中国超常教育的模式
39. 开展超常教育的 10 个观念
40. 什么是灵感
41. 王极盛的灵感心理观
42. 灵感的特性
43. 灵感在创新中的作用
44. 灵感的心理机制与生理机制
45. 灵感产生的 5 种方式
46. 捕捉灵感的 8 种方式
47. 智力流动与创新
48. 人才的心理保护

49. 影响创造性人才、创造力发展的 9 大因素

50. 开展创造力教育

51. 竞争对创造性人才的作用

52. 怎样选拔研究所所长

53. 学术带头人的心理素质

54.21 世纪初期中国人才的特点

四、人事与管理心理学的研究与普及话题

1. 需要、动机与激励

2. 心理效率

3. 智力测验的方法

4. 人格测验

5. 智力开发

6. 人际关系的重要性

7. 影响人际关系的因素

8. 人际关系的平衡与改变

9. 人际关系的测量方法

10. 代际关系

11. 改善人际关系的方法

12. 科技人才培养的心理问题

13. 科技人才选拔的心理问题

14. 科技人才使用的心理问题

15. 科技人才考核的心理问题

16. 科技人才奖励的心理问题

17. 科技人才的保护问题

18. 科技人才的心理保护问题
19. 领导者行为的心理分析
20. 集体领导的心理问题
21. 领导者的心理品质
22. 领导艺术的心理分析
23. 思想政治工作的心理学原则
24. 思想政治工作的思想方式
25. 阻碍改革的心理
26. 促进改革的心理学政策
27. 观念转变与人事改革
28. 改革成功的心理效应
29. 优秀中青年科技人才的选拔与培养
30. 改革成功者的心理品质
31. 人事制度改革的内容
32. 智力开发的重要性
33. 个体智力结构
34. 集体智力结构
35. 智力形成的学说
36. 智力的差异
37. 智力与知识
38. 国外心理学对人才问题的若干研究
39. 人才成功的因素
40. 气质与成才
41. 科技管理人才成长的心理学研究
42. 学术心理因素在科技管理人才成长中的作用
43. 事业心在科技管理人才成长中的作用

44. 责任感在科技管理人才成长中的作用

45. 文艺人才的培养

46. 文艺人才的心理品质

47. 建立扼制腐败行为的心理防护屏障

五、青年心理学的研究与普及话题

1. 青少年的创新心理
2. 青少年的品德教育
3. 青少年犯罪的心理学研究
4. 青年职业的心理品质
5. 青年情绪的特点
6. 青年情绪与成才
7. 青年意志的特点
8. 青年意志品质与成才
9. 怎样培养青年的意志
10. 青年的心理健康
11. 青年的变态心理
12. 青年的心理卫生
13. 青年性心理的发展与表现
14. 青年的性心理卫生
15. 青年的性教育
16. 爱情的心理结构
17. 恋爱成功的心理因素
18. 恋爱与婚姻的心理卫生
19. 青年优良道德品质培养
20. 青年犯罪的心理先兆

21. 青年犯罪的心理特点
22. 青年犯罪的心理预防
23. 美育对青年心理的影响
24. 怎样培养青年审美感

六、妇女心理学的研究与普及话题

1. 怎样提升女性的生理美
2. 怎样提升女性的修饰美
3. 怎样提升女性的风度美
4. 怎样提升女性的精神美
5. 男女性别的心理差异
6. 女性对恋爱的种种误解
7. 少女早恋心理
8. 大龄未婚女性心理
9. 女性婚前的性行为
10. 女性的离婚心理
11. 怎么处理好婆媳关系
12. 女性心理因素与妇科疾病
13. 女性心理因素与产科疾病
14. 女性心理因素与神经症
15. 哭笑心理与女性心理健康
16. 环境与女性心理健康
17. 女性心理卫生的原则
18. 女性青少年心理卫生
19. 中年女性的心理卫生

20. 更年期女性的心理卫生

21. 老年女性的心理卫生

22. 女性心理与痛经、分娩痛与头痛

23. 女性怎样成才

24. 女性犯罪的心理先兆

25. 女性犯罪的心理预防

26. 母亲怎样对子女进行早期教育

27. 走出女性自卑的误区

28. 女性嫉妒是幸福的杀手

29. 怎样克服女性的虚荣心

30. 女性的婚外恋

七、老年心理学的研究与普及话题

1. 夕阳无限好，晚霞更生辉

2. 积极老龄观

3. 走出老龄观的误区

4. 怎样发挥老年人的聪明才智

5. 怎样防止老年人的智力衰退

6. 怎样防止老年人的记忆衰退

7. 怎样防止老年人的创造力衰退

8. 怎样促进老年人的家庭幸福

9. 怎样改善老年人与子女的人际关系

10. 老年人的心理健康原则

11. 老年人的心理卫生原则

12. 老年人的心理健康内容

13. 老年人的心理卫生内容

14. 老年人怎样才能做好社会交往
15. 老年人怎样处理好代际关系
16. 情绪对老年人寿命的影响
17. 为什么中国科学院院士寿命长
18. 老年人怎样陶冶情操
19. 老年人的性格类型有哪些
20. 老年人常见病的心理学防治方法
21. 心理因素与老年人的疼痛
22. 防止老年人疼痛的心理学方法

八、理论心理学与心理学史的研究与普及话题

1. 我国的心理学的发展道路
2. 建立中国特色的心理学理论体系
3. 生理与心理的关系
4. 心理与实践的关系
5. 心理与社会的关系
6. 加强马克思哲学对心理学的指导
7. 心理学与生理学的关系
8. 心理学与社会学的关系
9. 心理学与哲学的关系
10. 中国人的心理特点
11. 心理学与道德学的关系
12. 心理学对医学的作用
13. 心理学对社会治安的作用
14. 心理学对人际关系的作用

15. 心理学对提高劳动生产力的作用

16. 心理学对社会和谐的作用

17. 心理学对创新的作用

18. 中国古代朴素的心理学思想

19. 中国古代心理健康的思想的理论基础

20. 中国古代心理健康的原则

21. 中国古代心理保健术

九、高考心理的研究与普及话题

1. 高考心理在高考中的作用

2. 调节好心态是高考成功的一半

3. 心态就是分数

4. 增强考生信心的 10 个方法

5. 考生调节情绪的 10 个方法

6. 考生进入状态的 5 个方法

7. 考生三月份调节心态的方法

8. 考生四月份调节心态的方法

9. 考生五月份调节心态的方法

10. 高考前十天调节心态的“十要十不要”

11.6 月 6 日调节心态的十个建议

12.6 月 7 日怎样调节心态

13.6 月 8 日怎样调节心态

14. 考生充分发挥的 5 个方法

15. 高考快速调节心态三部曲

16. 每月提高 15 分的 10 个策略

17. 家长走出高考 10 个误区

18. 家长在考前、考中的“五要与五不要”

19. 班主任怎样抓好心理教育工作

20. 怎样营造班级的良好气氛

21. 任课老师怎样相互配合

22. 填报志愿的八字方针

23. 填报志愿的八项注意

24. 考生填报志愿的 10 个误区

25. 防止和克服九种不良心态对填报志愿的影响

26. 处理填报志愿家长和考生关系的十六字诀

27. 高考结束至发榜前的心理调节

28. 榜上无名的心理调节

29. 从录取到入学的心理调节

30. 高考状元是怎样对待高考的

31. 高考状元调整心态的方法

十、家庭教育的研究与普及话题

1. 中国当前家庭教育特点

2. 走出家庭教育的 10 个误区

3. 科学的教养方式

4. 过分保护式的教养方式

5. 过分干涉性的教养方式

6. 严厉惩罚的教养方式

7. 温暖、理解与民主的教养方式

8. 家长与孩子沟通的五大原则

9. 家长与孩子沟通的十大技巧

10. 表扬孩子的 8 个方法
11. 批评孩子的 7 个方法
12. 高考状元家教的 6 个秘诀
13. 开发孩子创新能力的方法
14. 帮助孩子学会记忆的 10 个原则
15. 做人教育是家教的核心
16. 注重对孩子创新心理的培养
17. 与孩子交朋友
18. 孩子偏科怎么办
19. 孩子厌学怎么办
20. 孩子粗心怎么办
21. 孩子走神怎么办
22. 孩子有逆反心理怎么办
23. 孩子考试发挥不好怎么办
24. 孩子品行不好怎么办

第三节 全媒体宣传心理学

一、电视电台类媒体的宣传

中央电视台、中国教育电视台、北京电视台、山东电视台、河北电视台、丹东广播电视台、河南电视台等。

仅受中央电视台采访与被邀为嘉宾近百次。2007 年 5 月 21 日到 6 月 3 日，我就在央视 10 套（科教频道）连续 14 天做高考讲座，6 月 4 日至 7 月初，在中央电视台 2 套（经济频道）《全球资讯榜》节目中 11 次讲解高考。我的家乡丹东广播电视台《东西南北丹东人》节目曾经采访录播两次。第一次播出时间 2013 年 10 月 2 日，题目是《心理学家王极盛》（还记得当时主持人播音时说：今天的节目向您介绍的这位是当年从丹东考入北京大学的第一人，著名心理学家、高考心理指导专家王极盛。他研究的领域是健康心理学、创造心理学、理论心理学等，他是中国科学院博士生导师，享受国务院特殊津贴的专家。）

二、中央级报纸的宣传

《人民日报》《解放军报》《光明日报》《中国青年报》《中国妇女报》《中国教育报》《中国劳动人事报》《科技日报》《科学报》《健康报》等。例如《光明日报》刊登我下列文章：《试论针刺麻醉的矛盾运动》《中国古代医药的辉煌成就》《从智力非凡谈起》《建议开展社会心理学的研究》《心理因素在针刺麻醉中的作用》《针刺麻醉镇痛的争论》。

三、晚报类、日报类等类型报纸的宣传

晚报类、日报类等报纸，发表我文章的有如下报纸：

《北京晚报》《齐鲁晚报》《燕赵都市报》《大河报》《扬子江报》《辽沈晚报》《今晚报》《深圳特区报》《厦门日报》《哈尔滨日报》《法制晚报》《北京科技报》《北京日报》《北京青年报》《现代教育报》等等。

这些报纸常常开设专栏题材，例如《北京晚报》曾经开启记忆专栏，连续发表 13 篇：《令人吃惊的记忆力》《记忆力是天生的吗？》《注意集中　目标明确》《丰富知识、复习和运用》《多通道协同记忆法及其他》《从背诵法到规律记忆法》《头脑为什么发“木”？》《素质与人的智力发展》《智力结构与记忆》《记忆与年龄》《怎样评价记忆好坏》《记忆的保护》《人类记忆的前景》。

《北京晚报》曾于 2002 年开辟高考专栏，连续发表我的 19 篇文章：

《掌握高考成功规律》《心态好 发挥好》《学会调整心态》《高考成功精神支柱——信心》《考生增加信心7种方法》《调整情绪在心态》《如何进入考试状态》《正确对待考试紧张》《克服填报志愿不良心态》《高考怎样充分发挥》《填报志愿八大注意》《临近高考心态是关键》《积极心态迎接3+X》《调节考生生物钟》《考生进入备考阶段家长做好10件事》《高考前高考中考生家长五大误区》《高考前一天考生怎么做》《考试策略与技巧》《高考第一天心态很重要》。

《法制晚报》曾开辟专栏，连续发表我的27篇文章：

《给孩子一颗上进的心（1）》《给孩子一颗上进的心（2）》《给孩子一颗上进的心（3）》《从不给孩子增加负担（1）》《从不给孩子增加负担（2）》《开发孩子智力 培养良好品质（1）》《开发孩子智力 培养良好品质（2）》《开发孩子智力 培养良好品质（3）》《开发孩子智力 培养良好品质（4）》《开发孩子智力 培养良好品质（5）》《开发孩子智力 培养良好品质（6）》《开发孩子智力 培养良好品质（7）》《开发孩子智力 培养良好品质（8）》《为孩子营造宽松的家庭环境（1）》《为孩子营造宽松的家庭环境（2）》《为孩子营造宽松的家庭环境（3）》《激励孩子的自尊心（1）》《激励孩子的自尊心（2）》《和孩子做朋友（1）》《和孩子做朋友（2）》《和孩子做朋友（3）》《和孩子做朋友（4）》《连考三届成状元（1）》《连考三届成状元（2）》《连考三届成状元（3）》《连考三届成状元（4）》《400位高考状元及家长揭秘家教成功之道高考状元的家教秘密》。

《北京科技报》曾开辟专栏，发表我的19篇文章：

《思维能力与科学创造》《创造与知识》《智力流动》《想象力与科学创造》《操作能力与科学创造》《想象品质与科学创新》《观察力与科学创造》《记忆力与科学创造》《谦逊与创造》《情绪品质与科学创造》《意

志自觉性与创造》《集体的智力结构》《自我批评与科学创造》《理智感与科学创造》《老中青科技工作者的创造心理特点》《操作能力品质的作用》《心境与科学创造》《情绪通过智力因素影响科学创造》《激情与科学创造》。

《中国妇女报》曾开辟专栏，发表我的12篇文章：

《心态好 发挥好》《考生增强信心七法》《怎样才能优化情绪》《怎样进入高考状态》《怎样充分发挥高考水平》《填报志愿八要八不要》《考试策略与技巧》《状元家教的奥秘》《考生家长五大误区》《考生备考阶段家长做好10件事》《临战前十要、十不要》《高考前一天怎么过》。

《现代教育报》曾于2003年开辟高考专栏，发表我的文章6篇：

《信心需强化　定位要清晰》《优化情绪 自我调节窍门多》《进入状态 减压同时要勤练》《充分发挥 战略上藐视战术上重视》《考前家长“五要五不要”》《考生备考“十要十不要”》。

《现代教育报》曾于2004年开辟专栏，发表我的文章35篇：

《时刻保持良好的心理状态》《你有一颗平常心吗》《四月跨过一模那道“坎”》《将心态调向成功的方向》《充分挖掘你的潜力》《克服“高原现象”》《8种心态影响你的志愿》《考前10天怎样调整心态》《心理问题是影响高考成绩的深层原因》《影响高考的五大因素》《提高您的高考心理素质》《考生心态在高考中十分重要》《高考状元也是普通人》《高考状元：学习方法是关键》《高考心平则气和》《调节你的不良情绪》《模拟考不等于高考》《好习惯让你一生受益》《志气存高远 步子要细小——高考复习的要诀之一》《挖掘潜力科目 提高学习效率》《高三复习跟着老师走》《三月，克服精力分散》《好心态才能出好成绩》《以平常心对待高考》《用好心态挖掘您的潜能》《状元，一般智力成就非凡》《看清楚，别走进高考误区》《四月真经：五要五不要》《五月宝典：心理稳定压倒一切》《成功者的经验让你受益匪浅》《6月高考兵临城下 专家面授“三十六计”》《梦里也在做题看书》《用好睡眠为高考冲刺“提神”》《四月真经：五要五不要》《如何调整兴奋点》

《中国劳动人事报》曾开辟人事心理专栏，发表我的文章15篇：

《心理学是一门了解人的科学》《人事心理学研究什么》《人员选拔与使用的心理学问题》《考核的心理学原则》《奖励的心理学问题》《惩罚的心理学问题》《人才保护的心理学问题》《员工的心理健康》《员工的心理卫生》《离休退休工作中心理学问题》《人际关系的作用》《怎样改善人际关系》《智力、智力结构与知识》《非正式团体形成的原因与特点》《智力差异与量才使用》

四、发表过科普文章的杂志

《红旗》《知识就是力量》《读者》《家庭》《科学实验》《革命接班人》《化石》《科学与生活》《中学生》《新时期》《科学画报》《科学24小时》《心理学科普园地》《长寿》《必读》《山东青年》《祝你健康》《现代化》《健康之友》《生活与科学》《青年科学家》《生命在于运动》《健与美》《健康之友》《退休生活》《半月谈通讯》《青年文摘》《新体育》《教育艺术》《老人天地》《人生十六七》《女性约谈》《健康顾问》《科技新闻·生活周刊》《好书》《辽宁青年》《中华家教》《求学》《中外书稿》《家教博览》《青少年心理健康》《孩子》《半月谈》《今日父母》《高中生》《家庭教育导读》《中国图书评论》《湖北招生考试》《广东教育·高中》《养生大世界》《人民论坛》《大东方·精英家庭》《高考导航》《辅导员》《青年心理》《健身气功》《黄河·黄土·黄种人》《心理与健康》。

例如在《心理与健康》杂志发表了《考前心理调适》《家有高考生，如何沟通更有效？》《填报高考志愿：鱼和熊掌即可兼得》三篇文章。

五、发表过文章和报道的网络媒体

新华网、人民网、CCTV 网、新浪网、百度网、搜狐网、谷歌网、网易、腾讯网等知名网站分别多次对我进行采访和报道。例如：新华网对我达 20 次以上的报道。

第四节　全国授课惠及大众

一、地区

全国 31 个省、自治区、直辖市，除西藏和青海之外，其他 29 个省、自治区、直辖市，我都去讲过课。

以下为我讲过课的部分地区：

河北省：石家庄市、邯郸市、邢台市、保定市、张家口市、承德市、唐山市、秦皇岛市、沧州市、廊坊市、衡水市，11 个地级市我全部去讲过课。

山东省：15 个地级市，两个地区，除日照市未去讲过课外，济南市、青岛市、淄博市、枣庄市、东营市、莱芜市、德州市、临沂市、聊城市、滨州地区、菏泽地区都讲过课。

河南省：15 个地级市，两个地区全部讲过课。即：郑州市、开封市、洛阳市、平顶山市、焦作市、鹤壁市、新乡市、安阳市、濮阳市、许昌市、漯河市、三门峡市、南阳市、商丘市、信阳市、周口店地区、驻马店地区全部讲过课。

山西省：6 个地级市，5 个地区，除忻州地区外，太原市、大同市、阳泉市、长治市、晋城市、朔州市、晋中地区，吕梁地区、临汾地区、运城地区都讲过课。

辽宁省：14 个地级市，除营口市、朝阳市外，去过 12 个地级市：沈阳市、大连市、鞍山市、抚顺市、本溪市、丹东市、锦州市、阜新市、辽阳市、盘锦市、铁岭市、葫芦岛市。

吉林省：8 个地级市，去过长春、吉林、四平、延边、通化、松原等。

江苏省：13 个地级市，在南京、无锡、徐州、常州、苏州、南通、淮安、扬州、镇江、泰州等讲过课。

浙江省：10 个地级市，在杭州、宁波、温州、绍兴、金华、台州等讲过课。

福建省：8 个地级市一个地区，在福州、厦门、莆田、三明、泉州、漳州、南平、龙岩、宁德地区讲过课。

广东壮族自治区：21 个地级市，在广州市、深圳市、珠海市、惠州市、东莞市、中山市、佛山市、湛江市、茂名市等讲过课。

广西省：9 个地级市，5 个地区，在南宁市、柳州市、桂林市、北海市、钦州市、玉林市、河池地区等讲过课。

陕西省：7 个地级市，3 个地区，我在西安市、咸阳、渭南、榆林、安康、商洛等讲过课。

很多县级市和县城我也去过，比如：山东省潍坊市下属的诸城市、寿光市、安丘市、高密市、临朐；河南省新乡市下属辉县、长垣县；石家庄市下属的辛集市、正定县、行唐县；保定市下属的涿州市、定州市、安国市、涞水县、易县、雄县；廊坊市下属的三河市、固安县、香河县、大厂回族自治县等。

二、书籍

我出版了百部著作，其中《青年心理学》发行了 84.9 万册。

三、讲课的次数

线下讲课：

北京地区大约 150 场以上。仅北京中国科学院人事心理学、管理心理学讲课就有约 20 多场，中国科学院老科技工作者协会举办的北京社区讲课 20 多场，在北京学校讲课 100 场左右。

河北省、山西省、山东省、河南省、广东省、陕西省等每省讲课 10 场以上。

网络讲课：

（1）直播网络讲课。

在一直播平台讲家庭教育课，第一场受众 22 万人，第二场受众 23 万人

（2）在北京某大数据公司讲授心理健康课，受众 35 万人。

（3）在北京某生殖教育网站讲高考课程，受众近 40 万人。

（4）在北京“老科协”总会讲《疫情下的心理防护》，受众 10.5 万人。

四、电视台、电台、学校

在中央电视台、中央人民广播电台、北京电视台、北京人民广播电台讲课受众非常多。学校的广播电台对我的讲课也进行大力的宣传。我讲课的特点是大课、小的几百人，多的几千人，例如：在河南鹤壁市淇县某中学讲课，听众 2000 余人；在周口地区西华县西华三中讲课，听众 6000 余人；在周口地区另外一所中学讲课，听众 4000 余人。

第五节　广泛赞誉

在中国心理学界心理学工作者中的社会知名度，我可能是数一数二的，由于我本人出版著作百余部，在报纸杂志发表的文章 300 多篇，报纸杂志宣传报道我的文章 500 多篇，被中央电视台报道近百次，到几百所学校讲课，

这样大量的宣传报道资源造就了我的社会知名度。

我主要从事中国社会发展提出的重大的综合的多学科研究课题，例如：针刺麻醉、人才创新、社会心理、改革特别是人事改革、思想政治工作、形象思维、环境保护、素质教育、高考、心理健康、家庭教育等重大热门课题，与人民的社会生活息息相关，与孩子成长、与恋爱婚姻家庭息息相关，自然而然社会知名度就高了。

我在心理学界、教育界、科学学界、管理与人事部门、家庭教育界、新闻媒体等方面知名度是比较高的。

王兴成教授在我的《王极盛心理学丛书》的序中说过："王极盛教授在高考特别是高考心态的大数据研究与长期大范围的推广活动方面取得的明显效果也值得一提。全国数百家媒体报道他有关高考研究的成果。仅2007年5月下旬到7月初，他在中央电视台主讲有关高考的讲座就达到25次。他有关高考研究的文章被中学老师积极推荐，以供学生学习。他的足迹遍布大江南北，高考讲座场场掌声不断、笑声不绝。有些校长指出，从学生爽朗的笑声和灿烂的笑脸可以看出，这是一场极好和高效的心理调节课，考生们几个月的郁闷和忧愁都一扫而光，心理得到了极大放松。有的学校当年出了省级高考状元，有的一本升学率翻一番。王极盛教授几乎成为家喻户晓的人物。"

第六节 良好的社会效益

我讲课效果普遍反映较好，无论是高考讲课、家庭教育讲课、管理心理与人事心理讲课、科学创造创新讲课、心理健康讲课、社区心理讲课、老年心理讲课、妇女心理讲课等普遍反映较好。

我的个体心理咨询效果也很好，北京某中学学生经过我的心理咨询成绩显著提高，高考时以712分的成绩考取清华大学。

河南省某学生经过我的培训后以面试总分满分的优异成绩被清华大学土木工程系录取。

我的心理健康讲座效果也很好。很多老师说：王老师，我当年要是听过您的课，我肯定能考取名校。

一位50多岁的家长在听我讲课前坐在教室的前面，低着头闷闷不乐。待我讲完课后，他告诉我："王教授我收获太大了，我的心情马上变好了，我现在话也多了。我刚才跟您学健美幸福操，心情豁然开朗了。"

北京市某中学的学生，曾经在海淀区的一个培训学校复读。他说："开始一两天大家的心情都很低落沉闷，相互之间都不说话，低着头心情沉重，谁也不与谁交流。学校请您给我们讲了一堂心理健康课，情况大为改观。我们班的一位男同学，一堂课之后带动全班同学做健美幸福操，班里的氛围一下子改变了。大家掌声不断、笑声不绝，我们好像变成了另一个人了。同学之间有说有笑，心态好、学习好，学习成绩直线上升，我们真正体会到了您的研究结论'心态就是分数'。"

我开办的妇女班效果也比较好。我讲的怎么恋爱成功，怎么婚姻成功，怎么处理好婆媳关系，怎么使妇女生理美、装饰美又风度美、精神美，也得到听课者的好评。

我的老年心理课也很受欢迎。我讲课的题目是"夕阳无限好、晚霞更生辉"等，其中老年人的心理健康、老年人的心理卫生、怎样延缓老年人的智力衰退、发挥老年人创造力的方法、防止老年人记忆力衰退的方法等主题，都颇受老年人欢迎。

中国科学院老科技工作者协会领导带领我在北京20多个社区给中老年人讲课，很受欢迎。有一次讲课后，几位老年妇女围着我讲话：王教授您以后一定要常来看看我们，多给我们讲讲课，我们非常喜欢您，您讲课我们都听得懂，接地气，没有一大堆学术名词，都是老百姓常说的话，通俗易懂，一听就明白，一做就灵，非常接地气。

我讲课效果较好，首先主要是把自己的研究成果转化为应用，不是照抄照搬书本的东西，而是经过自己大量实证研究与调查研究得出的结果，是靠谱的。其次就是我平易近人、尊重别人。我始终都坚持一个理念，人和人之间在人格上是平等的，尤其在我们社会主义中国，虽然大家的财富、地位、职业、健康状况、性别、年龄不尽相同，但人和人之间人格是平等的。一个人受到尊重，他的生理潜能、心理潜能都会得到显著的提升，他就会自觉地、充分地运用我所讲授的方法，提升他的工作能力、学习能力、心理健康水平。我的课自然会收到很好的效果。

我始终认为，讲课效果的好坏，受很多因素制约，其中最主要的有两个，一个是讲课内容的科学性、有效性、操作性等，一个是讲课人的精神面貌、心理状态，待人接物的水平、与人沟通的水平等。

第四篇　1966 年—1976 年重要的心理学研究成果

第五章　针刺麻醉的心理学研究

第一节　针刺麻醉心理学研究历程

我是 1965 年参加针刺麻醉研究的。针刺麻醉研究是国家重点科研项目。当时国家科委下达任务给中国科学院生理研究所、心理研究所、动物研究所与自动化研究所。当时心理所研究的任务是针刺麻醉的心理学研究。当时我们选择的临床基地是北京通县（现通州区）结核病研究所。在那里，我们每天都到手术室观察与研究针刺麻醉下肺的切除。

1971 年，在广东广交会期间，举行了针刺麻醉交流会，我提交了 3 篇针刺麻醉心理学研究的论文。

1972 年，《河北新医药》杂志发表了我的文章《心理因素（感觉相互作用、暗示）对痛觉感受性作用的实验报告》。

1972 年 10 日，应卫生部的邀请，作为特邀代表，我参加了在上海举行的全国针刺麻醉大会。提交了论文《精神因素在针刺麻醉原理中的地位和作用》，并在大会上做了一小时的专题报告。

1993 年，上海人民出版社出版了《针刺麻醉理论研究资料选编》，该书收录了我的文章《痛觉感受性与针刺麻醉效果关系的实验报告》《针刺对两点阈限改变的实验报告》。

1974 年，人民卫生出版社出版了《针刺麻醉原理的探讨》，该书收入了我的论文《心理因素在针刺麻醉中的作用》。

1973 年开始，我组建了研究团队（幸代高同志参加，林淑惠同志、孙长华同志前期参加）到北京妇产医院进行协作。绝育术、剖腹产的针刺麻醉手术量大，对积累病例很有益处。我在这里一直工作到 1979 年。

第二节 在刊物和学术会议上发表论文

我发表论文包括两个部分。第一部分是在杂志、报纸上发表的论文；第二部分是提供给重要学术会议的论文（或摘要）、会议论文报告、会议论文集（或会议论文汇编）。

第一部分在杂志、报纸上发表的论文

《心理因素（感觉相互作用、暗示）对痛觉感受性作用的实验报告》《痛觉感受性与针刺麻醉效果关系的实验报告》《针刺对皮肤两点阈限改变的实验报告》《心理因素在针刺麻醉中的作用》《我们是如何向针麻三关进攻的》《试论针刺麻醉的矛盾运动》《某些心理因素对痛觉、针刺镇痛和针刺麻醉的作用》《精神因素在针刺麻醉原理中的地位和作用》《治癌问题争论》《不同电针刺激参数对针麻临床效果的影响》《不同时态的情绪对针麻效果和针刺调整作用的影响》《关于不留针针麻原理的研究》《横针对某些皮肤感知觉的改变》《关于不留针针麻镇痛研究》《暗示、安慰剂与针刺镇痛的关系》《情绪对肌肉状态的影响及肌肉状态与针刺镇痛的关系》《医患配合在针麻中的作用》《情绪状态对针刺效应的作用及针刺效应与针刺镇痛的关系》《心理因素在针麻临床原理中的地位与作用》《电针刺激参数与针麻效果关系的研究》《论针麻本质和针麻效果的提高》《心理因素在针麻中的作用》《针刺镇痛的争论》《针刺麻醉是麻醉发展史上的一个飞跃》《针刺对于痛阈作用的空间关系》《针刺对两点辨别觉的作用》《激光穴位镇痛的实验研究》《激光照射穴位对两点辨别觉的作用》《心理因素在针麻中有独特地位》《最新的麻醉法——激光穴位麻醉》《针刺麻醉的前景》《刺激方法与针刺镇痛的实验研究》

第二部分 学术会议上发表的论文

在某些全国性和国际性学术会议提交的论文、学术报告、会议论文集（或论文汇编）：

《精神因素在针刺麻醉原理中的地位和作用》《情绪对针刺麻醉和针刺调整作用的影响》《针刺麻醉的心理学研究（摘要）》《心理因素在针刺麻醉原理中的地位和作用（摘要）》《针麻效果的预测（摘要）》《电针刺激参数与针刺镇痛的实验研究与临床观察（摘要）》《心理因素在针麻中的作用》《针麻效果的预测和针麻刺激参数的研究》《针刺对某些皮肤感知觉的作用》《针刺麻醉的心理学研究（英文）》

第三节 出版《针刺麻醉的心理学研究》

前言

我从1965年到1995年从事中国传统文化的心理学研究长达30年，具体地说主要从事针刺的心理学研究与气功的心理学研究。针刺属于中医领域的研究课题，因此我把它们的心理学研究称为中医心理学研究。重视心理因素在疾病的发生、发展、治疗与预防中的重要作用是中医的一个极其重要的特点，也是中国传统文化的一个优秀之处，是以人为本的体现。

我从1965年到1979年在医院手术室第一线从事针刺麻醉（以下简称针麻）的心理学研究并由此获得中国科学院两个重要科技成果奖，并先后获得中国科学院重大科技成果奖与山西省科技成果二等奖。

针麻是1958年在针刺镇痛的基础上诞生的具有中国特色的新型麻醉方法。尽管针麻还存在镇痛不全等问题，但针麻下施行外科手术的病例达200多万例，使用针麻进行外科手术的病症达100余种，具有重要意义。针麻促进生理学、生物化学、心理学的发展，提示人体功能的巨大潜力即良好心理因素是人体重要的正能量，为发挥医生与患者的两个积极性积累了丰富的经验。

我对针麻的心理学研究主要包括心理因素在针刺麻醉临床运用中的地位和作用、针麻术前预测、刺激方法与针刺镇痛、电针刺激参数与针刺镇痛、针刺与激光、针刺与蜡疗等。

在针麻研究领域，针刺不仅具有镇痛作用，而且我首次发现针刺对其他皮肤感觉——两点辨别觉、触觉、压觉、热觉都有影响。在针麻原理方面，我经过15年的研究，提出了“针麻临床原理是以针刺的生理作用为基础，心理因素起着能动调节作用，是二者的综合作用。心理因素对针刺反应、针刺镇痛、针刺调整和针麻效果都有重要的作用，心理因素是构成针麻临床原理不可分割的一个重要方面”的观点，夸大或否定心理因素在针麻中的作用都是不对的。

本卷的内容主要包括心理因素在针刺麻醉中的作用，提高针刺镇痛效果，不留针针刺麻醉原理，开辟新的麻醉途径等。本卷的文章来源于作者早期发表于各期刊的论文。

感谢辛育龄、何庆年、王天宝、汪湘、王友良、王大柱等同志的支持与帮助；感谢手术室一线医生、护士的支持与配合。

第四节 针刺麻醉研究的主要课题

一、针刺麻醉效果的术前预测

几年来，我们先后试用了40余项预测指标，其中具有参考价值的有14项，耐痛、针刺对两点阈限的改变、情绪状态这三个简便易行且在临床应用。即除上述3项外，还有耐针、针感、针刺对痛阈的作用、痛余觉、痛觉稳定性、痛觉感受性区间、痛反应、痛觉分辨能力、对针麻有无顾虑、配合程度、心理状态。其数据参见表1。

表 1　其他预测指标与针麻效果的关系

预测指标	手术种类	人数	χ^2 测验
1. 耐针	肺切除	104	$p<0.005$
2. 针感	肺切除	80	$0.05441>P>0.5778$
3. 针刺对痛阈的作用	肺切除	61	$P<0.005$
4. 痛余觉	肺切除	61	$P<0.005$
5. 痛觉稳定性	肺切除	40	$P<0.005$
6. 痛觉感受性区间	绝育术	31	$P<0.005$
7. 痛反应	绝育术	30	$P<0.05$
8. 痛觉分辨能力	肺切除	38	$P<0.05$
9. 对针麻有无顾虑	绝育术	107	$P<0.005$
10. 配合程度	肺切除	100	$P<0.005$
11. 心理状态	肺切除	184	$P<0.005$

讨论：

1. 简便易行的预测指标问题

前文提到的耐痛、针刺对两点阈限的改变与情绪状态 3 个预测指标比较简便易行，也有一定程度的预测准确性（80% 左右）。3 个指标可以在 5 ~ 10 分钟完成，为临床普及应用提供可能性，为针麻适应症提供某些依据。同时也可根据预测结果作为确定是否使用辅助用药的参考。从实际出发，目前可分为三种方式：①完全针麻；②以针麻为主，加以少量辅助用药；③针麻加以较大剂量的辅助用药 3 种方式。用不用药都是从减轻患者痛苦出发，该用辅助药一定要用，不该用辅助药一定不用。

2. 针麻效果评级、情绪状态的评定的局限性问题

本文所用针麻效果的评级，是我们根据临床通行的标准综合评定，并

无完全客观的数据做标准；术前情绪状态是镇静还是紧张的评定，也没有完全客观的数据做标准，是我们根据临床经验评定的。这两者都难免有主观上的局限性，但我们认为大体上是可靠的。至于如何探索二者的完全客观的指标，还是今后艰巨的任务。

小结：

耐痛、针刺对两点阈限的改变、情绪状态可以作为预测针麻效果的参考指标。

二、刺激方法与针刺镇痛

我们在针刺镇痛的基础上，应用电震动和蜡疗的两种技术，试图提高针刺镇痛的效果。研究结果表明：针刺、电震动、蜡疗刺激穴位均能显著地提高痛阈（$p<0.05$）。复合刺激即电震动加针刺、蜡疗加针刺分别比单纯针刺更能提高痛阈（$p<0.05$）。

表 2　单一刺激与复合刺激对痛阈的作用

统计项目	刺激方法					
	单针	单蜡	单震	持续针刺	单蜡 + 针	单震 + 针
人次	27	27	27	27	27	27
刺激中与刺激前痛阈差数的平均数	42.59	51.85	62.59	55.93	75.93	81.85
χ^2 测验	$P<0.01$					

续表

统计项目	刺激方法					
	单针	单蜡	单震	持续针刺	单蜡+针	单震+针
每两组的考验	（1）单一刺激比较：单针与单蜡 $P>0.05$，单针与单震 $P>0.05$，单蜡与单震 $P>0.05$ （2）复合刺激比较：单震+针与持续针刺 P 值 <0.05，单震+针与单蜡+针 $P>0.05$，单蜡+针与持续针刺 $P>0.05$ （3）复合刺激与单一刺激比较：单震+针与单针 $P<0.05$，单震+针与单蜡 $P<0.05$，单蜡+针与单针 $P<0.05$，其他两组间 $P>0.05$					

不同刺激方法均具有镇痛效果：针刺、电震动、蜡疗已广泛应用于临床理疗中。我们采用的实验方法，也同样证实针刺、电震动、蜡疗具有提高痛阈的作用。单蜡加针，单震加针也同样具有提高痛阈的作用。从本实验来看，单蜡加针、单震加针比针刺对痛阈的提高更明显，这提示我们在针刺作用的基础上适当地在穴位上施以蜡的热刺激和电震动刺激，可以为提高针麻效果提供新的探索途径。本实验没经临床检验，因此只能是为进一步临床实验提供参考性意见。

针刺、蜡疗、电震动都具有提高痛阈的作用。

复合刺激蜡疗加针、震动加针比针刺提高痛阈更明显。

三、不同电针刺激参数对针麻临床效果的影响

目前临床上普遍采用电针刺激仪代替人工手法捻针，虽然节省人力，但刺激稍长，针感作用就会减弱，影响针麻效果。我们在中医辨证施治和

针刺手法的启示下，初步探索了电针刺激参数（刺激强度、频率、波形）对针刺镇痛作用的关系。首先在实验室对健康人进行了电针刺激参数的筛选。在刺激强度方面，在诱导期内逐渐变峰压的针刺镇痛效果比不变峰压或变一次峰压的好；在频率方面，切口旁针高频的针刺镇痛比低频的好；在波形方面，疏密波（或密起疏伏波）的针刺镇痛比连续波（或起伏波）或间断波（或正锯齿波）的好。我们在实验研究的基础上，进行了临床验证。本文系临床检验部分报告的初步结果。

(一) 方法和结果

应用仪器：刺激仪器是北京航空学院（后更名为北京航空航天大学）57 工厂制作的 57-6 电脉冲医疗刺激仪。使用北京工农兵医疗器械厂制作的电针麻仪峰压、频率测定器控制、提高监视电针麻仪的峰压和频率。

穴位处方及分组：取穴双切口旁针（双）、“三阴交”（双）。诱导时间一般为 30 分钟。受绝育术者 226 例分为 6 个实验组，见表 3。

表 3　226 例受绝育术者针麻分组表

分组	选穴频率（次 / 分）	波形	刺激强度的改变次数
第一组	三阴交（120）切口旁针（4000）	连续波	1
第二组	三阴交（120）切口旁针（6 万）	连续波	1
第三组	三阴交（120）切口旁针（3.6 万）	连续波	1
第四组	三阴交（120）切口旁针（4.8 万）	连续波	1
第五组	三阴交（120）切口旁针（4.8 万）	连续波	4
第六组	三阴交（120）切口旁针（4.8 万）	疏密波	1

结果：6 组不同电针刺激参数对切皮、缝皮、找左右输卵管的针麻效果和整个手术的针麻效果见表 4。

表 4 不同电针刺激参数对针麻临床效果的作用

分组	针麻效果		切皮反应		缝皮反应		找右管反应		找左管反应	
	总例数	优良率（%）	总例数	优良率（%）	总例数	优良率（%）	总例数	优良率（%）	总例数	优良率（%）
第一组	44	72.7	42	54.8	39	51.3	32	65.7	36	61.2
第二组	35	88.6	34	79.4	33	70.6	33	78.8	35	65.7
第三组	33	78.8	31	87.1	33	60.6	32	68.8	32	53
第四组	39	82.1	37	85.6	34	73.5	35	69.7	34	53.0
第五组	37	97.3	36	89.1	35	88.5	29	58.6	26	53.8
第六组	38	97.4	38	94.8	34	94.2	33	78.8	27	70.4

从表 4 可知：①高频切口旁针比低频切口旁针的针麻效果好，高频的 4.8 万次 / 分的针麻效果较稳定；②在针刺诱导期内，刺激强度每 5 分钟增加一次的针麻效果好；③疏密波比连续波针麻效果好。

（二）讨论与总结

（1）电针刺激参数与针麻临床效果：本文报告的不同电针刺激参数对针麻临床效果的观察证实了我们实验室的工作结果。我们认为，筛选和使用最优电针刺激参数是不断提高针麻临床效果的一个较为有效的途径。

（2）电针刺激参数与针感：不同电针刺激参数之所以影响针麻效果，关键在针感。电针刺激参数研究的实质就在于用现代科学的知识和方法，使人体产生充分、持续而适宜的针感。

（3）针感在针刺镇痛中的作用：不同性质的针感对针刺镇痛的效果有着明显的差别。电针刺激参数不同与针刺激人体抗痛功能的程度密切相关。

四、针刺与激光复合镇痛的临床应用

大量的针刺镇痛实验与针麻临床实践表明，针刺确有镇痛作用，但镇痛不全影响了针麻的推广。近年来我们采用针刺与激光复合镇痛，实验研究证明，针刺与激光复合镇痛具有显著的镇痛作用与镇痛后效应，并且优于针刺的镇痛作用与镇痛后效应。在统计学上也达到了显著性水平。兹将1982年10月以来，将针刺与激光复合麻醉（简称针光复合麻醉）应用于甲状腺手术的101例，与甲状腺手术101例的针麻效果进行比较，结果如下：

（一）方法与临床资料

1. 麻醉方法

（1）针光复合麻醉

①术前用药：东莨菪碱0.3毫克。

②麻醉方法：针刺扶突穴（双）后，连接G 6805电麻仪以连续波刺激，刺激强度以患者能耐受为度。同时用波长为6328埃的氦氖激光器发出的光斑直接照射左侧合谷穴，激光器端面与穴位距离10~15厘米。麻醉诱导时间平均15分钟，维持期持续电针刺激和激光穴位照射，如果麻醉效果好时亦可间断。辅助用药，哌替啶50毫克（于手术开始前10分钟静注）。

③评级标准：按全国统一标准。

（2）针刺麻醉

针刺扶突穴（双）。除无激光照射外，其他与上法同。

2. 临床资料

（1）麻醉效果

针刺与激光复合麻醉101例与针麻101例的麻醉效果，见表5。

表 5　针光复合麻醉与针麻效果的比较

麻醉方法	病例数	麻醉效果							
		Ⅰ		Ⅱ		Ⅲ		Ⅳ	
针光复合麻醉	101	43	42.57%	42	41.58%	16	15.84%	0	0
针刺麻醉	101	23	21.77%	54	53.47%	22	21.78%	2	1.98%

针麻四级 2 例，针光复合麻醉四级无。将四级效果与三级效果合并后，对针光复合麻醉与针麻效果进行 χ^2 考验，χ^2=9.2111，$\chi^2_{0.05}$=4.303，$\chi^2_{0.01}$=9.925，$p<0.05$，即针光复合麻醉效果比针麻效果好，并且在统计学上达到了非常显著的水平。

（2）手术时间

接受针光复合麻醉患者的手术难度较大，因此手术时间较长。从 1982 年 10 月到 1982 年年底有关针光复合麻醉与针麻手术时间的比较见表 6。

表 6　针麻与激光复合麻醉平均手术时间的比较

麻醉方法	病例数	全部病例平均手术时间（分）	Ⅰ级病例平均手术时间（分）	Ⅱ级病例平均手术时间（分）	Ⅲ级病例平均手术时间（分）
针光复合	22	198	184	227	195
针刺麻醉	22	171	156	206	122

（3）辅助用药其结果见表 7

表 7　针麻和针光复合麻醉辅助用药量的比较

麻醉方法	病例数	哌替啶平均用量（毫克）
针光复合	22	57.95
针刺麻醉	22	76.13

（二）讨论

1. 针刺与激光复合麻醉的临床效果

针刺、激光照射穴位各自均具有镇痛作用。针刺与激光的复合镇痛效果比针刺镇痛效果好，可能是由于针刺、激光同时刺激穴位，针刺信号与激光信号在中枢神经系统对痛觉刺激信号的干扰，比单纯针刺穴位产生针刺信号在中枢神经系统对痛觉信号的干扰大得多。被试者反映激光照射穴位、针刺与激光复合刺激时有不同程度的嗜睡观象，可能也是针刺与激光复合镇痛比针刺镇痛效果好的一个原因。

针刺与激光复合镇痛为针刺与非药物、非针刺刺激穴位镇痛提供一种方法，而且是一种比较易于推广应用的方法。因为针刺麻醉已有 20 多年的历史，激光穴位麻醉也有五六年的历史。在临床上使用针刺与激光复合麻醉是没有技术上的困难的。针光复合麻醉的临床效果是否比针麻好，从表 1 可以看出，针光复合麻醉 1 级率明显地高于针麻。针光复合麻醉效果与针麻效果进行统计学分析，差异达到非常显著的水平。说明针光复合麻醉比针麻临床效果好。目前，针光复合麻醉已成为我国大多数医院施行甲状腺手术的常规麻醉。

2. 从手术时间看针光复合麻醉的效果

针麻效果与个体差异、穴位特异性、手术操作、手术时间、辅助用药等许多因素密切相关。其中手术时间对针麻效果有明显的影响。尤其针麻效果欠佳的时候，如果手术时间过长更容易使患者烦躁。从表2可以看出，针光复合麻醉的平均手术时间虽比针麻长27分钟，但并不因此降低麻醉效果，说明针光复合麻醉具有较明显的镇痛效应。

3. 从辅助用药量看针光复合麻醉效果

针麻有镇痛不全的缺点，虽有少数病例可以不用辅助药，但多数病例要用一定量的辅助药，尤其镇痛效果不全时，辅助药的用量会增大。从表3可以看出，针麻比针光复合麻醉哌替啶用量平均多18.18毫克，这从另一侧面说明了针光复合麻醉有较好的麻醉效果。

（三）结论

通过临床应用针光复合麻醉并和针麻施行甲状腺次全切除术各101例的结果来看，针光复合麻醉有较好的麻醉效果，而且比针麻好。

五、关于不留针针麻原理的研究

我们对1084例横针不留针、182例留针和76例局麻绝育术进行了镇痛、调节和麻醉效果的比较研究。

研究结果表明，不留针、留针针麻和局麻的麻醉效果的优良率都在90%左右，麻醉效果大体相同。

研究结果表明，在不留针针麻诱导期内，无论是机械致痛或离子致痛测定，都有提高痛阈和耐痛阈的作用。还表明，拔针后20分钟与针刺中20分钟的痛阈和耐痛阈基本上维持在一个水平上，显示了不留针针麻镇痛的后效应。不留针、留针针麻与局麻切皮优良率大致相同。缝皮效果优良率，局麻稍高于针麻，不留针稍高于留针。研究证实了不留针针麻确有与留针针麻相同的镇痛效果。

我们以皮电、皮肤温度、脉搏、血压、肌肉松弛程度、鼓肠情况、出血量和牵拉反应8个指标对不留针、留针和局麻的调节作用进行了研究。

结果：

（1）不留针针麻与局麻在切皮时的皮电波动大体相同。在找第一、第二根输卵管和缝皮时的皮电波动，不留针针麻比局麻都小。

（2）不留针针麻在找管与缝皮时皮温略有下降，但变化不大。

（3）不留针与留针针麻术中主要手术步骤的血压、脉搏都基本稳定。

（4）不留针与留针针麻及局麻的肌肉松弛程度和鼓肠情况的优良率大体相同，均在 95% 以上。

（5）针麻比局麻出血少，不留针比留针针麻出血少。

（6）针麻时牵拉反应比局麻时小。留针又比不留针针麻牵拉反应小。

上述结果说明，不留针针麻具有与留针针麻相同的针刺调整作用。从不留针针麻与局麻术中的 5 个指标比较来看，其中肌肉松弛程度和鼓肠情况相同，皮电波动、出血量、抗牵拉反应方面，则不留针针麻优于局麻。

不留针针麻的成功和普及，反映了一个新的事实：即针刺穴位为机体提供了一个适宜的条件，可在 30 分钟以内把机体的抗痛、抗病的因子充分激发起来，并能维持一段时间。不留针针麻手术的进行正是根据针麻的这种后效应的作用。针麻后效应的作用，提示针麻在人体可能引起的生理、心理的整体性运动变化过程。

我们在临床上观察到针麻具有明显的术后止痛作用，并在实验室对健康人进行针刺拔针后镇痛后效应的情况进行了证实。从 1974 年 10 月初到 1975 年年底，北京妇产医院计划生育病房在对受绝育术者全部普及不留针针麻的基础上，对 1084 例不留针针麻绝育术进行了临床与实验相结合的研究。这是与北京妇产医院计划生育病房合作研究的结果。

六、某些心理因素在针刺麻醉临床原理中的地位和作用

问题：我国独创的针刺麻醉手术是在患者意识完全清醒的状态下进行的。这就向针麻原理的研究和针麻临床实践提出了问题，即：①心理因素在针麻中是否起作用？②哪些心理因素在针麻中起作用？③心理因素在针麻中起些什么作用，起多大作用？

从1965年以来，我们运用心理学等科学知识和方法，继承和发扬祖国医学关于心理因素在针刺中作用的经验总结，对几千名被施行针刺麻醉术的患者就这个专题进行了研究。

人在身临其境的手术台上的心理活动与在实验室的心理活动是有相当大的区别的。手术台情境下的心理活动直接、真实地影响针刺反应、针刺镇痛、针刺调整和针麻效果。本工作即是对这种心理活动在针刺麻醉全过程（包括进针、针麻诱导期、拔针后切皮前、手术全过程）中的作用的记录。

方法和结果：被试：10余年来我们曾对多种针麻手术患者进行了研究，其结果和结论基本是一致的。本文报告的是以受针麻绝育术者为研究对象而取得的结果。

这些病例受病情轻重等因素影响较小，而术前又不使用辅助用药，可以避免它干扰心理因素特别是情绪因素进而对针刺镇痛和针刺调整产生影响。

我们用的实验仪器是57-6电脉冲医疗刺激仪，电针麻仪峰压、频率测定器，弹簧压力测痛器，HB-3A多导生理记录仪。

关于多导生理记录仪，我们是用于在针麻手术全过程中连续描记呼吸、脉搏和皮电的波动。对所获材料的处理，以各15秒的呼吸波总幅（幅度累加）、脉搏频率、脉搏波总幅（幅度累加）、脉搏波总峰差（每相邻两峰间垂直距离的累加）和皮电总幅（幅度累加）作为指标。受针麻绝育术者在手术台上安静时的自然波动（见表8）则为观察全过程各种变化的基础。

表 8　安静时前后各 15 秒呼吸波总幅、脉率、脉搏波总幅、脉搏波总峰差和皮电总幅变化

指标变化	呼吸波总幅	脉率	脉搏波总幅	脉搏波总峰差	皮电总幅
人数	40	48	47	47	39
前 15 秒（M）	15.10 毫伏	19.10 次	221.38 毫伏	14.42 毫伏	6.01 毫伏
后 15 秒（M）	14.12 毫伏	19.18 次	225.22 毫伏	15.10 毫伏	5.50 毫伏
后比前增减	减 6.49%	增 0.08 次	增 1.73%	增 4.71%	减 8.45%

从表 8 可以看出安静时呼吸波总幅、脉率、脉搏波总幅、脉搏波总峰差和皮电总幅在前后各 15 秒间的自然波动是很小的。

（一）情绪对针刺反应的作用

针刺反应包括耐针、针感、生理指标反应等，它是针刺穴位取得针刺镇痛、针刺调整和针麻效果的必要条件。针麻处方为外陵透外陵、气冲透气冲，横刺不留针。

1. 情绪对耐针的作用及耐针与针刺镇痛的关系

情绪状态评定分为 3 类，即：①病员的主观体验，②病员的表情行为，③前二者的综合评定（前二者若缺一项，以另一项作为综合评定的根据）。

每类都分为比较镇静和比较紧张两种，耐针分为好、中、差 3 类。“耐针好”，即能承受施针者的针刺，肌肉不紧张，表情自然。“耐针差”，即表示对施针者的针刺难以忍受，肌肉紧张，表情反应明显，甚至出汗等。“耐针中等”即介于上述二者之间。针前和针刺中痛阈和耐痛阈的测定使用弹簧压力测痛器，最小压力为 0 克，最大压力为 500 克。被试的任务是当测痛器压在皮肤上后，刚刚从不痛到感到痛时，立刻报告痛，此时的测痛器压力数值代表痛阈值。

情绪对耐针的作用，我们做了 209 例实验，结果见表 9。

表 9　情绪对耐针的作用（单位：例数）

情绪分类		依主观体验报告划分		合计	依表情行为划分		合计	综合划分		合计
耐针分类		比较镇静	比较紧张		比较镇静	比较紧张		比较镇静	比较紧张	
耐针	好	113	5	118	117	2	119	118	5	123
	中	27	22	49	29	21	50	31	22	53
	差	1	28	29	0	31	31	0	33	33
总计		141	55	196	146	54	200	149	60	209
χ^2 考验		$\chi^2=107.80$，$P<0.005$			$\chi^2=127.74$，$P<0.005$			$\chi^2=122.36$，$p<0.005$		

从表 9 可知，情绪对耐针是有重要作用的，统计学上都达到了差异极其显著的水平。

对 154 例耐针与针刺镇痛的关系的研究表明，89 例耐针好者痛阈提高 63.8%，39 例耐针中等者痛阈提高 51.0%，26 例耐针差者痛阈提高 30.5%，显而易见耐针好者痛阈提高得多。

2. 情绪对针感的作用及针感与针刺镇痛的关系

情绪的评定同上。“针感好”，即受针者有胀、酸、重的感觉；“针感差”，即受针者有痛感或没什么感觉；“针感中等”即介乎二者之间。情绪对针感作用的研究，我们做的 212 例实验的结果见表 10。

表 10　情绪对针感的作用（单位：例数）

情绪分类 针感分类		依主观体验报告划分		合计	依表情行为划分		合计	依综合划分		合计
耐针分类		比较镇静	比较紧张		比较镇静	比较紧张		比较镇静	比较紧张	
针感	好	109	8	117	112	5	117	114	7	121
	中	24	16	40	26	16	42	28	17	45
	差	8	32	40	9	34	43	7	39	46
总计		141	56	197	147	55	202	149	63	212
χ^2 考验		χ^2=81.54，P<0.005			χ^2=91.86，P<0.005			χ^2=101.15，p<0.005		

从表 10 可知，情绪对针感是有重要作用的，统计学上都达到了差异极其显著的水平。

对 155 例就针感与针刺镇痛的关系的研究表明，90 例针感好者痛阈提高 61.4%，33 例针感中等者提高 51.1%，32 例针感差者痛阈提高 40.29%，显而易见针感好者痛阈提高得多。

3. 情绪对进针时呼吸和皮电波动的作用

这里的情绪是指被试者在手术台上进针前的主观体验（即自我评定）。

心理因素在本次麻醉中的作用见表 11。

表 11　情绪在进针时对呼吸和皮电波动的影响（单位：毫伏）

指标	呼吸波总幅		皮电波动总幅	
时间	情绪紧张者（11 人）	情绪非紧张者（10 人）	情绪紧张者（12 人）	情绪非紧张者（11 人）
前 15 秒（M）	17.54	15.22	10.76	10.51
后 15 秒（M）	39.58	28.44	14.72	13.51
后比前增加(%)	125.65	86.85	36.8	28.54

这个结果说明，进针前后比较，情绪紧张者比情绪非紧张者（情绪一般和镇静者）的呼吸波总幅和皮电总幅的增幅都更大。

（二）心理因素对针刺镇痛的作用

1. 暗示对针刺镇痛的作用

测痛部位都在腹部正中线切口上方的气海穴位。进针前测痛一次，针刺后 10 分钟再测痛一次。

（1）对电针麻仪电刺激的皮肤感觉暗示性与针刺镇痛的关系

被试者手握插入针麻仪插孔内的输出线，扭转旋钮，监听喇叭就响了，同时被告知已经通电了，实际上并没通电。以能否引出患者麻、热或胀等感觉作为有无暗示感受性的指标。66 例实验的结果是，没引出感觉者 35 例，针刺前、后痛阈均数分别为 132.6 克和 184.9 克，针刺提高痛阈 39.5%；引出感觉者 28 例，针刺前、后痛阈均数分别为 108.6 克和 153.6 克，针刺提高痛阈 41.9%。二者几乎没有差异，可以认为在本实验条件下暗示性的有无与针刺是否提高痛阈无关。

（2）对痛的语言暗示对针刺镇痛的作用

61 例针刺中测痛的痛阈均数是 193.77 克，在进行痛的语言暗示下（即在测痛过程中主试不断地对被试者说“要注意，就要痛了，就要痛了”），痛阈均数是 164.26 克，两均数的 t 测验，t=7.778，p<0.001，差异极为显著。

在本实验条件下，可以认为对痛的语言暗示降低了针刺镇痛的作用。

（3）手术切皮前的语言暗示和自然情境暗示对针麻下脉搏和皮电波动的影响

在手术即将切皮前，主试对受绝育术者进行语言暗示：“手术就要开始了。”28例不进行语言暗示和语言暗示前15秒皮电总幅的均数分别为10.46毫伏和14.24毫伏，语言暗示使皮电总幅增大36.13%。

切皮前实验者的左手探摸接触受术者的切口皮肤，这是一种自然情境暗示。31例受术者手摸皮肤前、手摸切口皮肤和切皮后各15秒的脉率均数分别为21.9次、22.8次和22.7次，即手摸切口皮肤和手术刀的切皮都较手摸前的脉率有大致相同的增加。21例受术者手摸前、手摸切口皮肤和切皮后各自15秒的脉搏波总幅分别为249.4毫伏、230.66毫伏和232.12毫伏，手摸切口皮肤比手摸前缩小7.52%，切皮比手摸前缩小6.93%。可见手摸切口皮肤的自然情境暗示与真正手术刀切皮的手术创伤都使脉搏波总幅缩小，其缩小的百分数大体相同。

综上所述，不同条件下的不同暗示所起的作用是不同的，对痛的语言暗示，即将切皮的语言暗示和自然情境暗示都对受术者产生了消极影响。

2. 分心对针刺镇痛的作用

41例受术者，针刺前痛阈均数为125.12克，针刺10分钟时痛阈均数为189.76克。随即与被试者谈话，使他分心同时测痛，痛阈均数为226.59克。

针刺提高痛阈51.66%，针刺加分心则提高痛阈81.80%，故而可以认为分心能够提高针刺镇痛的作用。

3. 平时对痛的态度与针刺镇痛的关系

在手术室测痛前，对114例被试者询问平时对痛的态度，分为平时不怕痛和怕痛两类。平时不怕痛者67例，针刺前后痛阈均数分别为140.15克和195.22克，针刺使痛阈提高37.29%。平时怕痛者47例，针刺前后痛阈均数分别为101.49克和128.29克，针刺使痛阈提高26.41%。可见，平时怕痛者针前痛阈较低，针后提高痛阈也较少。

4. 对针麻手术怕不怕痛与针刺镇痛的关系

在手术室测痛前对 114 例被试者询问对针麻手术怕不怕痛，分为对针麻手术不怕痛和怕痛两类。对针麻手术不怕痛者 55 例，针刺前后痛阈均数分别为 144.18 克和 200.73 克，针刺使痛阈提高 39.22%。对针麻手术怕痛者 59 例，针刺前后痛阈均数分别为 107.79 克和 142.28 克，针刺使痛阈提高 31.9%。可见，对针麻手术怕痛者针前痛阈较低，针后提高痛阈也较少。

5. 对针麻有无认识与针刺镇痛的关系

97 例针麻受术者中 78 例对针麻无顾虑，针刺前后痛阈均数分别为 123.84 克和 197.05 克，针刺使痛阈提高 59.11%。19 例对针麻有顾虑，针刺前后痛阈均数分别为 114.11 克和 152.63 克，针刺使痛阈提高 33.75%。可见，对针麻有顾虑者针前痛阈较低，针后提高痛阈也较少。

6. 情绪对针刺镇痛的作用

152 例受绝育术者，比较镇静者 103 例，针刺前后痛阈均数分别为 118.0 克和 191.7 克，针刺使痛阈提高 62.5%。比较紧张者 49 例，针刺前后痛阈均数分别为 108.6 克和 151.4 克，针刺使痛阈提高 39.4%。可见，情绪较紧张者针前痛阈较低，针后痛阈提高得较少。

（三）情绪对针刺调整功能的作用

1. 情绪对针麻下血压的影响

（1）进针时依据被试者的主观体验和表情行为综合评定情绪。被试者 63 例，比较镇静者 41 例，比较紧张者 22 例，进针前与进针后血压差的绝对值均数分别为 3.7/3.0 毫米汞柱与 11.1/8.4 毫米汞柱。

（2）诱导时，被试者 57 例中，比较镇静者 23 例，比较紧张者 34 例，诱导前后血压差绝对值的均数分别为 4.0/4.0 毫米汞柱，12.0/9.3 毫米汞柱。

（3）实验性紧张对血压波动的影响。在针麻诱导期，要求被试者用最快的速度正确地计算两位数加法，以缓解被试者的紧张情绪。65 例被试者前后的血压均数分别为 105.20/69.69 毫米汞柱和 114.63/77.23 毫米汞柱，两对均数的 t 测验都是 $p<0.001$，差异极为显著。

综上所述，可见进针前后，诱导前后的血压差，比较紧张者都较大，“实验性紧张”后的血压也较实验前升高。

2. 情绪对针麻下脉率、脉搏波总峰差的作用

（1）进针时情绪评定同上。被试者 84 例，比较镇静者 54 例，比较紧张者 30 例。进针前与进针后脉率差绝对值的均数分别为 3.3 次 / 分和 10.6 次 / 分。

（2）诱导时的情况。被试者 61 例，比较镇静者 28 例，比较紧张者 33 例。诱导前后脉率差绝对值的均数分别为 3.7 次 / 分和 12.1 次 / 分。

（3）实验性紧张对脉率的影响。98 例烘托前后脉率均数分别为 77.90 次 / 分和 87.43 次 / 分，两均数的 t 测验，$p<0.001$，差异极为显著。

综上所述，针刺前后、诱导前后的脉率差，比较紧张者都较大，实验性紧张则极为显著地提高了脉率。

（4）几种有关平时情境的情绪性语言刺激对脉率和脉搏波总峰差，有着明显影响，其结果见表 12。

表 12　几种有关平时情境的情绪性语言刺激对脉率、脉搏波总峰差的作用

指标	脉率（单位：次 /15 秒）				脉搏波总峰差（单位：毫伏）			
刺激项目	人数	刺激前 15 秒	刺激后 15 秒	增加	人数	刺激前 15 秒	刺激后 15 秒	增加
平时怕不怕痛	27	19.6	20.1	0.5	12	14.14	18.93	33.9%
平时最怕什么	34	19.5	20.1	0.6	12	15.64	19.66	25.7%
生孩子怕不怕	27	19.3	19.8	0.5	10	13.36	21.06	57.6%
人流怕不怕	28	19.7	20.3	0.6	11	13.80	17.42	26.2%
平时情绪稳不稳定	16	20.6	21.0	0.4	10	14.62	19.02	30.1%

（5）几种有关手术台情境的情绪性语言刺激对脉率和脉搏波总峰差

有着明显的影响，其结果见表 13。

表 13 几种有关手术台情境的情绪性语言刺激对脉率和脉搏波总峰差的作用

指标	脉率（单位：次 /15 秒）				脉搏波总峰差（单位：毫伏）			
刺激项目	人数	刺激前 15 秒	刺激后 15 秒	增加	人数	刺激前 15 秒	刺激后 15 秒	增加
对手术怕不怕	29	19.5	20.2	0.7	12	15.36	16.42	6.9%
对针麻有无顾虑	20	19.9	20.4	0.5	11	11.84	17.04	43.9%
做手术是自愿来的吗	20	20.1	20.8	0.7	11	16.66	19.34	16.1%
估计手术效果怎样	19	20.2	21.3	1.1	11	12.90	19.98	54.9%

3. 情绪对针麻下皮电波动的作用

（1）实验性紧张对皮电波动有明显影响。使用进口电流计显示皮电波动。处理数据时使用的是相对数。33 例实验者前后 30 秒皮电波动的平均数为 5.94 和 12.34，两均数的 t 测验，$p<0.001$，差异极显著。

（2）几种有关平时情境的情绪性语言刺激对皮电波动有着明显影响。使用 HB-3A 多导生理记录仪。结果见表 14。

表 14 几种有关平时情境的情绪性语言刺激对皮电波动的作用

指标	皮电总幅（单位：毫伏）			
刺激项目	人数	刺激前 15 秒	刺激后 15 秒	增加
平时怕不怕痛	28	4.80	6.88	43.33%
平时最怕什么	34	5.06	7.68	51.80%
生孩子怕不怕	29	5.36	6.36	18.65%
人流怕不怕	29	5.40	6.20	14.81%
平时情绪稳不稳定	17	5.36	6.16	14.92%

（3）几种有关手术台情境的情绪性语言刺激对皮电波动有着明显的影响。结果见表 15。

表 15 几种有关手术台情境的情绪性语言刺激对皮电的作用

指标	皮电总幅（单位：毫伏）			
刺激项目	人数	刺激前 15 秒	刺激后 15 秒	增加
对手术怕不怕	27	4.82	8.08	67.63%
对针麻有无顾虑	22	6.36	7.04	10.67%
做手术自愿来的吗	20	5.36	5.96	11.38%
估计手术效果怎样	20	4.36	6.33	45.18%

（四）某些心理因素对针麻效果的作用

我们曾报道过患者对针麻的认识、患者的情绪状态、患者与医务人员的配合程度与针麻效果都有着密切的关系，统计学上都达到了差异极其显著的水平，即无顾虑者、情绪镇静者、配合好者的针麻效果较好。

下面报告的是受术者上手术台时自我评定的情绪，在主要手术步骤时对生理指标的影响。

1. 情绪对切皮时脉搏波总幅和皮电总幅的影响结果见表 16。

表 16　情绪对切皮时脉搏波总幅和皮电的影响

指标	脉搏波总幅（单位：毫伏）			皮电总幅（单位：毫伏）		
刺激项目	总数 21 例	紧张者 11 例	非紧张者 10 例	总数 26 例	紧张者 13 例	非紧张者 13 例
切皮前 15 秒（M）	249.4	248.16	250.74	12.12	9.18	15.06
切皮后 15 秒（M）	232.13	205.18	261.76	17.56	17.26	17.88
增减	减 6.92%	减 17.31%	增 4.39%	增 44.88%	增 88.01%	增 18.72%

2. 情绪对找第一根输卵管时的脉率和脉搏波总幅的影响结果见表 17。

表 17　情绪对找第一根输卵管的脉率和脉搏波总幅的影响

指标	脉率（单位：次 /15 秒）			脉搏波总幅（单位：毫伏）		
刺激项目	总数 35 例	紧张者 16 例	非紧张者 19 例	总数 24 例	紧张者 12 例	非紧张者 12 例
找管前 15 秒（M）	20.60	20.15	20.68	288.48	275.46	301.52
找管后 15 秒（M）	21.70	22.70	20.84	234.28	212.26	256.28
增减	增 1.1%	增 2.55%	增 0.16%	减 18.79%	减 22.94%	减 15.01%

3. 情绪对缝皮时呼吸波总幅、脉率和脉搏波总幅的影响结果见表 18。

表 18　情绪在缝皮时对呼吸波总幅、脉率、脉搏波总幅的影响

指标	呼吸波总幅（单位：毫伏）			脉率（单位：次 /15 秒）			脉搏波总幅（单位：毫伏）		
刺激项目	总数 28 例	紧张者 13 例	非紧张者 15 例	总数 29 例	紧张者 14 例	非紧张者 15 例	总数 17 例	紧张者 8 例	非紧张者 9 例
缝皮前 15 秒（M）	40.92	37.70	43.72	19.5	19.9	19.10	350.12	423.62	284.77
小针缝皮 15 秒（M）	54.28	55.44	53.25	19.8	20.6	18.97	295.18	343.96	251.82
大针缝皮 15 秒（M）	63.00	64.38	61.78	20.3	21.2	19.46	290.30	322.70	261.46
小针缝皮增减	增 32.64%	增 47.05%	增 21.79%	增 0.3%	增 0.7%	减 0.13%	减 15.7%	减 18.8%	减 11.78%
大针缝皮增减	增 53.95%	增 70.76%	增 41.32%	增 0.8%	增 1.3%	增 0.36%	减 17.1%	减 23.82%	减 8.19%

从上述的结果可以看出，呼吸波总幅在缝皮时（即疼痛反应时），情绪紧张者比情绪非紧张者增加得多。脉率在缝皮时和在找管时（即牵拉反应时），情绪紧张者比情绪非紧张者都增加得多。脉搏波总幅在切皮、缝皮时（即疼痛反应时），情绪紧张者比情绪非紧张者降低得多。总之，情绪紧张者比情绪非紧张者在针麻手术主要步骤即切皮、缝皮、找管时生理反应大。

讨论：

1. 针麻对具有各种心理状态的人都有镇痛作用

本研究结果表明，无论患者对针刺有无认识，情绪紧张还是镇静，平时怕不怕痛，对手术怕不怕痛，暗示感受性高低，针麻都能提高痛阈。这说明针麻确是有其生理学基础的，它不是单靠意志、靠思想，或某种心理

因素（如暗示因素）就能达到的结果。

2. 针麻中物质因素与心理因素的关系

针麻是一个复杂的生物现象，它的机理必然含有多种因素（如神经因素、化学因素、心理因素等）。针麻中的物质因素（如神经因素、化学因素）与心理因素不是机械地堆积，而是综合地起作用，有着相互联系、相互作用的辩证统一关系。大量的针麻临床实验表明，针麻效果好，能够增强人的积极的心理状态或消除消极的心理状态，而积极的心理状态能够增强针麻效果。

心理因素在针麻中起着重要的作用，这是由针麻的特点决定的。针麻是以患者在意识完全清醒的状态下，以针刺激发和调动机体内部的积极因素为其特征。在清醒状态下，人的生理状态和心理状态有着不可分离的关系。在针麻中，患者的心理因素不能代替针刺对机体产生的抗痛、调节的生理作用；而针刺对人体产生了生理作用，不能也无法排斥心理因素对它的能动影响。

3. 哪些心理因素在针麻中起作用

我们的研究结果表明，患者的认识，情绪，个人的痛觉经验，对疼痛、手术和医务人员的态度，对疼痛的注意程度，对痛的自我暗示，与医务人员的配合程度等都是影响针麻效果的心理因素。认识是心理因素在针麻中作用的基础，情绪在针麻中亦占有极为重要的地位。充分地、多方面地发挥患者和医务人员两方面的积极性是不断地增强针麻效果的重要途径之一。

4. 心理因素在针麻中起哪些作用？起多大作用

我们的临床观察和实验研究表明，患者的心理因素在针麻全过程包括进针、针麻诱导期及手术各个步骤中起着能动作用。心理因素影响到针刺反应（耐针、针感、生理指标反应等）、针刺镇痛（痛感觉与痛反应等）、针刺调整（血压、脉搏、呼吸、皮电等）和针麻手术效果（手术主要步骤和整个手术麻醉效果）。

心理因素在针麻中的能动作用大小是依针刺生理作用的大小，手术操作的优劣和心理状态变化的程度而决定的。

我们认为针麻临床应用是以针麻的生理作用为基础，心理因素起着能动调节作用，是生理与心理的综合作用。

结论：

心理因素在针麻中对针刺反应、针刺镇痛、针刺调整和针麻效果都有重要的、显著的作用。心理因素是构成针麻临床应用不可分割的一个重要方面。在影响针麻的许多心理因素中，患者的认识、配合特别是情绪占有重要的地位。

夸大或否定心理因素在针麻中的作用都是不对的。

第五节 1966 年—1976 年中最早发表心理学论文

我于 1972 年第一期《河北新医药》发表了《心理因素（感觉相互作用、暗示）对痛觉感受性作用的实验报告》。这是中国科学院心理研究所撤销后心理所的工作人员第一次在国内的公开学术刊物上发表论文，也极可能是中国心理学界在 20 世纪 70 年代最早发表的心理学论文。

在当时整个心理学界停止了研究的状态下，我借着当时的针刺麻醉是周恩来总理亲自支持和关心的国家重点课题的有利形势，抓住时机发表论文，传递一个信息，那就是心理学还是存在的。还是有用的，心理学不是伪科学。

第六节 1966 年—1976 年全国性学术会议上作学术报告

1972 年 10 月，卫生部在上海举办全国针刺麻醉学术讨论会，我被卫生部邀请在大会做专题报告。报告的题目是：精神因素在针麻原理中的地位与作用。这是 20 世纪 70 年代中国心理学工作者第一次在全国性的学术会议上做报告，对在学术界宣传心理学的作用有一定的影响。它实际上证明心理学是一门科学，心理学的研究是必要的。

当时全国的学术会议基本没有了。全国针刺麻醉会议也是借着周恩来总理支持、关心针刺麻醉的研究的有利形势召开的。我是卫生部特别代表，在针刺麻醉全国会议上做专题报告，说明国家的有关部委还是承认心理学存在，承认心理学是有用的。

我这是第一次在全国的多学科的、多部门的学术大会上做专题报告。当天上午有两个专题报告，前一位是中国科学院上海生理所的代表做针刺麻醉生理研究的报告。他没有掌握好时间，严重地超出了会议给他安排的时间，会议的主持人也没有及时地提醒他，造成留给我的时间大大缩短，我有些慌张起来。为了在规定时间内结束报告，我必须压缩报告内容，但是，我缺乏经验，做得很不满意。

从那以后直到现在，每次报告前我都问清主持人我的报告时间是多少，我会向主持人说明我绝不超过会议给我的时间，但我也不能减少报告时间。我不能改变别人延长报告时间的不良习惯，但我也要保证我自己有足够的报告时间。在20世纪70年代及其后一段时间内，中国的会议报告很多人不守时，以我看来，这是一个会议报告的道德问题，是学术伦理问题。我自己也很厌恶做报告超时的人。当然，自己首先要注意，做到自己的报告不要超时。

第七节　1966年—1976年中最早的科研成果

经中国科学院心理所与中国科学院院所两级评审批准，我负责的《针麻临床心理的规律研究》被评为1973年中国科学院重要成果，并在1973年中国科学院重要成果展览会上展出。这对宣传心理学存在的必要性与心理学的作用，对鼓舞我国的心理学工作者有一定的积极影响。

当年，我的研究成果在中国科学院展览会上展出，也预示着心理学作为一门科学是取消不了的。

第八节 1966 年—1976 年心理学界重要的研究成果

在 1973 年—1976 年中，针刺麻醉心理学研究的成绩经心理所和中国科学院评审，被定为中国科学院 1966 年—1976 年重大研究成果，并在中国科学院 1966 年—1976 重要科研展览会上展出。这个工作是由我负责进行的，持续 10 年。1973 年—1976 年幸代高同志参与了此工作，1973 年—1976 年孙长华、林淑惠同志部分参与了本工作。现把当时报向科学院的该研究成果的重点内容摘录如下：

几年来，在北京妇产医院等有关单位协助和支持下，我们对 2000 例被施行针刺麻醉的患者侧重从心理学方面，对针麻原理及某些专题进行了研究并取得了成果，为全面阐明针麻原理提供了某些依据。有些实验结果已在临床上推广应用，为提高对工农兵患者的针麻效果服务。以此为依据，我们在报纸杂志上发表了 10 余篇报告。

一、心理因素在针麻中的作用

我们坚持毛主席关于“物质可以变成精神，精神可以变成物质”的马克思主义的唯物辩证法作为指导，比较系统地从临床与实验相结合的基础上，对心理因素（对针麻的认识、情绪等）在针麻中的作用进行了研究，广大工农兵患者是针麻手术的直接参加者，他们在针麻下与疾病作斗争的体验与行动，是心理因素在针麻研究的直接表现。研究结果表明：

（1）心理因素是影响针麻效果的重要因素之一。针刺穴位对人体产生的整体性生理作用是针麻的物质基础，在这个基础上，人的心理因素在针麻全过程中是起能动调节作用的。积极的心理状态能够提高针麻效果，消极的心理状态能够降低针麻效果。充分发挥医务人员与患者的积极性，有针对性地做好针麻病员的思想工作和心理转化工作是不断提高针麻效果的重要途径之一。

（2）心理因素在针麻中的作用是针麻应用中不可分割的一个组成部分，针刺的生理作用与心理作用有着相互联系、相互影响的关系。

（3）夸大心理因素在针麻中的作用是错误的，否认心理因素在针麻中的作用也是违背唯物辩证法的。

这项工作为全面阐明针麻原理和不断提高针麻效果提供了某些依据。

二、针刺对皮肤感知觉的作用

我们在不同针刺条件下，比较系统地进行了针刺对某些皮肤感知觉作用的研究。结果表明，针刺不仅对痛觉，而且对触觉、压觉、定位觉、空间辨别觉、温觉都有影响，这为针刺对机体的作用提供了新的事实依据，说明针麻的作用原理之一，可能是“感觉相互作用”原理，提示针刺可能是对整个大脑皮层的皮肤分析器发生作用。

在研究针刺对皮肤感知觉的作用的过程中，我不仅发现了针刺能提高痛阈，而且在研究过程中，我还提出了一个痛觉研究领域的新概念，叫做“痛余觉”，指的是痛觉刺激物离开皮肤后用手轻摸还感觉疼痛。我在研究中发现针刺也具有降低人的痛余觉的作用，而且痛余觉低的人，伤口恢复得快；痛余觉高的人，伤口恢复得慢。提示：痛余觉现象和感染程度可能有关系。

三、针麻效果的术前预测

针麻临床实践表明，个体差异是客观存在的，我们在深入针麻临床的基础上总结出，影响针麻效果的因素主要有 3 个方面：一是针刺的效应，二是患者的痛觉特点，三是患者的精神因素。几年来，我们先后使用了 50 多项预测指标，按照指标既要有一定程度的预测准确性，也要力求简便易行，使预测工作立足于农村、基层和战备的需要这两个要求，并做临床筛选与比较，确定了针刺的两点阈限的改变、耐痛阈、情绪状态作为影响针麻效果 3 个方面的主要指标。这 3 个指标各自的预测准确性在 80% 左右，每一个指标都可在 1~2 分钟完成。而且医生可根据预测结果确定是否辅助用药。这项成果如果能够在针麻临床普及推广，不仅能初步适应农村、基层和战备的需要，也能为针麻适应症提供临床的某些依据。

四、提高针麻效果的研究——刺激方法，电针刺激参数与针刺镇痛

我们在工农兵患者好思想、好作风的教育下，急工农兵患者之所急，

痛工农兵患者之所痛，决心走中西医结合的道路提高针麻效果。

（1）改进刺激方法：我们在祖国医学按摩疗法、灸法、熏洗疗法的启发下，在针刺镇痛的基础上，引入了现代医学的电按摩和蜡疗的两种技术，结果表明，在针刺作用的基础上，适当地在穴位上加以蜡的热刺激和震动刺激，可能是提高针麻临床效果的一个途径。

（2）电针刺激参数：通过针麻实践，我们认为目前临床上普遍采用电针麻仪代替人工手法捻针，虽然节省了人力，但刺激稍长，针感就会减弱和消失，影响针麻效果。我们从中医辨证施治和针刺手法得到启示，比较系统地研究了电针刺激参数（刺激强度、频率、波形）与针麻镇痛的关系。首先在实验室进行了电针参数的筛选，把结果送到临床上检验，证明了强刺激频率为高频（切口针 4.8 万次 / 分，效果稳定）、波形为疏密波时的镇痛效果好。筛选、使用最优秀的参数，是不断提高针麻效果，攻克针麻三关的一个较为有效的措施。

中国科学院 1966 年—1976 年十年重要成果展览是在现在的北三环西路 45 号中国科学院遥感地面站二楼的西边展厅里展出的，心理所当时只有我这一项研究成果参展。这个重要意义是可想而知的。当时我准备这个会议展览也是仔细、认真的，反复设计、反复推敲，因为，我深知这次展览的分量。不仅是对我个人学术上的肯定，更是为一个所、一个学科争夺它应有的席位，争取它存在的一个机会。我绝不能错过。我要竭尽全力把它搞好。

第九节 在全国针麻学术讨论会上作报告

《心理因素在针刺麻醉临床应用中的地位和作用》的论文，经卫生部针麻学术委员会评审，认为达到国内先进水平，于 1979 年 6 月在北京具有国际性质的全国针灸针麻学术讨论会上做了报告，这篇论文与另外两篇的论文摘要都刊登在《全国针灸针麻学术讨论会论文摘要》内。

1979年6月，全国迎来科学的春天，为了总结针刺麻醉的经验，为了向国际上展示中国科技研究的成果，召开了这次会议。针刺麻醉研究成果是有中国特色的研究成果，是古老的中国针灸学再放异彩。这次会议从文章入选到会议报告，也使我受到一次严格的国际会议规范的训练，也让我打开了眼界。

《中国科学院心理研究所所史》指出：又如有关针麻问题的心理学研究。1973年王极盛等进行的心理因素与针麻效果的关系研究是与北京妇产医院针麻组共同协作的。此项工作研究探索了术前预测的参考标准（耐痛、情绪状态、两点阈限的改变），为针麻适应症提供依据。不同刺激频率（高频与低频）比较，运用选优法。高级心理过程对针麻效果与皮肤知觉的作用及对情绪——植物神经反应类型等均获一定积极结果。

第十节 获得中国科学院1979年重大科技成果奖

经所院两级评审，我作为主要负责人之一和主要参加人之一的针麻的心理学研究被评为1979年中国科学院重大科技成果二等奖。这是中国科学院心理所从1977年恢复以来获得的中国科学院成果奖，这也是对我10多年来坚持针刺麻醉心理学研究的一个肯定和鼓舞。

针刺麻醉从20世纪60年代中期到70年代末一直是国家重点科研项目，周恩来总理也曾多次指示要集中力量把针刺麻醉原理阐明。我始终认为心理因素是针刺麻醉原理中的一个重要组成部分，这个成果是对针刺麻醉的心理学研究的一个初步总结。

中国科学院在1966年—1976年，没有设立过科技成果奖，但有重要科技成果评定和展览，相当于科技成果奖。1979年，该项研究被评为中国科学院重大科技成果二等奖，是我们课题组的光荣，也是我们心理所的光荣，对我的鞭策鼓舞也很大。只要符合国家要求的，尽管有各种干扰，坚持不懈去做、去探索、去研究，终究会取得成绩的，终归会受到社会承认的。科学研究是个复杂过程，受到异议是不可避免的。关键在于，要坚持真理、修正错误、砥砺前行。

第十一节 获得山西省“激光穴位镇痛与麻醉”的成果奖

大量的针灸与针麻实践表明，针灸作用于穴位具有明显的镇痛作用，而且可以在针灸作用下进行麻醉手术。截至1980年，我国临床已进行200万例的针麻手术。我们受到针刺穴位镇痛与麻醉的启示开始，设想针灸之外的其他技术刺激穴位是否也有镇痛作用，我们经过大量的实验研究证明，这种设想是符合实际的。我曾经写了一篇文章，叫作《穴位刺激的10种镇痛方法及其效果的研究》，这是对我在这个方面，用10种方法刺激穴位产生镇痛实验研究的一个总结。

我与山西医学院第一临床医院麻醉科的王大柱医生、北京医学院第三附属医院外科医生王友良先生合作，进行了激光穴位镇痛与麻醉的研究。研究结果表明，激光作用穴位有着针刺刺激穴位同样的镇痛效果。随后把它运用在临床实验上，实验结果也证明，激光穴位麻醉实验是成功的。这项研究获得了山西省人民政府授予的1980年山西省重大科技成果二等奖。实际上是在针刺镇痛与针刺麻醉基础上的拓展。

我在这个研究过程中，深深体会既要虚心学习前人的经验与成果，又要在前人经验与成果上向前跨进。既要尊重事实，要站在前人的肩膀上进行创新，进行开拓，也一定要谨慎、小心，一切实验都要接受实践检验，实践是检验科学水平的唯一的标准。

第五篇　老年心理学、妇女心理学、医学心理学、生理心理学、理论心理学与心理学史的研究成果

第六章　老年心理学的研究

我对老年心理学的研究断断续续有 30 多年。

第一节　老年心理学研究的历程

20世纪80年代中期，党中央实行了干部离退休制度，废除干部终身制，我当即就着手研究离退休老同志的心理学问题。经过调查和实证研究，在《老年学杂志》连发 6 篇文章。研究的结果表明，离退休老同志退休后的智力因素与非智力因素都是正常的，他们仍然具有较强的生活能力与工作能力，这为离退休老同志继续发挥价值提供了理论支持。

2020 年新型冠状病毒疫情肆虐时期，我在北京社区、北京“老科协”、中国科学院老年大学分别做了“疫情下的心理防护工作”报告，受众主要是老年人。现将我在中国科学院老年大学讲课的视频经北京“老科协”总会整理成文章，发表在科协频道，这篇文章的题目是《疫情防控常态化，如何呵护心理健康？——心理学家王极盛就疫情反复下的心理防护给予指导和建议》，现将这篇文章摘要如下：

疫情防控常态化，如何呵护心理健康？——心理学家王极盛就疫情反复下的心理防护给予指导和建议

转眼间，2020 年已经过半，“新冠”肺炎疫情在我国不仅威胁到人们的生命安全和身体健康，也对一些人的心理健康造成了影响。特别是在疫情反复出现的状况下，人们更容易产生心理及情绪上的变化。为帮助大家

更好地认识和防护自身的心理健康，科协频道邀请著名心理学家王极盛教授，就疫情反复下的心理防护给予指导和建议。

认识决定心态

在心理学中，心理现象包括两部分，一部分是心理过程，另一部分是个性特点和个性倾向性。

心理过程包括认识过程、情绪与情感过程和意志与行动过程。其中，认识过程决定了后面两种心理过程。人们认识事物不是无动于衷的，会存在一种态度、一种情绪体验。比如面对疫情，人们认识它是客观存在的，反映在大脑里，才有了疫情认识。有了认识就得采取意志措施来战胜它，就要勤洗手、多开窗、戴口罩、保持一定的社交距离。但情绪过程和意志过程反过来也会影响、深化人们的认识。

例如，夫妻二人对孩子晚上放学回来的时间变化看法不一样。母亲看孩子平时5点回家，这次4点55分还没回来就着急了，到5点还没回来就开始心慌，猜测孩子是不是发生了什么意外，甚至跑出去找孩子。父亲则认为孩子学校经常有事情、有活动，不准时回家很正常，不用着急，也不用出去找。由此可见，有的人对事物的反应是乐观的，有的人对事物的反应是非乐观的，喜欢把事情往坏的方面想。所以，个性倾向性也会影响认识。

疫情之下的心理分析

人类是有思想和心理活动的。心理活动对于人的疾病发生、发展、变化、愈后，都有重大影响，特别是对疾病的预防有着更大的作用。疫情不仅对人的生理产生一系列不良影响，也会对人的心理产生一定影响。人的心理具有能动性和意识反作用性，需要通过各种心理措施、策略，防止和减轻因疫情带来的影响。

我们可以通过心理过程的3个方面来分析武汉疫情时人们的心理状态

影响。

首先，面对这次突如其来的“新冠”肺炎疫情，人们没有任何心理准备，所以大家在认识上比较模糊，具有不确定性。2020 年 1 月 23 日，武汉封城，导致人们内心更紧张。千万人口的城市封城是大事，执行这项措施很不容易，对社会各方面的影响都很大。其次，随着疫情的发展，雷神山、火神山医院建起来了，接着方舱医院也建立起来了，可以看出党中央把人民的生命安全和身体健康放在第一位。所以人们在认识上就有了底，意识到了疫情可防可控，情绪上就会相对平和稳定一些，但也可能伴随一些焦虑、抑郁的情绪。最后，武汉解封，战“疫”取得重大阶段性胜利。人们也意识到中国人民有力量、有决心，有能力控制突发疫情，从而心理认识也随着疫情的好转而变好。

精准防控疫情，保证人民信心

2020 年 6 月 11 日，北京市西城区出现一例新型冠状病毒感染（以下缩写“新冠”）确诊病例。在此之前，北京已经 56 天没有新增“新冠”确诊病例了。疫情的再次来临，会让人们在心理认识方面出现突然感、惊奇感。但北京市政府以最快的速度、最大的决心、最严格的措施进行防控，取得了重大成果。

为控制疫情，防止疫情蔓延，北京市政府决定进行大范围人群核酸检测，重点人群应检尽检、其他人群愿检尽检。从 6 月 11 日突发新发地疫情，出现首例确诊病例后，截至 7 月 7 日，北京已完成超过 1100 万人次核酸检测量 。北京全部高考工作人员、10 万多名快递员以及 1200 多名美容方面的工作人员，核酸检测全部为阴性。这些最容易传播“新冠”的工作岗位都没有出现病例，使人们更加认识到，疫情全面胜利的那一天很快就会到来，所以情绪更稳定，行动更果断积极。8 月 6 日，经过一个多月的努力，北京新发地聚集性疫情 335 名确诊病例中最后一名患者，在北京地坛医院治愈出院，这标志着历时55天的新发地市场疫情阻击战的最终胜利。

北京这次控制疫情的精准施策，根据疫情发生的情况来确定高、中、低风险区，且随时根据疫情变化进行调整、区别对待，保证了人民复工复产有序进行。政府工作到位，公开透明，传递正确信息，防止不良信息、小道消息对民众的干扰并破坏民众的情绪、认识、行动，从心理学角度看是非常有意义的。

政府每天准时公开正确信息，使民众对疫情有正确的认识、正确的情绪、正确的行动。有时甚至一天三次新闻发布会，随时传播正确信息，让民众能够随时调整情绪、深化认识，对战“疫”充满信心，使得在疫情防控常态化情况下，一方面防止疫情继续发生，另一方面保证社会经济持续正常化，复工复产有序进行。

疫情防控的个人心理建设

学会用心理学方法提出问题。疫情已经持续半年多，每个人要想想这半年来，自己对疫情防控的措施执行得怎么样？“勤洗手，多开窗，戴口罩，社交距离保持1米”做得怎么样？要思考哪些做到了，哪些没做到，哪些需要巩固，哪些需要改进。克服不良心理，比如说侥幸心理，很多时候都是侥幸惹的祸。不该去的地方坚决不去，不该做的坚决不做，确保不被传染。

大力普及心理健康知识很重要。习总书记指出，“要把科学普及放在与科技创新同等重要位置”，因此，相关人员要采取一定措施把心理学的科学知识普及广大群众当中去。例如，医务人员待患者如亲人，非常热情，从眼光和面部表情看出来非常友好，这些就是心理的力量，也是一种精神力量。良好的心理素质，增强人的免疫力，不良的心理素质降低人的免疫力。心理健康指的是人对社会、对自然、对自身的一种有序、和谐、平衡的心态。

如何判定是否心理健康?

1. 智力正常。2. 情绪稳定而愉快。3. 人的心理和行动统一。4. 刺激反应适度。5. 正常的人际关系。6. 心理年龄和实际年龄符合。

一旦发现自身可能存在心理问题，不必马上去找心理医生咨询，可以先利用 10 天左右的时间自我调整，看看能不能在心态上有所转变。能转变就是恢复正常了，不能转变可以找心理咨询师进一步检测，看自己是否有心理问题。中国人心理健康的情况如何呢？我通过对 4 万名中学生进行包括强迫、敌对、偏执、人际关系、焦虑、抑郁、压力、适应不良、情绪不稳定、心理不平衡 10 个方面的心理健康测试，得到的结果是 32% 的学生有心理问题，其中 28% 的学生有轻度的心理问题，3.9% 的学生有中等程度的心理问题，0.1% 的学生有重度的心理问题。

通过对中国科学院已故院士进行调查研究，选出我认识的已故院士 117 人，就其寿命进行统计分析。117 人当中寿命在百岁以上的 6 人，占总数的 5%；寿命在 90~99 岁间的 39 人，占 33.3%；81~89 岁的 32 人，占 27.4%；享年在 80 岁以上的 77 人，占总数的 65.8%。为什么院士都这么长寿呢？一个很重要的因素是院士有求知欲、好奇心、质疑精神、坚韧性，心理素质非常高，不受社会不良因素的影响，能排除各种杂念，形成大脑优势兴奋灶。全身的各种积极因素，抗病的因素，就能提升全身的免疫力。而且院士心态平稳，这也是衡量人的心理健康核心指标之一。

积极的心理因素可增强免疫力

人类的心理与疾病有着密切的关系，其中大部分属于心身疾病（指情绪因素引起的身体疾患和症状）。所以，重视心理健康、重视心理保护，可以防止和减少心身疾病的发生。每个人尤其是老年人一定要注意心平气和，情绪稳定而愉快，这样能减少很多疾病的发生。而消极的心理因素，如焦虑、紧张、悲观、绝望、恐慌的心理因素，对健康的危害不亚于病菌和病毒。积极的心理因素对健康的作用胜过药物。药物治疗是医学治疗的一种，是非常必要的，但是如果配合心理治疗，拥有积极的心理因素，效果就会不同。

心理因素对某些特殊患者特别有作用，积极的心理暗示作用非常明显。积极的心理因素会加强药物的作用，心态不好则会降低药物的作用。老年人在坚持吃药的同时，更要坚持乐观的精神、乐观的心态，心态不好，吃药的效果也会大打折扣。

走出疫情、疾病心理误区

1. 急躁误区。急躁就容易措施不当，有所疏漏，就会出现问题。

2. 老年人对自身的认识误区。老年人体弱，免疫力相对差一些，同等条件下容易感染。但老年人可以不上班，在家里少和人接触，不接触传染源就不会被传染，所以老年人要看到自身的优势，增强信心。

3. 迷信、依赖特效药和疫苗的误区。在没有特效药和疫苗的情况下，更要重视现有的医疗资源，重视心理因素在疾病发展中的作用，加强生理保护和心理保护，预防大于治疗。

4. 盲目地看小道消息的误区。小道消息分辨不清，容易使情绪不稳定，判断有误。

5. 老年人不活动的误区。为彻底切断疫情的传播链条，老年人虽然居家防护，但可以在家多活动，保持气血流畅、经络通畅、阴阳平衡。

1984 年，我作为编委之一参加了《退休生活百科全书》的编纂工作，并且是心理篇与社会篇唯一的撰稿人，该书由当时的国家副主席乌兰夫题写书名，发行了数十万册，对普及离退休生活提供了全方位的知识服务。

20 世纪 90 年代初，我在中央电视台《夕阳红》节目中连续多次独自讲解老年心理学问题，影响较大。

21 世纪初期，中国逐渐进入了老龄社会，银发浪潮滚滚而来，为迎接老龄社会的到来，做好老龄社会的心理研究工作也很重要。我经过大量的对养老院老人生活的调查研究，写出了《壮心不已 多彩人生：著名心理学家王极盛养老系列讲座》一书，并于2019年8月由新华出版社出版。

第二节 发表的学术论文与科普文章

学术论文6篇：

《退休、离休老干部的心理的某些研究》《退休、离休老干部智力因素与非智力因素的研究》《退休、离休老干部的心理反应的探讨》《离、退休老年人的心理卫生原则》《心理与长寿》《退休、离休的心理学意义》

科普文章4篇：

《怎样防止老年记忆力衰退》《每天玩一分钟，激发老年人创造力》《心理革命——精神抗癌的威力》《每天保持朝阳心态——15种快速心态调整法》

第三节 出版的著作

《退休生活百科全书》《青少年·女性·老年心理学研究文集》。其中《壮心不已 多彩人生：著名心理学家王极盛养老系列讲座》内容简介如下：

本书围绕老年人的心理发展变化，结合现实生活，进行深入浅出的分析与探讨，为老年人过着心有朝气，身体安康，家庭和睦，美满幸福的生活进行心理指导。主要包括：积极老龄观，包括走出老龄观的八个误区，积极老龄观的意义等；养老观念创新，包括人间重晚晴，老年心理保健的金原则等；养老先养心，包括老年人18种简便调节心态的方法，老年人18种简便调节心态的方法，老年人的心理卫生和老年人痛疼的心理调控等；提高老年人的生活质量与主观幸福感，包括心态好多长寿，怎样防止老年记忆力、智力与创造力的衰退，怎样过好晚年的婚姻与家庭生活等。

《壮心不已 多彩人生：著名心理学家王极盛养老系列讲座》发表后，中国科学院离退休干部工作局网站发表了7篇评论文章，现转载3篇：

让每一个人的人生更多彩——读著名心理学专家王极盛

《壮心不已 多彩人生：著名心理学家王极盛养老系列讲座》

我国已经进入老龄化社会，众多的老年人生活在我们中间，老年问题不仅是社会问题，更是家庭问题。老龄化增速、未富先老、老人服务、社会养老等问题困扰着老人及其家庭，这不仅是社会亟待解决的问题，更是困扰老人儿女的问题。尽管国家在应对中国迅速进入老龄化社会方面做了较大努力，进行了诸如以房养老、家庭养老、社会福利养老等方面的探索，但这远远不能满足社会的需要。面对老年问题，我们要做的事还很多，任重道远。由新华出版社出版的《壮心不已 多彩人生：著名心理学家王极盛养老系列讲座》一书就是在这一背景下于8月出版的。作者王极盛教授是我国著名的心理学家，他不仅是一位精神矍铄的老人，也是我国较早关注和研究老年问题的专家，老年心理、老年健康和老年婚姻等方面的资深研究者，他的系列研究成果取得了较好的社会影响，得到众多老人的认同，解决了很多老年人的现实问题。

该书的出版，是王极盛教授养老研究30余年的成果，也是在大量社会教学实践中的感悟。他一直认为中国老年社会问题是社会发展的大问题，是国家和家庭都不应忽视的，必须正确面对，因为在我国快速发展的社会生活中，老年问题影响着每一个人，“家家有老人，家家需要养老”。在社会教学和老年问题研究中，他始终认为解决老年问题先从认识老年开始，然后再懂什么是老年，从而用行动解决老年问题，最终达到社会和家庭共同养老。本书在撰写过程中也是围绕老年人的心理发展变化为主线，结合现实生活，进行深入浅出的分析与探讨，目的是让老年人过上心有朝气，身体安康，家庭和睦，美满幸福的生活。

在这部养老问题著作中，王极盛教授坚持“好心态多长寿”的观点，他认为，好心态不是药物，但胜似药物；坏心情不是细菌，但胜似细菌。也就是说，处理好老年问题，让老人过上幸福的生活，在人生的最后阶段能够快乐，需要先认识老年问题，树立正确的老龄观，抛弃退休了就是养老、人没用了、退休就是智力衰退、老龄问题就是养老服务等错误观点。让每一个老人树立积极的老龄观，积极地面对老年问题，先从观念上认识什么是正确的老年，然后从认识老年问题出发，以积极的心态投入自己的老年生活，把自己的一生积淀奉献给周围的人，把在退休前工作和生活的经验和特长奉献给年轻人，保持一个积极、健康、时时向上的老年观念，更好地生活，长寿安康。

在本书里，作者给我们列举和分析了我国老年人养老问题的众多方面，主要包括：积极老龄观，包括走出老龄观的8个误区，积极老龄观的意义等；养老观念创新，包括人间重晚晴，老年心理保健的金原则等；养老先养心，包括老年人18种调节心态的简便方法，老年人的心理卫生和老年人病疼的心理调控等。提高老年人的生活质量与主观幸福感，包括心态好多长寿，怎样防止老年记忆力、智力与创造力的衰退，怎样过好晚年的婚姻与家庭生活等。

这些养老问题的论述都是作者在研究和实践中的结晶，通过专业理论的纠偏和大量实例验证，能够更好地解决现实问题，帮助社会和家庭应对棘手的养老问题。作者力求实用性、操作性、普适性更强，让读者读后就能立即解决自己或家庭养老中的问题，适用于老年人及其家属，特别适用于教育、科技、文化、卫生战线的退休同志以及公务员、部队的退休同志，养老机构的领导与服务人员，各级政府主管养老工作的领导同志。

在老年问题方面，作者认为要解决养老先要从认识什么是“老”开始，就是要先树立正确的老年观，把日常生活中流行的养老认识的误区先抛弃。要认识到老年是人生的一个阶段，退休后也要过好每一天，不工作了并不是什么都不干了，而是要把几十年的工作经验和教训分享给下一代，让下一代少走或者免走弯路，并且要找到自己的兴趣点，再结合家庭的实际情况，过好老年阶段，让人生的每个阶段都精彩。

老年阶段，身体和精神都会遇到问题，这就需要老年朋友们学习一些老年保健的黄金法则，尽量减少身体上的痛苦，从精神上和物质上锻炼自己。在精神上树立科学的价值观，不要贪功好利；在身心上要淡泊宁静，不要赶热闹，戒浮躁骄傲；在自己的精神世界里要形神并养，养神为主，客观地认识自己，知道什么该做什么不该做。

在老年的生活中，往往面临着身体部位疼痛的情况，作者也给老年朋友们介绍了很多简单实用的减缓方法，如药物镇痛、生理学方法镇痛、心理学方法镇痛等等。希望通过这些办法，能给老年朋友的生活加以适当的调节，减轻因长期工作给身体造成的病痛，让老年朋友的生活更舒适。

人岁数大了，精力和记忆力都会一定程度地衰退，这个是客观的现实，作者在本书里也没有刻意回避，他教给老年朋友们一些能够延缓老年人智力衰退的方法，如适当用脑、保持社会交往、保持精神乐观等。

养老问题是全球问题，中国的养老问题只是来得太快，需要解决的问题太多，面对这个问题，需要全社会的努力。尽管作者做了大量的养老问题研究，我们认为还远远不够。在中国社会快速发展的过程中，老年问题不应该成为社会的累赘，应该把老年朋友当作我们社会发展的无价之宝，因为他们人生的经验和教训是年轻人的财富。我们仅仅希望作者几十年的研究成果能够为国家制定养老政策提供借鉴，能够为我们的老年朋友和众多的家庭带来福音，成为养老的指南。我们有责任和信心做好事关亿万老人的养老问题，让每一个老人朋友过好老年生活，做一个快乐的老人；也寄望这本书的出版，能了却作者几十年养老问题研究造福于同伴的心愿，为中国老年问题出谋划策、尽力尽心，为每一个老人都能过上幸福生活而起到一些作用。（2019-09-06）

关于《壮心不已 多彩人生：著名心理学家王极盛养老系列讲座》一书的读者来信

王老好！

大作收到，甚为感动。连夜拜读，收获颇丰。

从初入人生旅途偶然读到您的《青年心理学》，常以其校正自己的人生方位，检讨个人的成长得失。到退休迈上新的人生起点，再次读到您的《壮心不已 多彩人生：著名心理学家王极盛养老系列讲座》，感到一生都在受益着您的人生感悟指导。您如同一位亲切和蔼的长者、兄长，时时陪伴在身边，循循引导伴随着思想心灵成长的点点滴滴。

我1954年出生，2012年离岗，2014年办理退休。工作前期主要是做共青团工作，后来多年多岗位做党的工作。实际上一生都是在做人的工作。这样的经历，使我可以直接地，连续十数年、数十年，较为系统地、多层次地观察人、研究人、思考人生，反思自身成长。我很庆幸自己走过的路。

退休前的最后几年，出于现实的考虑，在还没有心理咨询师资质的情况下，由我提出课题拟定思路，带领100多所学校的数百名心理老师搞了为时3年之久的师生心理安全课题，效果良好，获省里表彰。2013年离岗后的第一年即59岁时，作为送给自己60岁的退休大礼，我用一年时间考取了国家三级、二级心理咨询师。我的论文答辩题目是“60岁生命的心起点”，答辩老师印象深刻，高分通过。

退休后我参与了心理画像、家庭教育、青少年心理辅导、党的建设等方面的学习和工作。同时运用心理学知识和方法，陪伴小孙女成长，对青少年进行世界观人生观价值观、爱国主义、理想信念方面的教育，效果良好。

人一生中如果能做好一两件事情，就是人生的成功。我想过去所做的一切工作，以及将来要继续做的事情，无非都是在做一件事，那就是研究人的成长，研究人心灵的成长。一切皆为序幕，退休不是人生的终点，而恰恰是人生新的起点。有时曾幻想，如果能有机会参与到您的研究中来，能在您的直接指导下，更好地帮助青少年成长、帮更多的人实现自己美好的人生之梦，那将是一件十分幸福快乐的事情。

人心灵的成长是终生的。能有机会认识您这样德高望重的心理学巨星，心灵成长的导师，是今生之幸。无论如何，将来还会有很多问题向您请教，望您不吝赐教。

读了您的大作，感受深刻，不免多说几句，博您一笑，但愿不会影响您的休息。

末了，录曹操《龟虽寿》在此，以表敬意。

神龟虽寿，犹有竟时。

腾蛇乘雾，终为土灰。

老骥伏枥，志在千里。

烈士暮年，壮心不已。

盈缩之期，不但在天；

养怡之福，可得永年。

幸甚至哉，歌以咏志。

祝您安康快乐，祝您全家幸福美满！

向伟敬上

2019 年 9 月 2 日

（2019-09-11）

所言即所做

今年教师节前夕去看望王老师，收到了王老师赠送的新书。说实话，年年都能看到王老师的新作出版，今年也不觉意外，因为知道他退休后一直笔耕不辍。但是当看到《壮心不已 多彩人生：著名心理学家王极盛养老系列讲座》这个书名时，我一下子就被吸引住了。正如书中所言，银发浪潮滚滚而来，中国已经进入了老龄化快速发展的阶段。说实话，我的父母今年已 70 多岁，我的公婆 80 多岁了，我自己也人到中年，如何更好地陪伴家中老人安度晚年，自己未来的退休生活该怎样展开，这些都是这几年来不由得我不去关注的问题。家家都有老人，人人都会变老，如何养老是每一个人都要面临的挑战，值得每一个人去思考和学习。

这本书以讲座的形式，在养老方面提出了全面系统的心理方面的指导。全书语言平实，娓娓道来，从积极的老年观、心理保健的金原则等多个方面讲述了老年心理保健、长寿的秘诀。书中的很多观点让人耳目一新，比如树立积极的老龄观，做有理想、有信念、有目标的老年人。更可贵的是，书中介绍了很多简易实用的心态调节方法，比如看早晨八九点的太阳、按摩内关穴等，这些方法新颖独特又好操作，不禁令人拍案叫绝。读完之后，恰如一缕阳光拨开了迷雾，让我对如何陪伴老人、如何规划自己未来的退休生活有了更加清晰的认识。

所言即所做，身教重于言教，这该是教育的最高境界。作为王老师的学生，令我最受教的是，王老师不仅把这些科学、有效的养老理念和方法写出来，他也一直在亲身践行着他所提倡的这些理念和方法。王老师今年已经82岁高龄了，可是他精神矍铄、思维敏捷，心理状态、大脑状态俱佳。正如书中所倡导的，王老师本身就是一个有理想、有信念、有目标的老年人，退而不休，老有所为。每天看报、读书、写作，学术兴趣广泛且紧扣时代，有很多创意和想法，笔耕不辍。最令我敬佩和感动的是，王老师与时俱进，一直在不断地学习和进步。当计算机普及时，他就学习用计算机上网、打字，当手机普及时，他又开始学习用智能手机上网、用微信等。每每探望他时，他常会很认真地向我请教如何使用电脑或手机的某些功能，很认真地学习操作，并把操作过程很仔细地记在笔记本上。因虚心求教、反复练习，与同龄人相比，王老师早早就可以很熟练地使用这些现代化的沟通工具，令人真心佩服。我在想，他对世界的开放、探索、勇于尝试的精神，与年轻人相比，有过之而无不及。人老心不老，王老师，这位老心理学家一直在用他的生命践行着他所倡导的积极养老观，他多彩的晚年生活就是对这本书最好的诠释。

读完本书，我的第一反应是，赶紧把这本书寄回老家，让我的父母也拜读一下，他们如果能了解到这么多好的老年心理保健的知识和方法，肯定会过得更舒心些。我也真心希望，更多的子女可以把这本书作为礼物，送给自己的爸爸妈妈，因为养身先养心，好的心态不是药物，胜似药物。

祝愿天下所有的老年人健康、喜乐，安享晚年！

夕阳无限好，晚霞更生辉！（2019-09-18）

作者：丁新华，北京林业大学人文学院心理学系副主任、副教授

第四节 老年心理学的讲座

我从 20 世纪 90 年代就开始讲授老年心理学，直到 2020 年还在讲老年心理学。我最初讲老年心理学主要是在国家机关、部委，例如在建设部、石油部讲的次数比较多，因为 20 世纪 80 年代中期废除了干部终身制，离休退休的老同志越来越多，因此老年心理的问题也提到了日程上来，迫切需要解决。因为我讲的都是老同志实际面临并需要解决的问题，我对这些问题有针对性地提供心理学的解决方案，因此也颇受欢迎。我记得建设部多次请我讲同类的课，因为每年都会有一批老同志退休离休。

其实在 20 世纪 80 年代中期，我就开始研究老年心理学问题了。当时中国科学院老干部老专家局、老专家部在北京举办了人事心理学短期培训班，后又在中国科学院西安分院、中国科学院沈阳分院、中国科学院成都分院开展人事心理学短训班。培训班共 5 天的课，都是由我一个人讲授的，其中就讲到离退休老年人的问题。

2015 年以来，中国科学院老科技工作者协会安排我在北京 20 多个社区讲课，听课的绝大多数都是中老年人。

第五节　关于养老业的探讨

我在《青少年·女性·老年心理学研究文集》一书中刊登了《关于养老业的探讨》的文章，对养老业的精神赡养问题提出一系列的观点和看法，现原文节选如下：

关于养老业的探讨

随着中国老龄化社会的到来，中国的养老事业也正在建立发展之中。如何建立现代化、中国特色、人民满意的养老事业是值得深入研究和努力力探索、实践的。

一、精神赡养问题的提出

目前国内养老者（长者）及其家属，养老机构的工作人员普遍看重身体健康，对心理健康重视不够甚至忽视，这正是影响养老者生活质量、生命质量与幸福指数的关键因素之一。养老者的不良心理因素降低了医疗因素（药物、理疗等）和保健因素（营养、运动等）对身体的良性作用。

提高养老人员及其家属、养老服务人员的心理素质，重视养老者的心理素质和心理卫生，不仅能提高养老者的身体健康，而且能充分发挥医疗因素、保健因素的良性作用，从而提高养老者的健康水平、抗病能力，提高养老者生活质量、生命质量与幸福指数。

不良心理因素对健康的危害不亚于病菌，良好的心理因素对健康的作用胜过保健品。但不能片面强调心理因素对老年人身心健康的作用，而是同等重视物质因素对老年人的作用，并且把物质因素与心理因素有机结合起来，提高老年人的生活质量、生命质量与幸福感。

二、精神赡养的目标

（一）指导思想

在马克思主义哲学指导下，在中国优秀传统伦理与社会主义核心价值观指引下，在建设中国特色社会主义旗帜和以人为本、和谐社会理论的统领下，以现代积极心理学与中国特色心理学思想为指导，努力打造中国养老事业精神赡养第一品牌。

（二）创新目标

1. 理念创新

要排除以往老年无用论、老年无能论的消极理念，着力提倡老年有用论、老年有能论。

排除夕阳无限好、只是近黄昏的消极老年观。着力提倡夕阳无限好，人间重晚晴；夕阳无限好，晚霞更生辉。

2. 途径创新

养老机构的建设是一个系统工程，但是大多以物质因素的建设为主，例如建立养老楼房、医疗机构，但是对精神赡养的建设不够，往往流于口号。我们要把养老院的物质赡养与精神赡养并重，并且有机结合起来发展新的路径。

3. 内容创新

以往的养老机构的精神赡养，多半是单一的关心体贴，没有系统的内容构建。

我们要从养老服务人员心理素质的全面提高，养老服务人员的系统培训，养老服务人员如何对老年人进行精神赡养等一系列科研问题上进行创新。

4. 服务创新

养老院的全体工作人员与养老人员要树立养老机构就是一个大家庭的理念。养老服务人员建立微笑服务、亲情服务的行为规范，树立养老事业工作无小事，把心理关怀、心理调节贯彻在养老者的衣食住行等一切活动的始终，使心理的能动性、调节性、协调性成为养老服务人员服务过程中的一条主线。

5. 管理创新

充分利用现在信息技术的成果，使养老院的信息沟通畅通无阻，使养老院的工作快速、有效、协调地开展。根据情况对高危养老者实行 GPS 跟踪定位、生理指标的监控，确保高危人群的安全，发生情况变化时第一时间进入绿色抢救通道。

6. 效果创新

精神赡养终极目标就是配合医疗、养生等，提高养老者的生活质量、生命质量与幸福指数，养老院的使命不仅是防止与减轻养老者的病痛，而且应使养老者积极地、乐观地度过晚年幸福而有价值的时光。

三、理论观点

针对不同的精神赡养的思想与理论观点，就有不同的精神赡养的运行机制与效果。

在总结中国传统文化精神赡养的思想观点与现代积极心理学的研究成果的基础上，对打造精神赡养优秀品牌，提出以下 10 个理论原则：

（一）积极乐观的老年观

中国长期流传着“夕阳无限好，只是近黄昏”的老年观，它对老年心理造成了消极、悲观的不良影响。我们提倡“夕阳无限好，人间重晚晴”，“夕阳无限好，晚霞更生辉”的老年观，振奋老年人精神，使老年人充满信心、满怀豪情地度过老有所依、老有所医、老有所为、老有所乐的辉煌年月。这种晚年观对提高老年人的生活质量、生命质量与幸福指数，起到积极作用。周恩来同志曾经提倡活到老、学到老，是一种积极乐观的晚年观。

（二）弘扬中华尊老美德，践行社会主义核心价值观

弘扬中华尊老美德，践行社会主义核心价值观，是办好养老事业的社会主义道德基础。不同的养老道德观对养老者的身心健康和幸福度有着很大的制约作用。积极的养老道德观能充分调动全社会对养老者的支持，社会支持系统对老年人的生活质量、生命质量与幸福度有着巨大的影响。

（三）形神统一论（身体与精神统一论）

形神统一论是中国传统养生、中国传统心理保健的重要理论，也应该是我国养老工作重要的心理学理论基础。

身体与精神统一而不可分离、身体与精神息息相关，而且二者相互影响，相互制约。有言道因郁致病、因病致郁，正是说明身体与精神相互辩

证统一的关系。

养老工作中要重视形神及身体与心理并养，尤其强调养神。调形先调神，养神先养心，得神者昌，失神者亡，在对养老者医治过程中，既要治病也要治心。

（四）生理健康与心理健康并重与统一的关系

坚持生理卫生与心理卫生、生理健康与心理健康、生理教育与心理教育、生理保健与心理保健、药物治疗与心理治疗并重与统一的观念。

在我们的养老工作中，常常是重视生理卫生、生理健康、生理教育、生理保健、药物治疗，而忽视心理卫生、心理健康、心理教育、心理保健、心理治疗，这在一定程度上降低了老年人的健康水平，降低了医疗的良性效果。我们应该在养老过程中，坚持心理与生理辩证统一的思想，全面地提高养老者的健康水平。

1. 养老者的身体安全与心理安全第一

我们在养老服务过程中一定要坚持以人为本的理念，一切为了养老者的健康，一切为了养老者的安全，养老工作中，身体与心理安全重于泰山。

2. 心态决定养老者的健康与幸福

大量的医学心理学与健康心理学的研究结果表明，老年人的心态决定老年人的健康水平，老年人的心态决定老年人的幸福度。精神赡养就是提倡心态决定健康与幸福的理念，并且采取简单易行的心理学方法，提高养老者的健康水平，提高养老者的幸福度。

3. 建立养老机构是大家庭的观念

养老机构的养老者来自五湖四海，养老机构的工作人员来自四面八方。大家来到养老机构就组成一个新的大家庭，要使所有养老者、养老服务人员建立大家庭的归属感，这个大家庭要努力做到和谐、平等、温暖、博爱。

4. 视长者为亲人观念

只要养老院的工作人员树立视长者为亲人的观念，就会全心全意地为养老者服务，养老者和养老服务者的人际关系就会和谐，有助于养老者提高生命质量、生活质量和幸福指数。

5. 人性化、个性化、亲情化的服务

养老服务者要助人为乐、友爱亲善、爱护老者、尊重老者，使他们得到人间的温暖、社会的温暖。

养老服务者要根据养老者的不同心理特点、不同习惯、不同爱好、不同健康状况进行个性化的服务，使养老者既满足共同的心理需求，也满足特殊的心理需求。养老服务者与养老者亲密无间，形成血浓于水的亲情关系，使养老机构处处充满人间温暖、人间亲情，提高养老者与养老服务者积极的心理感受，使养老机构的生活更加丰富多彩，充满感情。

6. 科学化、现代化、信息化的管理

养老院管理水平的高低，直接和间接地影响养老者与养老服务人员的身心健康水平。建立现代化的信息沟通渠道与管理平台，使养老服务机构下行沟通、上行沟通、横向沟通畅通无阻，增强人与人之间的信任度，有助于建立信息通畅、同心同德、友好协调、协同作战的大家庭。

四、精神赡养工作的内容及实施方法，一个中心、两个支撑系统

以提高养老服务人员与养老人员的心理素质为中心，以服务系统、管理系统为两个支撑系统，构成精神赡养内容与运行的机制。

（一）做高效有魅力的心理服务员

1. 心理服务员心理基本课程的培训

拟用 40 个学时对养老机构的全体工作人员，特别是心理服务员、心理咨询师与医务人员进行实用有效的短平快培训。

对养老服务人员、养老人员进行心理教育，运用科学的心理学知识与技术武装头脑，提高养老人员的生活质量、生命质量与幸福指数。

培训的指导思想是继承与发扬中国传统文化中保持健康心理的思想与方法，以现代积极心理学和中国特色心理学思想为学术指导思想。

培训的课程为老年心理学的应用普及，老年健康心理学的应用普及与老年幸福心理学的应用普及。课程的特色是在科学化的基础上着力应用，强调实用性、操作性、有效性，要使听众听得懂、用得上。

课程讲座形式：讲课、操作（演示）与互动相结合。培训结束经过考核，特别考核应用水平，合格、持证后方可上岗。

2. 参与精神赡养的科学活动

所有的心理服务员、心理咨询师在为养老者服务过程中开展精神赡养的研究工作，提高他们心理学研究的创新能力。

3. 建立养老者的积极情绪

日常心理服务工作中，坚持关心、体贴、尊重的心理形式，贯彻在服务过程的始终，满足养老者各种心理需求，特别是安全需求、交往需求，帮助老年人克服恐惧、孤独、寂寞等消极情绪。

4. 微笑服务

在服务过程中，养老心理服务员要坚定使命光荣、责任重大的信念，始终微笑服务。

5. 精心康复

运用先进的心理学康复的科学理念与技术方法对养老者进行肢体康复训练、语言康复训练等。

6. 一视同仁、尊重人格

养老服务人员对各种养老者，无论年龄大小、职位高低、贫穷与富有、文化程度高低、健康情况好坏，都要一视同仁，在心理上与行为上同等地尊重他们。

（二）养老者成为自己的心理医生

1. 建立积极心态

消除养老者消极的心态、不良的情绪，建立积极的心态与良好的情绪。

特别是使养老者建立信心，拥有积极价值观，改善记忆、老有所为、陶冶情操。

2. 有效的健身培训

对全体养老人员进行培训，使他们掌握简便易行、行之有效的技术与方法，如王极盛的散步操与穴位健身法。

3. 有效的健心培训

对全体养老人员进行心理调节的培训，为防止老年常见病进行心理调适的培训。

4. 交流经验

不定期在心理服务人员的带领下，举行形式多样的养老人员相互间的交流活动，分享各自在养生、养心，防止与治疗心身疾病方面的经验，在交流中建立养老者相互间和谐的人际关系，形成良好的心理气氛，培养积极的人生观、价值观。

（三）服务系统

1. 建立迎接养老者入院的欢迎仪式

迎接老年人入院的仪式要程序化、规范化、人情化、亲情化，这会使养老者如同找到回家的感觉，这种感觉使他们建立起对新的大家庭的认同感与归属感，以及积极的情绪。建议养老者进入养老机构的大门时要有一对青年男女去迎接，一人举着“欢迎某某入住”的标语牌，另一人捧着鲜花奔向养老者，同时热情地呼喊“某某好”（有具体欢迎仪式方案）。

2. 为养老者建立心理档案

用心理健康量表与幸福度测试量表分别对养老者进行测试，将测试结果建成档案作为对养老者开展心理服务的重要依据。

3. 微笑服务与亲情服务

养老服务者在对养老者服务的全过程中，坚持微笑服务与亲情服务。

微笑服务与亲情服务会使养老者心情愉快，从而调动身体的积极因素，促进身心健康，消除心理孤独、寂寞、自卑的情绪。

（四）掌握人际关系成功的秘诀

人际关系是影响养老者与养老服务者的亲密程度和工作成效的重要因素，因此掌握建立良好人际关系的秘诀极其重要。

1. 树立服务无小事的观点

养老服务者对养老者的服务过程中既要充满热情，又要如履薄冰，明确为养老者服务无小事的观点。

2. 讲究环境心理

养老院的一切建筑都要讲究环境心理，良好的环境心理将给老年人心理烙上彩色，使人快乐，使人充满希望。灰色往往使人情绪低沉，暖色使人富有温暖感。

3. 衣食住行讲究心理效果

吃：

适当地增加粗粮，特别是红薯、玉米、燕麦，适当地减少细粮。

素菜每人每天达到一斤标准，适当减少肉类的数量，最好每人每天不超过2两肉类。尽量增加鱼肉和鸡肉的数量，减少红肉（猪肉、牛肉、羊肉）的数量。

每天要有水果，最好每人每天3两水果。

要营造一个心情愉悦，甚至有说有笑的饮食气氛，吃饭过程也是调节心态的过程，也是建立和谐人际关系的过程。

吃饭时要有背景音乐，调节气氛。

餐厅里要备有公用的餐巾纸。

住：

适当的温度对老年人的心理产生温暖感与安全感，冬天屋内温度要达到23 ℃，夏天控制在27 ℃左右。

养老者的床边要有床头灯。

卫生间的马桶右边要有报警按钮。

行：

根据情况，老年人在行走中安排专人陪伴，确保行走安全。

（五）管理系统

1. 建立责任制与问责制

根据不同服务人员的种类，建立具体的规章制度，建立职、责、权相统一的规章制度。建立问责制，监督服务人员依章依法行事，遇有违规进行警示谈话。

2. 建立激励机制

建立表扬为主、批评为辅的激励机制，使好人好事得到及时肯定与奖励，使好人好事蔚然成风，使违纪的不良行为得到遏制。

3. 建立考核制度

对各类人员建立可行的、可操作的考核制度，并存入档案。

4. 建立信息化管理平台

信息化管理平台使养老机构这个大家庭信息通畅无阻，使全体成员心情舒服，抵制不良信息的传播。

利用现代的科学技术对重点养老者进行信息跟踪，建立视频监控系统，管理者通过视频监控系统对各种变化情况了如指掌。

5. 绿色通道救助系统

建立完善的绿色救助系统，确保呼救者第一时间得到救助，时间就是生命，为确保救助系统通畅无阻，定期地进行模拟演练。

第七章　妇女心理学的研究

第一节　妇女心理学研究的历程

现在回想起来，我最初接触并开始研究妇女心理学是在1973年，这是当时特定的环境条件给予我的机会。

早在1965年，我参加了国家重点课题——针刺麻醉的心理学问题研究。20世纪70年代初期，敬爱的周恩来总理曾关心与过问针刺麻醉的研究，并将其列为国家重点科研项目，使这一项目研究得以较为顺利的进行。1972年10月，卫生部在上海召开全国针刺麻醉学术讨论会，我作为特邀代表参加，并做了“精神因素在针刺麻醉原理中的地位与作用”的报告。1973年年初，我开始在北京妇产医院继续研究针麻的心理学问题。当时我去妇产医院并不是为了研究妇女心理学，而仅仅只是因为针麻特别适合于剖腹产和女性绝育术，而且妇产医院供研究的受试者多，便于研究工作的进行。1973年的针麻心理学研究成果曾在中国科学院1973年重要科技成果展览会上展出。这可能是我国心理学工作者在文化大革命10年中的一项重要研究成果，似乎也可认为是我国第一项有关妇女心理学的重要研究成果。当时仅是以接受上级交办任务的角度去研究针刺麻醉的心理学问题，而现在从心理学学科角度来看，实际上那时已是在对妇女心理学问题进行研究了，如妇女的痛觉心理、妇女的情绪心理等就是在那时研究实验的。

在妇产医院工作的日日夜夜，为我了解妇女心理、认识妇女心理、研究妇女心理提供了极为珍贵的机会。我在那里逐步了解到妇女的喜怒哀乐，妇女的需要，妇女的性格，妇女的道德观念，妇女的性心理，妇女在社会中的角色等。在妇产医院的妇女天地里，我对不同年龄阶段的女性，从婀娜多姿的妙龄少女到风华正茂的青年妇女，从步入鼎盛时期的中年妇女到白发苍苍的老年妇女，都有不少的了解。她们有女性的共同心理特点，也有不同阶段的女性心理的年龄特点。她们是创造社会物质文明与精神文明辛勤的耕耘者，又是传统习惯势力的受害者。她们是操持家务的一把手，是孩子人生道路上的第一任教师，但她们在这方面的贡献却得不到社会上应有的认可。她们为生儿育女所承受的重大负担，却不能被男性亲身尝试。她们疼爱丈夫，渴望丈夫健康长寿，但又常常因在丈夫面前唠叨不顺心的事而影响丈夫的心理健康。她们望子成龙心切，但又多因溺爱和教育不得法达不到预期的目标。她们迫切希望自己成才，但自卑感束缚了她们的手脚。她们渴望保持青春的风采，永葆女性的魅力，但又难以启齿探讨。她们希望甜蜜的爱情、幸福的婚姻、和睦的家庭，但又缺乏恋爱、婚姻与家庭的心理学知识。所有这一切极大地激发了我研究妇女心理学的兴趣。

我的学术兴趣比较广泛，对这些问题有深入探索的意向，但由于种种原因，不少心理学的研究领域当时都是禁区，我只能自己积累资料思考一些问题。

心理学主要是研究人的心理规律的科学。妇女是人类的另一半，因此很有必要研究妇女心理学。近几年来，特别是最近一两年，我在研究社会心理学的同时对妇女心理学也进行了比较系统的研究。主要研究了妇女的性心理、恋爱心理、婚姻心理、家庭心理、健康心理、心理卫生以及成才心理。

现在心理学的研究禁区已被打破，撰写妇女心理学的条件已经成熟。广大妇女迫切需要了解自己，特别是了解自己的心理，我不但有在北京妇产医院工作时积累的大量妇女心理研究素材，而且也有近年来有意识地探讨妇女心理学而获得的调查研究结果。

本书就是我在研究妇女心理学取得成果的基础上，从我国妇女生活的实际出发，汲取了国内外有关妇女心理学的研究成果而写成的。

我认为研究妇女心理学不仅具有重要的理论意义，而且有广泛的实用价值。

在现实生活中，不少妇女由于缺乏妇女心理学知识而使自己的学习与工作受到影响，身心受到损伤。有些妇女，特别是青少年女性，不懂得人体审美心理知识，为了追求相貌美、装饰美，竟然以古怪、奇特、崇洋、反常为美。有的少女在自己的脸上涂上很厚的化妆品，看起来好像一层不均匀的油彩，不但破坏了自己的青春美，而且对皮肤也有伤害。因为过厚的化妆品容易堵塞毛孔，导致皮肤病。有的少女一味地以珠光宝气、花枝招展为美，忽略了对精神世界的追求，而是过分注意外表。其实淡妆素裹未必不美，浓妆艳抹也未必真美。一般说女性青少年根据自己的身体特点，稍加修饰即可，不必过分雕琢粉饰，矫揉造作，使人反感厌恶。很多妇女特别是中青年妇女都渴望自己成才，但其中不少妇女都有一种自卑感，认为女性智力比男性差，因此自暴自弃，阻碍了自己进步向上。心理学大量研究证明，男女在智力上不存在谁高谁低、谁优谁劣的问题。而自卑感正是某些妇女成才的重要心理障碍。自卑感阻碍了妇女的创造性思维与创造性想象的发挥，压抑了妇女的学习与工作的积极性，削弱了妇女克服困难的意志。青年妇女大都盼望生一个健康聪明的小宝宝，可是有些妇女不了解情绪对妇女怀孕、分娩与产后恢复的影响。大量研究证明，孕妇情绪过于激动，在怀孕初期可能导致流产，在怀孕后期可能导致早产。有的妇女怀孕后由于对分娩过分恐惧，对哺育婴儿过分担忧等不良的心理，很可能引起中枢神经系统机能状态的改变，在一定的条件下可产生妊娠呕吐。有的孕妇怕痛、怕出血过多、怕难产等，她们焦虑、不安、恐惧的心理状态可造成对疼痛的敏感，以致娩出无力，甚至引起难产，还影响体力恢复。妇女产后的心理状态对身体也有重要影响，产后病与产后的消极心理状态有关系，例如抑郁不乐、悲哀哭泣会阻碍乳汁的分泌，甚至能影响乳汁的成分。产后情绪安定、愉快对产妇的身体恢复和婴儿的健康都很重要。所以妇女学一点妇女心理学可以更了解自己的心理状态，并适时调整自己的心理状态，使自己恋爱顺利、婚姻美好、家庭和睦、子女健康成长，并提高自己的心理健康水平，使自己扬长避短，发挥心理优势，努力成才，使自己永葆女性魅力，生活更加美好……

对于人类的另一半男性来说，学一点妇女心理学也有很大的实用价值。不少男青年在恋爱时因没有掌握女青年恋爱心理而苦恼，甚至造成失误。有位男青年与女青年谈恋爱，女青年经常用手摸脚，有时还看着鞋，他便认为女青年对自己冷淡而主动告吹，后来才知道那女青年对他蛮有意思。这位男青年如果学点妇女心理学，就容易了解到女青年对异性一般会表现得比较含蓄和内敛，略有羞涩、执拗，就不会发生误会了。在家庭生活中，有的妇女因为日常家庭琐事有时向丈夫发脾气，丈夫便针锋相对，造成夫妻感情不和甚至造成悲剧。如果男性学点妇女心理学就会了解到，有些妇女，特别在月经即将来潮时情绪易激动的特点，同时掌握控制情绪的心理技巧（例如让舌头在嘴里转动），那么夫妻之间因非原则纠纷造成的感情不和的事情就可避免了。我曾目睹有不少妇女躺在手术台上准备做人流手术时，鼻涕一把，眼泪一把，仔细询问方知这是委屈的情绪造成的。倘若做丈夫的在这个时候多体贴、关怀妻子，使妻子在感情上得到支持与安慰，无论对妻子人流后身体的康复还是夫妻感情的稳固，都颇有益处。男性学一点妇女心理学，按照妇女心理规律与妇女相处，易于搞好人际关系；丈夫了解妻子的心理，会更加关心与体贴妻子，使家庭温馨、幸福。

做领导、组织管理和人事工作的同志学一点妇女心理学，将会加深对她们的了解，对提高妇女的工作积极性与创造性，提高妇女的社会主义精神文明水平，提高工作效率，都很有帮助。做思想政治工作要注意女性心理特点。一般来说，女性比较细心，但不够勇敢。做女同志的思想政治工作时要多鼓励，增强她们的自信心，消除她们的自卑感，充分调动她们的积极性与创造性。要引导男同志尊重女同志，循循善诱地说服某些女同志克服虚荣心。对女同志的批评要注意场合，语言要净化。不注意场合，当众批评女同志，容易挫伤女同志的自尊心。语言不净化，容易引起反感，甚至可能引起人际关系的隔阂。此外还要善于设身处地地站在女同志的立场上观察问题、处理问题，使女同志感受这种体谅，感情上就亲近了，提出解决问题的方法也就比较容易为女同志接受。一般来说，妇女的暗示感受性相对较高，做妇女的思想政治工作时可适当运用暗示方式。妇女的心理感染性也相对比较高。感染是集体成员的思想特别是情绪对他人施加影响的心理作用方式。在一个集体中，领导者的情绪状态对集体成员会发生很大的感染作用。领导者、管理者饱满的情绪，火热的工作热情，激昂的情感将迅速地感染集体成员的情绪，使群情激昂，士气高涨。对妇女要充分发挥积极情绪，防止或减少消极情绪对她们的感染作用。

综上所述，学习和研究妇女心理学，不仅对妇女自己，同时对男性也都有着重要的意义和实用价值。

1988 年，科学出版社出版了我的《现代妇女心理学》，这是中华人民共和国成立后最早出版的妇女心理学之一。因为我这本妇女心理学既有自己在妇产医院 7 年研究妇女心理的研究成果，又结合中国妇女的普遍实际情况，因此该书出版后特别受欢迎，尤其是女性的欢迎，找我咨询妇女心理问题的人越来越多。我一方面在女性心理咨询中积累了一些材料，另一方面也对妇女心理学做了调查研究，于 1999 年在中国世界语出版社又出版了一本妇女心理著作，书名为《女性幸福心理体操》。这本书不仅为妇女解开重重迷雾，而且为现代女性推出一套切实可行的心理健康体操。

21 世纪以来，随着改革开放后人民物质生活水平的极大提高，女性的精神需求也越来越多，其中女性幸福、女性健美又提到日程上来了，我就创立了一种女性健美幸福操，颇受女性的欢迎。

第二节　出版的著作

一、《现代妇女心理学》

1988 年，科学出版社出版了我的第一部妇女心理学著作，即《现代妇女心理学》，这本书内容比较丰富，涉及面比较广，该书内容简介如下：

本书是一部具有中国特色的妇女心理学著作。作者在大量调查研究工作的基础上，以 20 世纪 80 年代中国妇女生活为背景，从妇女的性心理、恋爱心理、婚姻与家庭心理谈到妇女的心理疾病，心理健康与心理卫生，从妇女的成才心理、犯罪心理谈到妇女心理与子女教育。从而帮助妇女了解自己丰富多彩、变化微妙的心理生活的各个方面；帮助男性更好地理解女性。本书内容丰富，笔法清新，材料翔实，引人入胜，是妇女及男性的良师益友，对各级领导和管理工作者亦有较大的的参考价值。

二、《女性幸福心理体操》

本书是侧重从女性幸福角度而进行阐述的。从现在社会实际出发，女性的性、恋爱、婚姻、家庭、心理健康、事业、健美、母爱等都是有关女性的热门话题，建立起上述各领域的科学幸福观，是女性获得多元幸福的心理基础，现代女性的幸福来自奉献、来自劳动、来自艰苦奋斗，奉献越多获得越多。现代女性以无私的奉献和爱为社会的进步及祖国的现代化建设，为家庭的和睦和幸福做出贡献的同时，也创造和得到了最辉煌的、最夺目的、最品味无穷的人类高层次的幸福。

三、《青少年·女性·老年心理学研究文集》

2018 年，四川科学技术出版社出版《青少年·女性·老年心理学研究文集》，其中收录了我写的 20 篇论文。

第三节 女性心理学的讲座

21 世纪以来，我多次在妇女机构、学校、社区讲授妇女心理学的相关知识，主要是妇女的心理健康、妇女精神美的提升、妇女风度美的提升、婆媳关系、妇女的创新与妇女教养子女的话题。我的女性健美幸福的课很受妇女的欢迎。

20 世纪 90 年代初期，我与日本东洋大学的恩田彰教授，早稻田大学的春木丰教授合作研究健康心理学与气功心理学，期间也经常在日本一些社区给女性讲解妇女心理学的内容。我主要传授中国传统文化中的医学保健问题，特别传授中国气功的精华知识，简便易行，行之有效，还传授女性美发操、健身操，经常引起全场热烈的掌声，笑声不断，这不仅是对我的鼓励，也是对中华传统文化的赞美。因为日本也是东方人，与中国传统文化息息相关，受中国传统文化影响很大，比如中国的中药和针灸、气功就很受日本民众的欢迎。

第八章　医学心理学与生理心理学的研究

第一节　医学心理学的研究历程

我 1962 年从北京大学毕业后，被分配到中国科学院心理研究所从事心理学研究工作，直到 2014 年 1 月退休。我在中国科学院心理研究所的研究工作内容如下：

1962 年冬至 1963 年年底，与北京市安定医院协作的进行精神分裂症的心理学研究；

1964 年，进行神经衰弱、慢病快治的心理学研究；

1965 年秋天，从山西四清工作队回到北京参加国家科委下达的重大科研项目——针刺麻醉的研究，一直到 1979 年；

1979 年—1995 年，做气功心理学研究；

1995 年到 2004 年，从事积极心理学研究，主要是中学生的心理健康问题。

总体来讲，主要从事的是医学心理学的研究。

我在医学心理学方面的研究是中国科学院医学心理研究所心理与生理研究室的课题，就是我对精神分裂症的心理学研究、慢病快治的心理学研究、心理咨询、针刺麻醉的心理学研究、气功的心理学研究。针刺麻醉的心理学研究与气功的心理学研究上文已讲过，这里就不在赘述了。

第二节　研究成果奖

1.1973 年《针刺麻醉的临床心理规律研究》获 1973 年中国科学院重要科技成果奖。

2.《针刺麻醉的心理学问题研究》获 1966 年—1976 中国科学院重要成果奖。

3.《针刺麻醉的心理学研究》获中国科学院 1979 年重大科技成果二等奖。

4.《激光穴位镇痛的实验研究》获 1980 年山西省重要科技成果二等奖。

5.《气功的临床、生理与心理研究》获得 1984 年河北省重要科技成果二等奖。

6.《燕化地区环境影响分析评价》获得中国科学院六五重点科技攻关奖。

7.《莱顿强迫问卷（儿童版）信度、效度、划界分的研究》获得 2000 年北京市人民政府科技进步三等奖。

8.《成功教育研究——考生心理调节的方法》获沈阳市人民政府科技进步三等奖。

9.《人事心理学研究》获得中国科学院 1990 年科技进步二等奖。

第三节 出版的著作

1.《健康心理与幸福心理研究》。该书 2018 年由四川科学技术出版社出版。这是我的研究团队 10 年来关于健康心理与幸福心理研究的论文集。

2.《医学心理与生理心理研究》。该书于 2018 年由四川科学技术出版社出版。该书收集我的研究团队医学心理与生理心理研究的论文集。

第四节 发表的医学心理与生理心理的论文

除针麻的心理学研究、气功的心理学研究以外，我发表的医学心理与生理心理的论文如下：

1975 年：

《对〈从中医理论的特点看中西医结合问题〉一文的商榷》《三点建

议》《重视精神因素在肿瘤防治中的作用》

1977 年：

《治癌问题争论》

1982 年：

《心理与疾病》《心理诊断与心理治疗》《暗示与催眠》《心理健康与心理卫生》

1983 年：

《心理与痛觉》《环境心理与疾病和健康》《需要、嗜好与身心健康》《睡梦心理与健康》《儿童心理与身心健康》《青年心理与身心健康》《妇女心理与身心健康》《老年心理与长寿》

1997 年：

《从〈道德经〉看中国传统文化中的健康心理学思想》《中学生抑郁量表的编制与标准化》《中学生焦虑量表的编制与标准化》《中国中学生心理健康量表及其标准化》《中国中学生心理素质量表及其标准化》《气功对中学生心理素质的作用》

1998 年：

《中学生抑郁与心理素质的关系》《中学生抑郁与焦虑的关系研究》《中学生父母教养方式与心理健康》《9970 名中学生心理素质的研究》

1999 年：

《中学生 SCL-90 信度、效度检验与常模建立》《中学生心理素质与学习成绩的关系》《焦虑理论研究回顾与展望》《EMBU 城市中学生适用初步修订报告》《莱顿强迫问卷（儿童版）的信效度研究》《试探中学生抑郁与学校生活适应的关系》《心理学关于创造性思维的某些研究》

2000 年：

《抑郁研究中的素质——压力理论述评》

2001 年：

《青少年归因风格及其与心理健康水平的关系》

2002 年：

《中学生特质焦虑影响因素的问卷编制》《中学生生活事件与抑郁的关系》《中学生特质焦虑与其影响因素的模型建构》《中学生创新心理素质与心理健康的相关研究》《中学生创新心理素质与人格特征的相关研究》

2003 年：

《初中生主观幸福感与生活事件的关系研究》《北京市初中生主观幸福感与父母教养方式的关系研究》《初中生主观幸福感与人格特征的关系研究》《初中生主观幸福感与应对方式的关系研究》《中学生创新心理素质与相关因素的综合研究》《中学生焦虑与其相关影响因素的综合研究》《中学生抑郁与其相互影响因素的综合研究》《中学生生活事件与焦虑关系研究》《中国学生考试焦虑影响因素的问卷编制》《青少年强迫现象及其发展特点》

2004 年：

《青少年主观幸福感研究述评》

2005 年：

《医学院校大学生具体生活事件与抑郁状态的相关分析》

2006 年：

《中国成人心理健康量表的编制与其标准化》《创新心理素质量表在医科大学生中应用的信度和效度分析》《医科大学生的生活事件与焦虑》《成人创新心理素质量表编制与应用》《高三学生高考焦虑状况的调查研究》《高考焦虑量表的编制及其标准化》

第五节　医学心理学与生理心理学的讲座

我讲过医学心理学与生理心理学的课也比较多，主要涉及心理健康一些问题，例如：怎么预防学生的抑郁情绪、怎么防止学生的情绪不稳定、怎么解决学生的分心、怎么解决孩子的马虎、怎么解决学生的厌学情绪、怎么处理好人际关系、怎么处理好婆媳关系及一些婚姻家庭的问题关系等。

在医学心理学与生理心理学研究中，我大部分时间用来接收各界人士、各个年龄段、各种职业的心理咨询，特别是高考的心理咨询。每年高考前家里的电话一直响个不停，甚至有夜里三四点打来电话的，虽然占用了我不少的个人时间，但是如果取得了效果，我内心是很高兴乐意的。例如，我在邯郸市某中学讲课，谈到如何参加自主招生的问题时，很多家长都感到奇怪，说我们怎么不知道什么是自主招生呢。当场提问的人相当多，我就说我会后会回答。如果现在回答，课就上不了了。他们问我要电话，我当场就告诉了他们。会议结束后，我在返回北京的路上，和回家之后，手中电话不断，绝大部分都是有事向我咨询的家长。我耐心地回答他们的问题，并且告诉他们上什么网站，哪里介绍比较详细。虽然占用了我不少时间，但我心里很高兴。每个家长几乎都说，太感谢您了王教授，太谢谢了！我从他们讲话的语调可以判断，这是发自肺腑的感谢，是真切的感情，不是客气话，我也由衷地高兴。

几十年来，凡是到我家找我咨询的人，或者打电话找我咨询的人，我都义务地为他们排忧解难，我感觉我这是助人为乐，我也得到自乐了。

第九章　理论心理学与心理学史研究

第一节　理论心理学与心理学史研究的历程

我从中学时期就对心理学感兴趣，就立志将来学习心理学，掌握心理学的理论，揭露心理的奥秘。1957 年，我报考北京大学心理学专业，如愿以偿地实现了自己的愿望。1958 年，国内曾经开展心理学大批判，1959 年又对心理学的基本问题进行大讨论，我当时虽然是在校学生，对心理学的理论问题也非常感兴趣，在大三的时候写了一篇《论生理与心理的辩证统一性》，我大学的毕业论文题目是《弗洛伊德的心理学说》，这是心理学史的一个研究课题。我的导师是唐钺。唐钺教授是中国现代心理学的开辟者之一，是新中国成立前中央研究院心理研究所的首任所长。他是一位对中国心理学史和西方心理学史颇有研究的学者。他对我的《弗洛伊德的心理学说》评价是：很优良的论文。从北大心理专业毕业后，我被分配到中国科学院心理研究所从事研究工作，具体部门是医学心理学研究室。但我对理论心理学颇感兴趣。在 1966 年—1976 年我坚持心理学研究，取得一定的研究成果。这是出于我对心理学理论的信心。《中国科学院心理研究所所史》与中国老一辈心理学家潘菽、车文博、赵莉如、赵璧如等对此给予高度的评价，都认为我在那个困难的条件下能坚持心理学研究，精神难能可贵。我在 1977 年以后就在杂志报纸上发表论文，呼唤打破心理学的禁区，开辟研究心理学的新领域。

潘菽教授对我从事理论心理学研究寄予厚望，我有愧于潘菽教授期望。潘菽教授曾给我写了 29 封信，对我的研究工作进行具体指导，特别强调加强马克思主义哲学的学习，用马克思哲学指导心理学研究。我深深地牢记他的教导，主动地、自觉地在研究中努力贯彻马克思主义哲学的指导，也颇有收获。我虽然没有在理论心理学研究室从事理论心理学研究工作，但我在医学心理学研究室做研究的同时，也会利用业余的时间研究理论心理学，并发表了几十篇文章。

第二节 出版的理论心理学著作

2018 年，四川科学技术出版社出版了我写的《理论心理学与心理学史研究》一书，这实际上是理论心理学与心理学史研究的论文集。

第三节 发表的文章和论文

《从智力非凡谈起》《中国古代医药学的辉煌成就》《关于才能问题的探讨》《何为文艺的形象思维》《重视心理学方法论的研究》《试论我国心理学的发展道路》《一个混淆学术问题与政治问题的典型》《建议开展社会心理学的研究》《潘菽论心理的矛盾》《人的心理与智力的演化》《人才成功的因素》《从智力结构谈智力解放》《中医中的医学心理学思想初探》《我国心理学现代化的基本理论观点和方法论》《论生理与心理的辩证统一性》《心理学成果与认识论》《心理学专业组召开心理学辩证法研究座谈会》《创造性活动中的灵感》《试论我国心理学发展的偏向》《人才学浅谈》《兴趣、情感、意志与成才》《人才学在中国》《灵感》《什么叫科学学》《灵感研究》《试论我国心理学的方法论》《提高心理健康水平》《智力发展因素，智力结构与智力开发》《论灵感的特点》《人事工作改革的心理学问题》《中国古代健康心理学思想探讨》《中国健康心理学的现况与展望》《从〈道德经〉看中国传统文化中的健康心理学思想》《提高全民族的心理素质》《心商：打开成功之门的心理钥匙（王昕若采访王极盛教授的文章）》《心理学——21 世纪的创新带头学科》《21 世纪人才心理》

《我看中国人的创新力——走访著名心理学家王极盛》《中国当代心理学的发展历程》《重温潘菽全集》《车文博心理学思想笔谈》

第四节 重要论文摘要

一、建立中国心理学方法论的体系

心理学方法论是关于心理学研究方法的规律的知识体系，有其明确的研究对象与严密的整体结构。心理学方法的整体结构是由两部分、两个层次、三类方法所组成。心理学方法论的两部分指的是心理学方法论的战略部分与战术部分。战略部分是通过理论思维扣住心理学发展前沿，抓住心理学及其各个分支的生长点，确定新的研究方向，选择有意义的课题等；战术部分包括研究过程中的具体方法。就我国心理学的实际情况来看，心理学方法论战略部分的研究比战术部分的研究显得薄弱。加强心理学方法论战略部分的研究，对于我国心理学走自己的发展道路，增强心理学与社会的联系，提高心理学研究的社会经济效益都有重要的意义。

心理学方法论的两个层次是根据对心理现象的认识过程的顺序，即从感性认识发展到理性认识，从经验上升到理论，相应地把心理学研究方法分为两个层次：第一个层次是获得感性的经验材料的研究方法，称为直观的方法，它包括观察法、实验法、谈话法、心理测验法、问卷法等。通过直观方法获得对心理现象的感性认识。第二个层次是获得理性认识的方法，称理性思维方法，它包括分析、综合、比较、归纳、演绎等方法。通过理性思维方法获得对心理现象的理性认识。

心理学的研究方法贯穿于研究心理现象的整个认识过程的始终，因此心理学研究的直观方法和理性的思维方法两者既有联系，又有区别。前者是后者的基础和前提，后者是前者的继续与提高，后者对前者有指导作用，前者对后者有检验作用。没有前者，研究工作则是无源之水、无本之木，后者也不复存在；没有后者，前者获得了资料，不能提高，也完成不了心理学研究的任务。两个过程中的研究方法是相互制约的。例如某个心理学研究课题主要使用实验方法，但在进行实验设计、实验操作和对实验结果加以处理时，同时亦要使用分析、综合、归纳、演绎等方法。

根据方法实用范围的大小，心理学方法论的3种方法由心理学独有的方法、科学的通用方法与哲学方法所组成。心理学独有的方法是指本门学科的研究方法，例如自我观察法、心理测验法等。科学的通用方法既包括自然科学的研究方法，如观察法、实验法、模拟方法、教学方法等，也包括社会科学的通用方法，如调查研究法、典型分析法等。这些自然科学的研究方法、社会科学的研究方法是分别从自然科学、社会科学各门科学的研究方法中概括出来的。现在心理学的研究方法大都是采用自然科学、社会科学通用的方法，这些方法体现了唯物辩证法与认识论的一般原理。

心理学方法论的3种方法之间既有联系又有区别。哲学方法对科学的通用方法、心理学的独特方法起到指导作用。科学通用方法为心理学提供实用的研究方法，心理学的独有方法反映了心理的实质和心理学的独立性。对于心理学工作者来说，我们研究心理学方法论的重点在于心理学独有方法这个层次。这恰恰是我国心理学方法论研究中较为薄弱的环节。我国心理学曾经重视过辩证唯物主义对心理学方法论的指导，也重视过引进自然科学的其他方法，也曾经广泛推行条件反射的方法，但是都曾经出现过偏向。前者表现为用哲学代替心理学，用哲学方法代替心理学方法，用阶级分析法代替整个心理学研究方法。后者表现为不适当扩大条件反射法在心理学的应用范围。这两种偏向出现的原因是很复杂的。从心理学方法论的角度来看，都忽视了心理的实质，忽视了心理学在实质上的独立性，忽视了与心理学独特研究方法的结合。

二、论生理与心理的辩证关系

首先，我认为生理与心理具有辩证统一性。

辩证唯物主义的物质论认为物质对于意识具有根源性，人的意识为物质所派生，认为物质世界离开人而独立存在着，远在意识出现前它就存在，意识出现后它仍然离开人的意识而独立存在。而人的意识却不能离开物质而独立存在，人的意识是物质长期发展的最高产物，是人的大脑对外界的反映——物质的最高的反映形式。我坚持认为人的心理是大脑对外界的反映，意识是物质的一种运动形态，认识生理与心理的关系应站在唯物主义一元论的立场上，这在同时也反对了唯心主义和二元论。唯心主义和二元论就是那种使心理现象脱离它的物质本原的观点的哲学根源。唯心主义和二元论把意识和物质割裂开来，把它们看成任何时候都是绝对对立的，不了解它们之间的对立绝对性是有条件的，即“物质与意识的对立也只是在非常有限的范围内才有绝对的意义；在这里仅仅是在承认什么是第一性和什么是第二性这个认识论的基本问题时才有绝对的意义，超出这个范围，物质与意识的对立无疑是相对的”。如在认识论之外把意识与物质对立起来，这无疑就是背叛了唯物论。

其次，谈谈生理与心理之间的区别。精神是第二性的，其本身是观念的东西，是客观现实的主观印象。印象是客观事物的复写、摄影，与被反映的事物有根本的类似，但不是事物的本身。列宁指出：“说不论思想与物质都是‘现实’的即存在着的，这是对的。但是把思想叫作物质，这就向混淆唯物主义与唯心主义方面迈了错误的一步。”“那种物质和精神，唯物主义与唯心主义的认识论的对立就会失去了意义。”那种把心理现象简单地归结为高级神经活动的观点是不了解在认识论之外，物质与意识的对立虽具有相对的性质，但不能把它们等同起来，否则便混同了观念的东西与物质的东西的区别。

对于人的心理意识，我们不仅把它看作脑的机能，而且还要看作社会实践的产物，因为在从猿转成人的过程中，从具有高级神经系统的猿的意识萌芽、发展成为人的意识这一物质反映能力的蜕变过程中，起着根本决定作用的是社会生活，是人的劳动。正如马克思所指出："意识一开始就是社会的产物，而且只要人们还存在着，它仍然是这种产物。"人的心理意识的物质负荷者——大脑本身不只是自然发展的产物，同时也是社会的产物。我们也必须指出，人的大脑本身只是人的心理的器官，是人的心理产生的必要条件，只是它本身还不能产生人的心理。人的心理的发展是由外部世界——其中主要是由人们的社会生活条件决定的。"没有被反映的，就没有反映者。"没有人的社会生活，也不能有人的心理、意识。而思维、意识作为物质唯一的语言也是社会的产物，是社会现象。这样我们就有充分的理由来说，人的心理、意识作为人的大脑对外部世界的反映，无论是从人的心理、意识的物质负荷者——人的大脑，或从心理、意识的内容，或从心理、意识的表现形式，它都不只是自然发展的产物，而且更重要的是社会的产物。传统心理学中的机械论者，把人的心理理解为一种生理过程，认为人的心理的研究可以由客观的生理学和生物学所代替和执行，企图从生理的角度来说明人的心理的起源和本质，而抹杀人的社会性，抹杀人的心理本质的特殊性。他们根本不了解人的心理不仅与生理发展中的高级神经系统不可分离，而且与社会发展中的劳动生产不可分离，因此我们必须彻底坚持辩证唯物主义，反对机械唯物主义、庸俗唯物主义。

当我们谈到人的生理与心理既不可分离又相互区别的时候，只是说明二者具有辩证统一性的一个方面，即生理与心理在一定的条件下共处于一个统一体，这就是说在人的生活、实践中，生理与心理统一于物质世界，统一于人脑与客观现实的相互作用之中。

生理与心理具有辩证统一性第二方面的意义就是，生理与心理在一定的条件下，在人的生活、实践中相互转化，即生理的东西能够影响心理的东西，心理的东西能够反过来影响高级神经活动，作用与改造机体内的生理活动的状态。

人在生活实践中，生理与心理的相互转化、相互影响，每时每刻都在进行着。

人体处于应激状态时，生理与心理的相互转化在人体内就是常见的飞跃现象。在生活、实践中，人处在紧张情况下，人体处于应激状态，情绪紧张，人体的潜力迅速地被调动起来，人体的活动便处于充分的动员状态。近年来神经内分泌学的研究表明，情绪紧张时，应激的信号被中枢神经系统接收后，经过整合，传送到下丘脑。下丘脑分泌促肾上腺皮质激素释放因子，它刺激垂体分泌促肾上腺皮质激素。此种激素能够促进肾上腺皮质激素的合成与分泌。研究表明，在应激水平高时，血液和尿中的肾上腺皮质激素的浓度也增高。应激状态下，情绪紧张，通过神经内分泌调节体内的一些激素的水平，同时也引起一些心理过程如感知觉、记忆、动作等的变化，以适应紧张状况的需要。

正确处理人体生理与心理的转化、相互影响的关系，在临床实践中，对于维护人体的健康和与疾病斗争有着重要的实践意义。

在病理的情况下，生理对于心理的影响更明显。脑的结构与机能活动的障碍都会引起人的心理活动的障碍，例如，大脑两半球肿瘤能够使患者进入痴呆状态。

负性情绪刺激过度或持续过长在一定条件下能够引起人体机能的失调。例如情绪过于紧张可使心动过速、心律不齐、血压升高、心区疼痛。近年来的科学实践证明，情绪的紧张可能通过交感神经系统和环状核苷酸导致高血压。交感神经可能改变血管中环状核苷酸的代谢而导致血管结构的变化。

总之，大量的医学心理学研究证明，在生活、实践中，生理（健康的或病态的）对于心理的影响（有利或不利）与心理（无论积极健康的或消极病体的）对于生理的影响（有利于健康或不利于健康）经常错综复杂地进行着。在临床上常见，积极的心理状态引起病体有利于健康的转化，这种转化又增强了人的心理状态，从而进一步促使病体有利于健康的变化，如此不断循环……这就是心理与生理复杂的又有规律的相互影响、相互转化表现在临床实践上的最好的证明。

坚持这种观点就能反对形而上学对于生理与心理相互关系的片面理解：只看到生理对于心理的作用和影响的一个方面，而看不到心理对于生理的反作用，心理能动地改造机体生理状态的另一个方面。当然，我们也应该指出生理与心理的相互转化是有条件的、有限度的，而不是无条件的绝对的。

总之，我们只要坚持辩证唯物主义与历史唯物主义的观点，一方面看到生理与心理既有联系又有区别，在人的生活、实践中共处于一个统一体，另一方面也要看到生理与心理在一定的条件下相互转化、相互影响。

列宁指出："精神是第二性的，是头脑的机能，是外部世界的反映。"我们要科学地揭示心理活动的规律，必须要用一分为二的观点，既要研究心理活动的生理机制，也要研究心理活动对社会实践的依赖性，二者是辩证统一的，不是机械地相加。片面强调研究心理的生理机制，忽视或否定心理对社会实践的依赖性，就要犯心理学研究生物学化的错误。只强调研究心理对社会实践的依赖性，忽视或否定心理的生理机制的研究，就会走进无头脑的心理学的绝境。

三、破除迷信解放思想，冲破心理学研究禁区

我在20世纪70年代末改革开放初期，提出了要解放思想破除迷信，冲破心理学研究禁区，并且开辟新的心理学研究领域，如提出中国心理学界要研究动物心理学、社会心理学、人事心理学、智力问题、意志问题、心理测验、心理健康、心理卫生；还要研究交叉科学中的心理学问题，例如人才心理学问题、科学学的心理学问题，即开拓人才心理学领域、科学创造心理学领域。

我国心理学现代化的发展道路上，从现代自然科学中汲取营养，有的放矢地引用现代自然科学新理论、新概念、新技术，对于科学地揭示心理的本质是有着重要的积极意义的。我们应该采取现代的科学技术如生物物理、生

物化学、神经生理学、信息论、控制论、系统论、电生理技术、自动和遥控技术、遗传工程等创造性地研究心理活动的物质本原，但要防止因此而走向另一个误区——企图用脑的生理变化或化学变化去直接说明全部心理活动的规律。

四、创新心理素质结构

创新心理素质结构包括创新人格、创新意识与创新能力，三者相互制约、密不可分，创新人格是创新心理素质的基础，创新意识是创新心理素质的需求和动力，创新能力是实现创新最关键的因素。

创新心理素质并不神秘，正常人人人有之。时时处处都有创新素质的应用，我们祖祖辈辈都在创新。不要把创新人格、创新意识、创新能力看得太神秘，高不可攀。其实人人都有创新心理素质，只不过水平高低有区别而已。

我对中国科学院的学部委员（院士）与一般科技人员进行了年龄与创新心理素质水平关系的研究，结果发现，无论是中国科学院学部委员还是一般科技人员，中年时期的创新能力比青年时期、老年时期高。

五、形象思维的研究

人从事任何活动都有心理现象，人的心理活动是极其复杂而又变化多端的。在人的生活和实践中，人的各种心理现象既彼此区别，又彼此依存。

我认为文艺的形象思维，是人们在艺术创作过程中塑造艺术形象时完整而统一的心理活动，它包括联想、表象、想象、情感和抽象思维等，并且通过艺术形象表达出来。

在一般情况下，人的感觉、知觉、表象、联想、想象、情感和抽象思维总是同时并存、相互联系，往往由抽象思维把各种心理活动协调、组织成为一个统一的整体。在形象思维中，一般不存在没有抽象思维渗透的纯粹的联想和纯粹的表象，也不存在没有抽象思维渗透的纯粹的想象和纯粹的情感。

六、灵感的研究

灵感是人在创造性活动中出现的一种复杂的心理现象，它是一种最佳的创造性能力，是创造性思维能力、创造性想象能力和记忆能力的巧妙融合，从而使问题获得迅速的解决。灵感同其他心理现象一样，也是人脑对各种客观现实的反映，是人脑的一种机能。否认灵感的存在，或者把灵感神秘化，都是不符合客观实际的。我们不应回避对灵感的研究，而应该科学地探讨它，逐步阐明灵感的规律。

1. 灵感在科学创造中的作用

使科学研究的问题获得成功

提供重要启示、重要思路或重要线索

新的设想的出现

确定了研究的具体选题

论文构思条理化

2. 灵感的心理与生理机制

灵感产生的形式是多种多样的，因此，产生灵感的心理机制和生理机制也不尽相同。灵感按其产生的心理机制可分为突如其来的灵感、诱导式的灵感、类似联想式的灵感、语言启发提示式灵感、无意识式灵感等种类。

3. 论灵感的特点

灵感是创造性活动的产物

灵感是创造力的升华

灵感需要一定诱因

灵感产生突如其来

灵感稍纵即逝

灵感在良好精神状态下产生

灵感出现伴随着情绪的高涨

4. 捕捉灵感的心理条件

长期的思维活动的准备

兴趣和知识的准备

智力上的准备

愉快的情绪状态

珍惜灵感出现的黄金时刻

摆脱习惯性思路的束缚

七、改革的心理学研究

1. 阻碍改革的心理

改革不是一帆风顺的，常常伴随着阻碍与阻力。改革的阻力多种多样，心理活动是其中的一个。

阻碍改革的心理有以下几种：保守心理、习惯心理、嫉妒心理、求全心理、职业认同、对改革的担忧。

2. 促进改革的心理学对策

阻碍改革的心理是客观存在的。为了防止或消除阻碍改革的心理活动，鼓舞人类改革，提出下列的心理学对策：激励改革者、心理上的安全感、共同认识、员工积极参与、强烈的归属感、加强意见沟通、提高威信、重视心理适应。

3. 观念转变与改革

观念的改变对改革极其重要，下列的观念改革具有重要意义，它们是重贡献观念、重科技人才观念、时间紧迫感、效率观念、正确的人才观、树立用人之长观念、鼓励人才冒尖观念、知识增值的观念。

4. 改革成功者的心理品质

改革成功者的心理品质对改革成功是非常重要的。据研究，改革成功者的心理品质有很多，下列几个是最为重要的，它们是：事业心、责任感、创新意识与创新能力、坚韧不拔的意志。

八、心理学——21 世纪的创新带头学科

随着心理学理论上的突破，随着人类对自己心理规律认识的深化，心理学在21世纪不仅会成为带头学科之一，并且会对社会生活各个领域发挥巨大作用。

心理学理论上的突破与革命，必将在 21 世纪社会各个领域产生重大的作用。这个作用不亚于现代计算机飞速发展给社会各个领域带来的改变。电子计算机毕竟是人的智慧的产物、人的创造力的产物，是人创造了电子计算机，是人生产的计算机，一旦心理学理论取得突破，创造了计算机的人、生产了计算机的人将比计算机更聪明，发挥的作用将比计算机更广泛、更强大。

心理学一旦成为带头学科，心理学理论一旦取得突破之后，心理学特别是创造心理学对知识的创新、技术的创新、对科学的发展都将起到重要的作用。

人们对创造力的规律的认识，对创造性思维规律的认识，必将使人们更快更好地进行知识创新。人们将会自觉地掌握人类创造性思维的规律、创造力的规律，充分利用创造性思维的规律与创造力的规律去认识世界，去改造世界。只要掌握了创造性思维与创造力的规律，就能适应 21 世纪知识经济对知识的增长以及对人的创造力与创造性实力的要求。

知识创新与技术创新是一个心理活动过程。从知识创新、技术创新需要的产生，到知识创新与技术创新的最后完成，心理活动始终贯穿其中。换句话说，知识创新与技术创新的成功是心理活动的产物，是智力的效应，是创造力的结晶。我们现在对人的创造性思维与创造力的认识还很肤浅，对智力活动机制的了解也很肤浅，至于创造性思维、智力活动在大脑中是如何进行的了解得更少。人类在对创造性思维、智力活动及其生理机制了解甚少的今天，都通过人的心理活动、创造力、创造性思维创造了电子计算机，并且以很快的速度不断地对电子计算机进行更新，那么在心理学理论上取得重大突破之后，人们对智力活动、创造性思维、创造力及其生理机制了解更多的 21 世纪，人们必将创造出比今天更新、功能更强大的电子计算机。

21 世纪心理学作为带头学科之一，在社会生活各个方面发挥巨大作用，

是人类社会发展的必然，是人类科学文化发展的必然，是心理科学发展的必然。在人类历史发展的过程中，每一个历史时期都需要它的带头学科以促进社会的发展。21世纪需要的是心理学、生命科学等作为带头学科，以促进社会的发展。

一切知识、一切技术、一切科学都是人创造的，都是具有心理活动、具有创造力的人创造出来的。现代科学迅猛发展，目前已经有2000多种学科，它们和人类社会生活都有一定的联系，但是唯独心理学与人人都有密切关系，与社会生活各个方面都有密切的关系。因为凡是有人活动的地方，就有人的心理活动，都与心理发生密切的关系。

人是心理活动的主体，人是心理活动的载体，人是心理活动的运用者，因此，没有人参与任何科学都无从谈起，知识创新、技术革新、任何科学的发展都成为无本之木。

人的心理活动贯穿于任何知识创新的过程之中，贯穿于任何技术创新的过程之中，贯穿于任何学科的发展过程之中，因此随着心理学自身的发展，随着现代科学的发展，我们对心理学的需求日益迫切。相信心理学成为21世纪带头学科之后，心理科学在知识创新、技术创新、科学发展与社会生活各个领域都将发挥重大作用。

心理学一旦成为带头学科之一，其在理论上的突破与革命必将对社会生活各个领域带来实际的效应，产生实际的作用。21世纪心理学不仅在理论上讲有重大突破，心理学应用科学也会得到迅猛发展。那时，每个生活领域都有该领域的心理学。人们将利用心理学的基本理论创造与该领域的具体实践相结合的该领域的心理学理论，进一步指导该领域心理学的研究，促进该领域的发展。

21世纪心理学不仅会在现有的应用心理学领域获得很大发展，例如在现有的教育心理学、医学心理学、劳动心理学、商业心理学、管理心理学、科学心理学、文艺心理学、司法心理学、军事心理学、运动心理学、咨询心理学、政治心理学、经济心理学、社会心理学、环境心理学、应用心理学等领域取得巨大进展，对该领域发生巨大作用，而且在21世纪应用心理学将会产生更多的分支。概括起来有两个方面，一方面随着人类生活领域的拓宽，在相应领域将产生新的心理学分支；另一方面随着人类社会的进步，各个领域在细化过程中将产生新的细的心理学应用学科。

可以设想，心理学成为带头学科之后，将以根深叶茂的崭新形象出现在21世纪。

21世纪人类社会更加需要心理学，现代科学技术更加需要心理学，人类物质文明的发展更加需要心理学，人类精神文明的发展更加需要心理学，21世纪的知识经济更加需要心理学。

心理学必将在各种需要的推动下，在自身发展的过程中，在人类丰富多彩的心理活动中，发挥它的重大作用。“心理”被恩格斯誉为“地球上最美的花朵”，它将在21世纪开放得更加灿烂，更加夺目，更加艳丽。

九、21世纪人的心理

人的心理历史如人类的历史一样悠久。人类社会的开始也就是人的心理的开始。

每一个历史时代都有相应的人的心理发展水平。

每一个历史时代都对人的心理提出自己的要求。

人类的心理发展水平与社会历史发展水平是相适应的。

人类的心理发展水平与人类社会历史发展水平是同步的、协调的。

人类社会的发展水平制约着人类心理发展水平的广度与深度。

人的心理发展水平也制约着人类社会历史的发展水平。

人类的心理是随着社会历史的前进而由低级向高级发展的。每个历史时期都给人类的心理发展提出了新的要求，人类的心理正是适应时代的需要而不断发展起来的。

现代科学技术正面临一场伟大的革命。它势如破竹，锐不可挡，它必将对人的心理提出更高的要求。

21 世纪的知识经济是人类面临的一场伟大的经济和社会变革，它也必将对人的心理提出新的要求。

人类的心理只有适应现代科学技术革命的要求，只有适应现代知识革命的要求，才能将现代科学技术革命进行到底，才能将知识革命进行到底。

21 世纪对人的心理提出什么新的要求呢?

21 世纪人的心理有五大特点：智力大发展、智力结构大优化、个性的大解放、创造力大发挥、心理健康水平大提高。

十、中国古代健康心理学思想的探讨

1. 中国古代健康心理学思想的理论基础

中国古代健康心理学思想的理论基础包括形神统一论（身体与精神统一论）、天人相应的观点、人与社会的统一观、预防为主的思想。

2. 中国古代健康心理学思想的原则

中国古代健康心理学思想的原则包括形神并养（身体与心理共养）、养神为主、养神重德、重视情绪调节、以静制躁、节欲适度、顺时调神。

3. 中国古代健康心理学思想的心理保健方法

中国古代健康心理学思想的心理保健方法包括修性养神法、清静养神法、调控情绪养神法、节欲养生法、勤劳养神法、琴棋书画养神法、顺时调神法、运动怡神养生法。

十一、中医中的医学心理学思想探讨

中医是一个伟大的宝库，它蕴藏着丰富的防治疾病的实践经验和理论知识，其中包含着不少珍贵的医学心理学思想。整理、挖掘和提高中医的心理学思想，对于建立发展我国现代的医学心理学无疑有着重要的理论意义和实践意义。

写于战国时期的《内经》是我国现存最早的经典医学理论著作。它对人体的生理、病理、诊断、治疗和预防等都做了系统的原则性的总结。《内经》奠定了中医的理论基础。《内经》关于心理因素对人体的生理（例如："喜则气和志达，荣卫通利"）、病理（例如："喜怒不节则伤藏，藏伤则病起于阴也"）、诊断（例如："得神者昌，失神者亡"）、治疗（例如："一曰治神，两曰知养身"）和预防（例如："精神内守，病安从来"）等方面产生的作用，也做了系统的原则性的总结。因此可以说，《内经》奠定了中国古代医学心理学思想的基础。

中医在生理与心理的关系上坚持"形神相即"的朴素唯物论思想。《内经》指出："五脏已成，神气舍心，魂魄毕具，乃成为人。""五藏皆虚，神气皆去，形骸独居而终矣。"《内经》指出："无形则神无以生，无神则形不可活。"张景岳还说："形者神之质，神者形之用。"同时，中医具有生理与心理相互作用的朴素辩证法思想。"因郁而致病"与"因病而致郁"就是很生动很明确的概括。消极的情绪可以致病，人生病影响人的情绪，久病或重病易产生抑郁情绪。"形神相即""因郁而致病""因病而致郁"的理论观点成为祖国古代医学心理学的指导思想。

1. 心理因素在病因中的作用

中医认为引起疾病的原因是多种多样的，在一定条件下，风、寒、暑、湿、燥、火六淫之气，情志异常，饮食劳伤等均可产生疾病。人的情志波动过于激烈或者持续过久是疾病产生的重要原因。中医强调七情失调可以引起阴阳失调、气血不和、经络阻塞、肺腑功能失常而患病。《素问·举痛论》指出：情志变化能够使气息发生紊乱，即"怒则气上，喜则气缓，悲则气消，怒则气下……惊则气乱……思则气结。"同时《内经》还认识到心为五脏六腑的主宰，"心藏神"。因此，七情中任何情志失调都可伤心，而心伤则引起其他脏腑功能的失调。《灵枢·口问篇》曾指出："悲哀忧愁则心动，心动则五脏六腑皆摇。"

应该指出，中医不仅认为情志异常一般是由于外界环境的刺激所引起，而且还认为内脏气血的病变，也会影响到情志的异常。中医对这个问题是具有独到的见解的。《素问·调经论》指出："血有余则怒，不足则恐。"《灵枢·本神篇》指出："肝气虚则恐，实则怒……心气虚则悲，实则笑不休。"

七情内伤是引起许多症状的一种原因。关于心理因素引起眩晕症状问题，《丹溪心法》认为："或七情郁而生痰动火，随气上厥，此七情致虚而眩晕也。"情绪异常与虚老的关系，徐春甫认为："七情者，喜、怒、忧、思、悲、恐、惊，七情过伤是也。"

2. 心理因素在诊断中的作用

望、闻、问、切是中医独特的诊断方法。

望诊：通过医务人员的视觉观察人体外部的神、色、形、态，以推断疾病的情况。古人重视神色（包括精神状态和面部气色）在诊断上的作用。《内经》对神色在诊断学上的重要性，有着较深刻的认识。形健则神旺，形衰则神惫。《灵枢·平人绝谷篇》说："五藏安定，血脉和利，精神乃居。"《素问·汤液醪醴论》说："精气弛坏，荣泣卫除，故神去之而病不愈也。"因此临床上根据患者的面部表情、语言气息、动作行为来作为望神的标志。如患者的眼神精彩内含，炯炯有神，则为得神；如患者的眼神无精打采，目暗睛迷，则为失神。如患者疲惫，可见于劳后、肾虚、胃不实；沉郁、呆钝可能是情志病；烦躁不安可能是热病；目瞪口呆，表现为惊怖之状，可能是受到惊吓。

闻诊：主要是通过医务人员的听觉感知患者的语言、呼吸、咳嗽、呻吟等声音的变化来推诊疾病。人的情感与声音变化有着密切的关系。在正常情况下喜时发声欢悦耳散，怒时发音愤厉而急。患者呻吟，多是身有痛楚；唉声叹气，多属气郁于心胸脘不畅；时发长吁短叹的声音，可能情志不舒所致。

问诊：患者的发病经过及其自觉症状，只有通过患者的主诉，才能得到真正的了解。因此问诊是很重要的。《素问·征四失论》说：“诊病不问其始，忧患饮食之时节，起居之过度，或伤于毒。不先言此，卒持寸口，何病能中。”问诊的内容很广泛，包括患者的生活习惯、饮食起居、精神状态、发病经过等。根据患者的精神状态，可以帮助推诊疾病的原因。如健忘，多系心肾不交、心气不足、思虑伤脾等所致；怔忡（心跳不安的感觉）可能系恐惊之后，心血不足，阴虚火旺所致；抑郁不舒多由情志不遂、多思善虑所致；精神失常多云癫痫狂；医务人员在问诊时，要注意环境的安静，倾听患者的陈述，对于关键的问题，务必弄明白。正如《素问·移精变气论》所说“闭护塞牖，系之病者，数问其情，以从其意”。

切诊：切脉是中医诊断学的重要组成部分。中医对心理因素在脉法中的作用，有深刻的认识。

中医已经认识到七情内伤在脉象上是有所反映的。例如《医学入门》就指出了七情异常与脉象的变化：“喜则伤心脉必虚”，即喜气缓，脉虚必散；“思伤脾脉结中居”，即思则气凝，脉短而结；“因忧伤肺脉必涩”，即忧则气滞而脉沉；“怒气伤肝脉定濡”，即怒则气逆而脉濡；“恐伤于肾脉沉是”，即恐则气下，怯而沉脉。平时，人们一时情绪激动，脉象也可能有变化，但这不是病脉，当情绪平定之后，脉象也就恢复正常了。

中医同时从脉象的变化推测到七情内伤及病症。例如，《素问·大奇论》说“肝脉骛暴，有所惊骇”。《医学入门·肝脉诊法》说“微弦胆惊”，即脉初微弦者主胆腑受惊；“沉数郁怒苦生疮”，即沉数善郁善怒；“肝火妄动”，多生疮疥痈疽；“沉濡情惚下体重”，即沉濡则魄衰，不能与魂相守，心中情惚，下体腰脚沉重。

3. 心理因素在治疗上的作用

中医很重视心理因素在治疗中的重要作用。《素问》就指出，“精神不进，志意不治，故病不可愈”。

中医重视药物治疗与心理治疗的结合，重视针灸治疗与心理治疗的结合。例如，在宫颈癌和乳腺癌的治疗上强调要清心涤虑，怡情悦性，注意改变消极精神状态与药物治疗的结合。

中医关于心理因素在针刺治疗中的作用有着系统的论述。它强调“神”在针刺治疗中的作用：“凡刺之真，必先治神”，“凡刺之法，必先本于神”。

中医的心理治疗有多种形式。

说理开导式心理治疗，这种心理治疗起源于《内经》。说理开导式的心理治疗主要包括 4 个方面的内容，第一是“告之以其败”，即指出疾病的危害，引起患者对疾病的注意，使患者对疾病要有认真对待的态度。第二是“语之以其善”，即指出只要与医务人员配合，治疗及时，措施得当，是可以恢复健康的，以增强患者战胜疾病的信心。第三是“导之以其所便”，即告诉患者如何进行调养，指出治疗的具体措施。第四是“开之以其所苦”，即解除患者的消极的心理状态。由此可见，这种说理开导式的心理治疗是以认识和行动的相结合为特点的。

以情胜情式的心理治疗：这种心理治疗起源于《素问 · 阴阳应象大论》所说的“怒伤肝，悲胜怒”“喜伤心，恐胜喜”“思伤脾，怒胜思”“忧伤肺，喜胜忧”“恐伤肾，思胜恐”。实践证明，情志致病，按照这种心理治疗方法治疗是有一定的效果的。

惊式心理疗法：这是利用精神刺激，治疗人体生理机能活动的失调。例如《灵枢 · 杂病篇》记载治疗一般功能性呃逆的方法：“哕……大惊之，亦可已。”

4. 心理因素在预防中的作用

防患于未然、灭病于早发的预防思想是中医的一个特点。

《素问 · 四气调神大论》说：“是故圣人不治已病，治未病，不治已乱，治未乱。”在这种重视预防的思想指导下，创造了一套具有民族特色的行之有效的摄生方法。调摄精神是摄生的一个重要的内容。调摄精神对于增强人体健康有着重要的作用，因此有人强调在摄生时要保持情绪稳定和精神愉快，防止过度的情绪变化。《素问·上古天真论》认为："恬惔虚无，真气从之，精神内守，病安从来？"同时也认识到饮食劳逸没有节制，随心所欲，不善于保养精神，必损身体。

中医重视生理卫生和心理卫生，二者不可偏废，而是要结合起来。现以妇产科为例予以说明。《千金方·养胎》主张妇女孕期要"调心神，和情性，节嗜欲，庶事清净。"妇女在孕期的不良情绪是引起妊娠疾病的一个重要因素，因此《妇人秘科》认为，"受胎之后，喜怒哀乐，莫敢不慎"。

从以上的初步分析可以看出，中医中的医学心理学思想是很丰富的，并且有独到的学术见解。它是中国医药学宝库的一个重要组成部分。我们要取其精华，去其糟粕，把它提高到一个新的水平。

十二、呼吁对超常儿童心理的研究

我 1978 年 3 月 28 日在《光明日报》发表了《从智力非凡谈起》的文章。文章开头指出，为了快出人才、早出人才、多出人才，中国科学院采取措施不拘一格地选拔人才。他们在调查中发现了一些有非凡的记忆力、理解力，好学肯钻、勇于攻关的少年，决定在中国科技大学专门为他们开设一个少年班。这件事引起了广泛的反响。

社会实践的需要，劳动、职业、教育、训练等，都能使人的某些能力获得高度发展。专门从事黑色纺织品工作的工人，能够分辨出 40 多种不同的黑色色度。钢铁工人对浅蓝色的火焰的微小差异具有高度的辨别能力。熟练的研磨工人能辨别两千分之一毫米的微隙。茶叶工人可以凭嗅觉判断茶叶的质量，有经验的调味师、饲养员具有高度发达的味觉和嗅觉能力。有经验的飞行员能够根据发动机的微小变化来判断发动机的工作情况。电话员对电话号码的机械记忆能力很强。

人们的智力和才能的强弱，在一定条件下是可以转化的。转化的条件主要是在社会实践中主观能动性发挥的程度。任何人从无知到有知，从没有才能到有才能，都要经过努力学习和艰苦实践的过程。有的原先智力较弱、才能较差的人，由于后来努力学习和刻苦实践，逐渐认识了事物发展的规律，他的智力和才能都得到提高。相反，一些智力和才能获得较早发展的人，如果骄傲自满，不再勤学苦练，他的智力和才能就会停滞不前甚至倒退。"小时了了，大未必佳"，这句古话说的正是这个道理。

在儿童时期，头脑可塑性很强，抓紧时间培养教育，可以促进人脑机能向更完善的方向发展。有的素质较好的儿童，由于受家庭、环境和教育的影响，对某些活动产生了强烈的爱好，做出较大的努力，就较早地显露出绘画、音乐、数学、文学等方面的突出才能。我们注意发展和精心教育、培养这些能力发展较早、较快、较突出的儿童，可以为国家造就优秀人才提供助力。

我们有毛泽东的革命路线指引，有优越的社会主义制度，有勤劳、智慧的8亿人民，这就为儿童、青少年的才能的成长开辟了广阔的道路，提供了可信的保证，必定能在青少年中培养出一批又一批又红又专的杰出人才，极大地提高整个中华民族的科学文化水平。

第六篇　获得科技成果奖与出版的专著

第十章　获得的科技成果奖等奖项

一、获得的科技成果奖

科技成果奖等奖项

我获得的重大科技成果奖包括作为主要负责人与主要参加者的，在赵莉如编著的《中国科学院心理研究所所史》所记载的1965年—1993年中国科学院心理研究所40项获奖成果中的7项，1993年后又获得2项获奖成果，我把这9项简要地说明如下：

1. 针刺麻醉的临床心理规律

获中国科学院重要成果奖，鉴定时间1973年，鉴定单位：中国科学院心理研究所。

2. 针刺麻醉的心理学问题

获中国科学院重要成果奖，鉴定时间1976年，鉴定单位：中国科学院心理研究所。

3. 针刺麻醉的心理学研究

获中国科学院1979年重大科技成果二等奖，鉴定时间1979年11月，鉴定单位：中国科学院心理研究所。

4. 激光穴位镇痛的实验研究

本工作是我与山西医学院第一附属医院、北京医学院第三附属医院合作进行的。

激光穴位镇痛与麻醉的科学技术成果鉴定结果如下：

（1）激光照射穴位有镇痛作用，具有全身性与镇痛后效应的特点。

（2）激光镇痛效应与针刺麻醉镇痛效应大体相同，并且有个体差异性。

（3）激光镇痛作用不是由暗示因素决定的。

该研究成果被山西省人民政府评定为 1980 年山西省重要成果二等奖。

5. 气功的临床、生理与心理研究

获得 1984 年河北省政府科技成果二等奖。

6. 中国科学院重点科技攻关项目——燕化地区环境影响分析评价

本研究成果与国内同类工作相比，达到国内先进水平，有重大实际意义，对推动工业区环境影响分析研究做出了积极贡献。

7. 人事心理学研究

出版了《人事心理学》《当代管理心理学》两部专著，发表 25 篇学术论文（总计约 100 万字），并对研究成果进行多方面的推广工作。

该研究获得 1990 年中国科学院科技进步二等奖。

8. 成功教育研究——考生心理调节的方法

该项目是我与沈阳市相关部门合作研究的，1999 年获得沈阳市人民政府颁布的科学与技术进步三等奖。

9. 莱顿强迫问卷（儿童版）信度、效度兼划界分的研究

获 2000 年北京市科学技术进步三等奖。

二、获得的著作奖及学会工作奖

10. 中国心理学会科普工作委员会于 1986 年授予我的荣誉证书中写道：王极盛同志的心理学科普著作《心理与健康》荣获优秀作品奖。

11. 中国心理学会心理学普及工作委员会 1992 年 5 月颁发给我的荣誉证书中写道：王极盛同志被评为 1989 年—1992 年，全国心理学普及工作积极分子。

12. 中国心理学会科普委员会于 1981 年颁奖给为心理学普及而积极工作的王极盛同志。

13. 中华教育艺术研究会 1989 年 12 月 1 日在授予我的荣誉证书中写道：王极盛同志荣获理论研究与教育实践铸魂金杯奖。

14. 我的《青年心理学》获“我喜爱的社会科学新书评选”一等奖，国家出版局、共青团中央宣传部 1986 年 5 月 29 日。

15.《青年心理学》在 1987 年度青年教育理论著作评选中获一等奖，主办方为首都师范学院。

16.《当代管理心理学》荣获 1987 年度全国优秀畅销书奖，主办方为中国青年出版社等。

17.《当代管理心理学》荣获 1986 年度金钥匙奖，主办方为《博览群书》杂志社等。

18. 中国气功研究会学术委员会 1989 年 10 月授予我气功科学研究鼓励奖。

三、获得的论文奖与育人奖

19. 王极盛等《科技工作者创造力的研究》（《科学学研究》1984 年第 4 期）获中国科学学与科技政策研究会优秀论文奖。

20. 王极盛《思想政治工作的心理学问题》，1985 年 12 月获中国职工思想政治研究会优等奖。

21. 中国科学院心理研究所 2008 年 9 月授予王极盛中国科学院心理研究所育人奖。

附录　王极盛出版的著作目录

一、已出版97部著作

（说明：王极盛已出版著作的目录，包括同一本书在不同出版社以不同书号和书名出版的，合同到期后其他出版社约稿，经过修改和补充重新出版的，但不包括同一本书在同一出版社多次再版。已出版的书大部分在百度百科都有记载和说明，包括封面照片、内容简介与目录等）

1.《智力ABC》北京：北京出版社，1981.

2.《记忆的奥秘》天津：天津人民出版社，1981.

3.《青年心理学》北京：中国社会科学出版社，1983.

4.《科学创造心理学》贵阳：贵州科学杂志社，1983.

5.《管理心理与行为科学》呼和浩特：科学管理研究杂志社，1983.

6.《心理与健康》北京：科学普及出版社，1984.

7.《管理心理学》北京：中国展望出版社，1984.

8.《医学小百科·医学心理》天津：天津科技出版社，1985.

9.《当代管理心理学》北京：红旗出版社，1986.

10.《科学心理学》杭州：浙江教育出版社，1986.

11.《应用心理学》郑州：河南人民出版社，1986.

12.《科学创造心理学》北京：科学出版社，1986.

13.《人事心理学》沈阳：辽宁人民出版社，1987.

14.《现代妇女心理学》北京：科学出版社，1988.

15.《中国气功心理学》北京：中国社会科学出版社，1989.

16.《气功纵横谈（日文）》北京：科学出版社，1993.

17.《气功的科学》东京：星和书店，1995.

18.《忙人适用的气功（日文）》东京：体育社，1995.

19.《五分间气功》东京：东方书店，1996.

20.《心商MQ——学生最新成功法宝》北京：工商出版社，1997.

21.《中华气功医学基础——气功心理学》海口：海南国际新闻出版中心，1997.

22.《心灵时代——心理主宰健康》北京：中国城市出版社，1998.

23.《创新时代——未来成功者的超质菜单》北京：中国世界语出版社，1999.

24.《女性幸福心理体操》北京：中国世界语出版社，1999.

25.《高考成功的十大秘诀》北京：北京教育出版社，2000.

26.《心理主宰健康》香港：南粤出版社，2000.

27.《让父母远离困惑》北京：当代世界出版社，2000.

28.《揭开高考状元秘密》北京：中国医药出版社，2000.

29.《高考总动员（文科）》北京：光明日报出版社，2001.

30.《高考总动员（理科）》北京：光明日报出版社，2001.

31.《高考成功手册》北京：光明日报出版社，2001.

32.《驱散心理迷雾——提高学习成绩新途径》北京：北京出版社，2001.

33.《开发头脑金矿——创新素质发掘与培养》北京：北京出版社，2001.

34.《状元培养实录——高考状元父母访谈与点评（父亲篇）》北京：北京出版社，2001.

35.《状元培养实录——高考状元父母访谈与点评（母亲篇）》北京：北京出版社，2001.

36.《做个合格家长——成功家庭教育秘诀》北京：北京出版社，2001.

37.《给你高考加分（文科卷）》北京：中国文联出版社，2002.

38.《给你高考加分（理科卷）》北京：中国文联出版社，2002.

39.《高考成功实话实说（文科卷）》北京：当代世界出版社，2003.

40.《高考成功实话实说（理科卷）》北京：当代世界出版社，2003.

41.《王老师高考心理热线》北京：中国社会科学出版社，2004.

42.《阳光状元路》桂林：广西师范大学出版社，2004.

43.《相约北大清华》桂林：广西师范大学出版社，2004.

44.《怎样帮助孩子考大学》武汉：长江文艺出版社，2005.

45.《王极盛高分学习法》北京：高等教育出版社，2006.

46.《高考状元的家教秘密》桂林：漓江出版社，2006.

47.《高考状元的学习方法》桂林：漓江出版社，2007.

48.《病由心生》北京：中国言实出版社，2007.

49.《决定高考命运丛书——心态决定成功》北京：电子工业出版社，2008.

50.《决定高考命运丛书——素质决定成绩》北京：电子工业出版社，2008.

51.《高三家长助考全程指南》北京：中国妇女出版社，2008.

52.《王极盛教你做成功的高考复读生》北京：中国青年出版社，2008.

53.《高考成功十大秘诀》北京：中国社会出版社，2009.

54.《高考状元成功密码》北京：中国社会出版社，2009

55.《心态 + 方法决定高分》北京：中国社会出版社，2009.

56.《考上北大清华不是梦》北京：中国社会出版社，2009.

57.《文科状元谈高考》北京：中国社会出版社，2009.

58.《理科状元谈高考》北京：中国社会出版社，2009.

59.《听状元爸爸谈家教》北京：中国社会出版社，2009.

60.《听状元妈妈谈家教》北京：中国社会出版社，2009.

61.《高考心态调节法》北京：中国华侨出版社，2009.

62.《像状元一样高考》桂林：漓江出版社，2010.

63.《如何帮孩子才能考高分》北京：中央编译出版社，2010.

64.《好心理　好成绩——著名教育家王极盛32年家教精华》桂林：漓江出版社，2011.

65.《孩子上高三家长怎么办》北京：中央编译出版社，2011.

66.《帮孩子赢高考（上）名师助考手册》北京：华龄出版社，2011.

67.《帮孩子赢高考（中）状元妈妈访谈录》北京：华龄出版社，2011.

68.《帮孩子赢高考（下）状元爸爸访谈录》北京：华龄出版社，2011.

69.《幸福咋来？破译幸福密码》合肥：黄山书社，2011.

70.《王极盛快速提分法（上）高分学习法》北京：国家行政学院出版社，2014.

71.《王极盛快速提分法（中）心态就是分数》北京：国家行政学院出版社，2014.

72.《王极盛快速提分法（下）素质决定成绩》北京：国家行政学院出版社，2014.

73.《学会调节考试心态》北京：现代出版社，2014.

74.《学习潜能的催化剂——智力因素和非智力因素在学习中的作用》北京：现代教育出版社，2015.

75.《高分考生成功秘诀》北京：现代出版社，2016.

76.《高分考生成功密码》北京：现代出版社，2016.

77.《高分考生学习方法》北京：现代出版社，2016.

78.《人大附中高分考生成功之路》北京：现代出版社，2016.

79.《复读状元成功之路》北京：现代出版社，2016.

80.《文科状元成功之路》北京：现代出版社，2016.

81.《理科状元成功之路》北京：现代出版社，2016.

82.《高考成功指南》成都：四川科学技术出版社，2017.

83.《教育问题的心理解惑》成都：四川科学技术出版社，2018.

84.《青少年·女性·老年心理学研究文集》成都：四川科学技术出版社，2018.

85.《科学创造的心理学研究》成都：四川科学技术出版社，2018.

86.《管理心理与人事心理研究》成都：四川科学技术出版社，2018.

87.《医学心理与生理心理研究》成都：四川科学技术出版社，2018.

88.《针刺麻醉的心理学研究》成都：四川科学技术出版社，2018.

89.《健康心理与幸福心理研究》成都：四川科学技术出版社，2018.

90.《理论心理学与心理学史的研究》成都：四川科学技术出版社，2018.

91.《王极盛与心理学》成都：四川科学技术出版社，2018.

92.《怎样帮助孩子考上理想大学》北京：新世界出版社，2018.

93.《状元爸爸告诉你怎么办》北京：新世界出版社，2018.

94.《状元妈妈告诉你怎么办》北京：新世界出版社，2018.

95.《壮心不已 多彩人生：著名心理学家王极盛养老系列讲座》北京：新华出版社，2019.

96.《高考赢在心态——王极盛访评36位高考状元》北京：学苑出版社，2021.

97.《家庭教育“心”秘诀》北京：东方出版社，2023.

二、王极盛参编著作40部

1. 社会科学战线编辑部.《形象思维问题论丛》长春：吉林人民出版社，1979.

2. 北京人民广播电台科教部篇.《扬起科学的风帆》北京：中国广播电视出版社，1981.

3. 王极盛等.《科学·技术·管理》上海：世界科学出版社，1981.

4. 中央人民广播电台理论政法部编 .《成才之路》北京：广播出版社、中国社会科学出版社，1981.

5. 中央人民广播电台理论政法部编 .《家庭教育讲座》北京：中国广播电视出版社，1982.

6. 钱信忠主编 .《医学小百科 · 青春》天津：天津科学技术出版社，1983.

7. 潘菽主编 .《中国古代心理学思想研究》南昌：江西人民出版社，1983.

8. 田夫主编 .《科学学教程》北京：科学出版社，1983.

9. 钱信忠主编 .《医学小百科 · 老年》天津：天津科学技术出版社，1983.

10. 中央人民广播电台理论政法部编 .《成才之路续集》北京：中国社会科学出版社、广播出版社，1983.

11. 王纪华等主编 .《退休生活百科全书》北京：光明日报出版社，1984.

12. 王极盛等 .《科技人才的培养与管理》北京：教育科学出版社，1984.

13. 潘菽主编 .《人类的智能》上海：上海科学技术出版社，1985.

14. 余培侠主编 .《世纪之辩》北京：中国世界语出版社，1999.

15. 阮芳赋主编 .《性知识手册》北京：科学技术文献出版社，1985.

16. 林秉贤等 .《消费者心理》北京：电子工业出版社，1985.

17. 张佩芳主编 .《青年健美手册》北京：中国青年出版社，1985.

18. 金良浚主编 .《研究开发管理》杭州：浙江教育出版社，1986.

19. 齐建昌主编 .《文艺人才成才之路》北京：光明日报出版社，1986.

20. 中央人民广播电台理论政法部编 .《现代思维与改革》北京：中国广播电视出版社，1986.

21. 刘吉等主编 .《青年思想教育改革与探索》北京：解放军出版社，1986.

22. 中国科学学与科技政策研究会编 .《科技 · 战略 · 体制》北京：学术期刊出版社，1986.

23. 王大柱等 .《中国针刺麻醉第二分册 针刺麻醉临床应用》太原：山西科学教育出版社，1986.

24. 王极盛等 .《老年生活实用大全》上海：文汇出版社，1987.

25. 罗伟主编 .《自然科学发现经验的探索》福州：福建科学技术出版社，1988.

26. 李伦编著 .《严新气功现象》北京：北京工业大学出版社，1989.

27. 李永田等主编 .《思想教育对话撷英》沈阳：白山出版社，1989.

28. 钱信忠主编 .《医学小百科 · 健美》天津：天津科学技术出版社，1990.

29. 孙其严主编 .《中国当代科学家锦言》北京：科学出版社，1990.

30. 高尚仁主编 .《中国人 · 中国心——传统篇》台北：远流出版事业股份有限公司，1991.

31. 潘菽主编 .《中国大百科全书心理学》北京：中国大百科全书出版社，1991.

32. 田森主编 .《青少年犯罪与道德建设》北京：中国人民大学出版社，1993.

33. 李平主编 .《郭林新气功抗癌防病新探索》北京：中国人事出版社，1995.

34. 高尚仁主编 .《心理学新论》香港：商务印书馆（香港）有限公司，1996.

35. 北京市科级干部局编 .《创造学及其应用》北京：科学普及出版社，1998.

36. 赵光武主编 .《思维科学研究》北京：中国人民大学出版社，1999.

37. 尹章義主编 .《当代中国学术发展史（人文社会科学之部）大陆篇》台北：中华综合发展研究院出版，2000.

38. 车文博主编 .《心理咨询大百科全书》杭州：浙江科学技术出版社，2001.

39. 陈丽云等主编 .《华人文化与心理辅导模式探索》北京：民族出版社，2002.

40. 茉莉主编 .《别把父母不当父母——为天下父母拳拳之心申辩》北京：西苑出版社，2002.